股价崩盘风险的成因与后果

基于公司治理视角的研究

Causes and Consequences of
Stock Price Crash Risk

Perspective of Corporate Governance

顾小龙　著

暨南大学出版社
JINAN UNIVERSITY PRESS

中国·广州

图书在版编目（CIP）数据

股价崩盘风险的成因与后果：基于公司治理视角的研究/顾小龙著 . —广州：暨南大学出版社，2020. 8
ISBN 978 – 7 – 5668 – 2922 – 1

Ⅰ. ①股…　Ⅱ. ①顾…　Ⅲ. ①股票投资—投资风险—研究—中国　Ⅳ. ①F832. 51

中国版本图书馆 CIP 数据核字（2020）第 106920 号

股价崩盘风险的成因与后果：基于公司治理视角的研究
GUJIA BENGPAN FENGXIAN DE CHENGYIN YU HOUGUO：JIYU GONGSI ZHILI SHIJIAO DE YANJIU
著　者：顾小龙

出 版 人：张晋升
责任编辑：郑晓玲
责任校对：黄　球　苏　洁　陈俞潼
责任印制：汤慧君　周一丹

出版发行：暨南大学出版社（510630）
电　　话：总编室（8620）85221601
　　　　　　营销部（8620）85225284　85228291　85228292　85226712
传　　真：（8620）85221583（办公室）　85223774（营销部）
网　　址：http：//www. jnupress. com
排　　版：广州市天河星辰文化发展部照排中心
印　　刷：广州市快美印务有限公司
开　　本：787mm×1092mm　1/16
印　　张：16. 5
字　　数：370 千
版　　次：2020 年 8 月第 1 版
印　　次：2020 年 8 月第 1 次
定　　价：65. 00 元

（暨大版图书如有印装质量问题，请与出版社总编室联系调换）

前　言

公司股票价格崩盘会给经济和投资者带来巨大的伤害，因此无论是实务界还是学术界都对其高度关注。近些年围绕着 Jin 和 Myers（2006）关于"透明度"与股价崩盘关系的逻辑基础，学者们对个股崩盘现象开展了大量实证研究。然而遗憾的是，尽管有些研究尝试着从行为金融、管理层特征，或者公司治理效应入手，考察影响个股崩盘风险的因素，但是均没有详细推导出股价崩盘的逻辑过程，也没有突破"透明度"的逻辑基础。

本书的研究设想起源于，是否良好的公司治理或者说积极的治理效应就能够缓解公司股价崩盘风险，而败坏的治理效应是否一定加剧公司股价崩盘风险？这种治理效应对股价崩盘风险的影响，其基本逻辑何在？带着上述问题，本书分别从微观和宏观层面考察了公司治理效应对个股崩盘风险的影响，以及潜在的崩盘风险所带来的经济后果。

从微观层面来看，本书在 Jin 和 Myers（2006）股价崩盘模型的基础上，沿着透明度的逻辑模拟出股价崩盘过程，然后进一步扩展并整合了模型公式，指出在既定的不透明度水平下，实际控制人在公司中的利益份额也是影响达到股价崩盘风险放弃边界的因素，即内部控制人持有上市公司份额的增加会提高内部控制人与公司的利益协同效应，增加内部控制人行使"放弃"的成本，避免达到放弃边界，从而缓解公司股价崩盘风险；随着内部控制人在公司中所有权的增加，内部控制人与公司之间的利益协同效应将会抑制其对公司进行掏空行为；在不考虑内部控制人支持限制的情况下，其在公司中所占有利益份额越大，内部控制人与公司之间的利益协同效应就越强，从而越可能向公司提供支持（抑制掏空），进而缓解股价崩盘风险。此外，本书通过模型也提示，单纯地依赖外部支持，并不能从根本上解决问题，反而隐藏着更大的崩盘风险。

然后，本书用沪深 A 股上市公司数据实证检验了实际控制股东的现金流权、两权分离程度和股价崩盘风险的关系，发现控制股东的现金流权能够缓解股价崩盘风险，而两权分离程度削弱了这一关系。这个结果在一定程度上验证了本书的模型公式和思想，即股东和公司之间的利益相关性越强，就越可能向公司提供帮助（支持），进而缓解股价崩盘风险。进一步地，本书还发现上述结果在国有企业子样本中得到显著、稳健的体现；而在民营企业子样本中，这种关系并不稳定。

此后，本书对 Jin 和 Myers（2006）中有关均衡股利的公式予以扩展。模型推导表明，股东向公司索取的现金股利越高，公司面临的股价崩盘风险越大；进一步地，当股东脱离公司实际水平，索取过度股利时，更容易引发公司股价崩盘。将这一结果和控制权结构相结合，可以合理推断，当现金股利沦为实际控制股东合法剥夺公司现金流权的工具时，会使得公司面临更大的股价崩盘风险。实证结果为 Jin 和 Myers（2006）的均衡股利公式提供了经验证据，同时也支持了本书的设想，即现金股利与上市公司股价崩盘风险正相关。特别是在发放过度现金股利的子样本中，这一结果更加显著而稳健；而在发放较低现金股利的子样本中，这一现象并未得到体现。此外，本书还发现，实际控制股东控制权与现金流权的分离程度会加强现金股利支付水平与股价崩盘风险之间的正向关系。上述结果提示我们，在当前中国资本市场发展尚不成熟的前提下，对上市公司股利政策作出比较严格的硬性规定虽然有一定的必要性，但这只是"治标"之策，监管部门要权衡政策得失，更关注本质层面的因素，即治理问题，使股利能够真正符合所有股东的利益，而非被个别股东操控。在治理问题不能妥善解决的前提下，仅在形式上作出要求仍然隐藏着潜在风险。

从宏观层面的治理因素来看，本书考察了产品市场竞争和股价崩盘风险之间的关系。在行业层面，本书发现，行业集中度加剧了股价崩盘风险，说明过度垄断行业中的公司面临更大的股价崩盘风险，而市场竞争在一定程度上起到了促进公司治理的作用，有助于缓解股价崩盘风险；进一步地，在控制住行业内公司数量的前提下，竞争不平衡的行业内股票价格也更容易崩盘。上述结果说明，均衡的竞争结构有助于缓解股价崩盘风险。在公司层面，尽管公司在市场上的垄断势力自身未能显著影响股价崩盘风险，但是它借助异常规模（即行业均值调整后的公司规模）对股价崩盘风险产生显著影响，二者存在交互效应，即随着公司异常规模的不同，市场势力对股价崩盘风险产生不同的影响。上述有关市场竞争和股价崩盘风险关系的结论从本质上讲是一致的，即无论是在公司层面还是在行业层面，适度竞争有助于缓解股价崩盘风险。本书实证结果的政策含义在于，在经济转型和结构调整的过程中，政策制定者不能仅仅着眼于参与竞争企业数量的多少，在打破垄断的前提下，还应重点关注行业竞争结构，既要避免高度垄断，也要防止过度竞争，避免行业内两极分化的局面。

从股价崩盘风险的后果来看，值得警惕的是股票价格的下行风险是否会传导到其他市场，比如债务市场。但是在公司层面，我们只能观测到资本结构的笼统结果，对该问题的研究有必要细化到具体债务契约层面。本书搜集了 996 笔有效借款合同数据，研究表明银行可以事先为股价崩盘风险定价，高崩盘风险公司面临更高的贷款门槛；但是这种市场风险定价机制被公司和银行的政治背景所削弱，意味着银行的风险定价能力可能受到外界因素的干扰，从而有可能形成风险传导。进一步研究表明，上述削弱作用仅在市场化程度较弱的地区较为明显。综而言之，政治关联虽然有助于减轻企业的借贷成本，但是也削弱了银行的贷款定价能力。相反，市场化程度的提高可以消除各种关系所带来的不利影响。

从债权人保护的视角，本书考察了公司存在潜在崩盘风险预期时其银行债务结构（期限结构、优先级结构）的变化，以及不同地区市场化程度的差异是如何影响这种风险预期所导致的公司银行债务结构变化的。研究发现，在预期风险增加时，银行会利用短期借款和抵押借款进行风险控制，从而表明经过多年的金融体制改革，银行的信贷决策渐趋理性；而市场化进程的推进可以部分地缓解高风险企业的融资约束。因此，进一步推进金融市场化改革有利于社会资金的合理配置，也有利于提高金融安全。

投资者和债权人对公司未来股价暴跌风险的预期会影响公司的资本结构调整行为。研究发现，公司未来股价崩盘可能性越大，其资本结构调整速度就越慢；而真实盈余管理显著削弱了这一关系。上述结果表明，在市场规则和信息机制发挥作用的条件下，公司有可能通过真实经营活动操纵、影响外部人对公司的风险判断。

顾小龙

2020 年 3 月

目 录
Contents

1 绪 论

1.1 研究背景与意义

从 1992 年的《卡特伯里报告》到 1997 年的亚洲金融危机，再到 2008 年由美国次贷危机所引发的全球金融危机，暴露了不同模式下公司治理均存在这样或那样的问题，人们也越来越认识到资本市场层面的问题与实体层面的公司治理是紧密相连的。当然我们不能期待一个万能、完美的公司治理模式的出现，但是对于具体的公司治理效应在资本市场上的反映仍是我们应予以充分关心的。1997 年亚洲金融危机后，Johnson 等（2000a）指出，在亚洲金融危机中，薄弱的公司治理对货币贬值和股票市场崩盘具有显著的影响。他们发现表明，对投资者保护较弱、法律执行力不强的国家，更容易遭受资产贬值和汇率崩盘。Yeoh（2010）同样指出，造成 2008—2009 年全球金融危机的主要原因包括：恶化的宏观经济条件、败坏的公司治理和宽松的监管环境。特许公认会计师公会（ACCA）和经济合作与发展组织（OECD）等国际组织对 2008 年全球金融危机的认识也不仅仅局限于资本市场层面，他们认为导致当时金融危机的主要原因是公司治理失效，而不仅仅是次贷问题那么简单。在此大环境下，学术界和实务界对公司治理的关注不再局限于对公司价值或企业实体绩效的影响，而更加关注其对风险水平及绩效波动的影响，特别是公司治理失效后，在资本市场上所形成的潜在风险更值得深入研究和探讨。

在我国，现阶段资本市场的参与者主要是中小投资者，其获取信息能力较弱，在抗风险及自我保护方面处于弱势地位，其合法权益更难得到保障，在金融危机中受到的伤害也更大。长期以来，决策层都将维护中小投资者合法权益作为金融监管工作的重中之重，这关系到广大人民群众的切身利益，是资本市场持续健康发展的基础。党的十九大报告要求"深化金融体制改革，增强金融服务实体经济能力，……深化利率和汇率市场化改革。健全金融监管体系，守住不发生系统性金融风险的底线。"这一要求有助于实现资本市场与实体经济之间的良性循环，促进不同资本市场之间的协同发展，对于新常态下的中国经济平稳发展具有重要意义。然而，随着金融体系的开放和金融工具的丰富，单个公司股票价格的暴涨暴跌很难独善其身，有可能实现跨市场的风险传播，这无疑是我们当前迫切需要解决的问题。因此，将公司微观治理结构和资本市场联系在一起进行研究，不仅有利于加深实体经济与金融体系之间关系的理解，从根源上防范金融风险，而且有利于政府加强股市监管，更精准地寻找政策切入点和落脚点，注重"标""本"兼治，从而维护经济稳定，保护中小投资者的利益。

特别是相对于宏观层面的股市整体暴跌来说，个股层面的价格变化时刻吸引着投资者的注意力，但是个股的价格往往被掩盖在股市整体之中。这就要求我们将个股异质性（Firm-specific）的价格变化单独拿出来分析，从而建立起外部宏观治理环境和公司个体微观治理机制中所蕴含的治理效应与个股价格崩盘之间的关系。这样才能过滤掉系统性的冲击因素，将公司实体层面的特征与资本市场上公司股票价格的异质性行为结合起来，从而建立起实体经济与金融市场之间的联系。同时，这对"新兴和转轨"经济背景下如何调整结构和进行产业的转型升级也具有重要的启发性意义。

1.2　研究思路与方法

本书总体遵循理论模型构建与实证配合的思路：首先，从 Jin 和 Myers（2006）的基础模型出发，将股价崩盘这一金融现象放在公司治理框架下进行解读，完善公司治理和股价崩盘风险之间的逻辑关系，厘清作用机制；然后，分别从股权结构、股利政策和行业竞争三个方面进行实证检验；最后，以债务契约为观测对象，考察公司潜在的崩盘风险对借款合同条款、公司银行债务结构、资本结构调整的影响，从而揭示公司潜在风险所引致的利益相关方的治理行为。

在研究方法上，本书应用规范分析和实证分析、定性分析和定量分析相结合的方法，对公司股价崩盘风险的影响因素和经济后果进行研究。从国内外已有的研究成果出发，首先界定了公司治理与股价崩盘风险的相关概念，然后从传统的委托—代理视角下的公司治理到外部宏观公司治理机制及治理环境，分别分析了各种公司治理效应与股价崩盘风险之间的关系。再结合 Johnson 等（2000b）与 Friedman 等（2003）有关"掏空"（Tunneling）与"支持"（Propping）的模型推导，进一步扩展了 Jin 和 Myers（2006）的"有限信息下的控制权和风险分担模型（A model of control and risk-bearing when outside investors have limited information）"，从而通过理论分析、逻辑推导，提出本书的研究假设。本书的逻辑关键点在于，在既定的不透明度水平下，如果累积的坏消息被释放之前能够被有效化解，那么股价崩盘风险也会相应得到缓解；当股东对公司有着过高的回报预期时，更可能诱发股价崩盘风险。

最后，在实证研究部分，本书首先采用定性研究的方式，围绕股权结构、股利政策、行业竞争与公司股价崩盘风险之间的关系，以及潜在风险所引致的借款合同的严苛条件，提出研究假设，进而采用定量分析的方法对研究假设进行检验，具体包括采用描述性统计、面板固定效应回归等方法，数据来源主要是 Wind（万得）数据库和 CSMAR（国泰安）数据库，对于部分缺失数据进行了手工搜集。本书还采取了包括替换变量、更换实证模型、Winsorize 以及采用工具变量等手段，对研究结论进行稳健性检验。

1.3 研究框架与内容

从二十世纪七八十年代起，国外开始对股市崩盘现象进行研究。在完全信息和理性预期均衡的前提下，学者们发现股市收益率负偏的现象可以通过波动率反馈模型（Volatility Feedback Model）予以解释（Pindyck，1984；French et al.，1987；Campbell & Hentschel，1992）。尽管其可以很好地解释股价变化的非对称性，但是由于完全信息和理性预期均衡是一个过于完美的假设，因此学者们逐渐将这一假设放松到不完全信息和投资者理性预期条件下，考察信息不对称对股价崩盘的影响，这一领域的经典模型是由 Jin 和 Myers（2006）所提出的。此外，也有学者基于行为金融的视角，考察投资者的异质信念（Differences of Opinion）所造成的股价崩盘（Hong & Stein，2003；Chen et al.，2001）。本书则是在不完全信息和投资者理性预期假定下，考察公司治理效应与股价崩盘风险之间的关系。

自 Jin 和 Myers（2006）提出不透明度水平是导致股价崩盘的主要原因以来，大量的研究围绕透明度的逻辑，探索各种因素与股价崩盘之间的关系（Hutton et al.，2009；Kim et al.，2011a，2011b，2011c；Kim Y. et al.，2014；Kim & Zhang，2014，2016；Kim et al.，2016；潘越等，2011；许年行等，2012、2013；江轩宇，2013；An & Zhang，2013；Xu et al.，2014；Piotroski et al.，2015）。随着研究的深入，也有学者从行为金融的视角研究了管理层特征与股价崩盘风险之间的关系（李小荣、刘行，2012；Kim et al.，2016），但其解释的逻辑仍然围绕着透明度的因素。然而，透明度水平毕竟只是公司治理以及信息机制的一个方面，其他公司的治理效应是否也会影响股价崩盘风险？已有研究考察了公司治理有关因素与股价崩盘风险之间的关系（江轩宇、伊志宏，2013；Callen & Fang，2013；Boubaker et al.，2014），这些研究逐渐涉及其他公司治理效应在资本市场上的反映。然而仍然有两个基本的问题需要厘清：一是如何从本质上理解公司股价崩盘的逻辑及其形成机制，是否良好的公司治理或者说积极的治理效应就能够缓解公司股价崩盘风险，而败坏的治理效应就一定加剧风险？其基本逻辑何在？二是在暴跌无法精准预测的情况下，如何处置暴跌风险，应对崩盘的发生，从而防范或削弱暴跌所带来的负面后果，并发现新的投资机会。

围绕上述问题，本书首先以 Jin 和 Myers（2006）的模型为研究基础，将相关的公司治理因素整合到模型中，在既定的透明度水平下，继续挖掘治理效应对股价崩盘风险的影响，尝试建立理论逻辑；然后，分别从股权结构、股利政策、行业竞争三个方面实证检验本书的逻辑推导；最后，考察公司潜在的崩盘风险所引发的外界担忧，实证检验崩盘风险对公司债务契约特征的影响。图1-1归纳了本研究的逻辑框架。

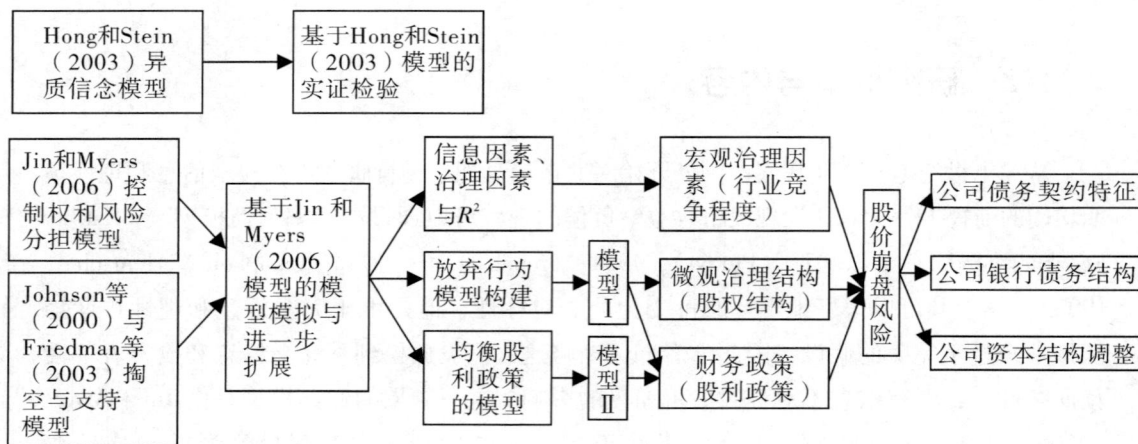

图1-1　本研究的逻辑框架

在上述框架下，本书的具体研究内容如下：

第1章为绪论部分，主要介绍了本书研究背景、研究目的、现实意义以及逻辑框架，简要介绍了本书的研究内容及使用到的计量方法，对创新之处予以说明，从而让读者对本书的研究内容有一个整体上的了解。

第2章对公司治理、股价行为的理论基础进行了梳理。在徐莉萍等（2012）有关公司治理整合框架分析的基础上，本书对公司治理的理论进行了综述，分别从信息不对称和不完全契约理论引出公司治理的概念，从而进一步将合同完备性、控制权和现金流权的分离、现金股利中的治理效应以及宏观层面的治理因素等本书研究所涉及的关键理论点予以梳理，将公司治理效应与资本市场股价行为等文献结合起来，其最终的落脚点在于实体层面的治理效应在资本市场上的反映（股价崩盘风险）。

第3章将透明度与股价崩盘风险的关系放在公司治理框架下进行解读，指出其实质是不透明条件下的合同不完备所导致的剩余索取权和剩余控制权在企业不同参与人之间的错配问题。在此基础之上，本书对 Jin 和 Myers（2006）控制权和风险分担模型以及Johnson 等（2000b）与 Friedman 等（2003）有关"掏空"（Tunneling）与"支持"（Propping）的模型进行了整合，进一步推导了在既定的不透明度水平下，实际控制股东所有权及其所蕴含的掏空效应、支持效应与股价崩盘风险之间的关系（模型Ⅰ）。

第4章结合模型Ⅰ，实证检验了上市公司实际控制股东股权的特征与股价崩盘风险的关系，对模型 I 予以验证，从而说明股权结构中所蕴含的治理效应在资本市场上得以体现。这一结论也验证了 Jin 和 Myers（2006）有关放弃（Abandonment）行为与股价崩盘风险之间关系的论述。

第 5 章根据 Jin 和 Myers（2006）的模型进一步扩展出掏空性股利与股价崩盘风险之间的关系（模型 II）。结合模型 II，在前文考察实际控制股东控制权结构的背景之下，进一步讨论了上市公司现金股利与股价崩盘风险的关系。同时，本书发现，现金股利中所蕴含的股东治理效应在资本市场上得以体现，再次验证了公司治理效应对股价崩盘风险的影响。

第 6 章从宏观治理环境的角度，分别从行业和企业层面考察了竞争程度对上市公司股价崩盘风险的影响，以探讨实体经济层面与个股股价崩盘风险之间的相互作用，通过分析实体层面的竞争程度对资本市场的影响，为产业经济结构的调整提供有意义的政策建议。

第 7 章从股价崩盘风险经济后果的角度考察股价崩盘风险对公司借款合同契约条款的影响，表明潜在的崩盘风险预期会招致利益相关者的风险防范行为。但是，公司的政治关联程度和借款银行的国有背景均削弱了这一关系，说明股价崩盘风险存在向债务市场传导的可能。

第 8 章从股价崩盘风险经济后果的另一个角度考察了股价崩盘风险对公司银行债务结构的影响，发现在预期风险增加时，银行会利用短期借款和抵押借款进行风险控制，从而表明经过多年的金融体制改革，银行的信贷决策渐趋理性，而市场化进程的推进可以部分地缓解高风险企业的融资约束。

第 9 章考察了公司未来股价崩盘风险预期对公司资本结构调整行为的影响，表明在市场规则和信息机制发挥作用的条件下，公司有可能通过真实经营活动操纵，影响外部人对公司的风险判断。

第 10 章是对全书的总结，根据模型和实证结果给出了一个系统的研究结论，并说明该研究的现实意义。

1.4 研究贡献与创新

相较于前人的研究，笔者并不敢妄谈创新。本书主要依托 Jin 和 Myers（2006）的模型，将笔者对公司治理和股价崩盘风险之间关系的一些观点予以阐述，尝试建立起实体层面治理效应与资本市场层面股价崩盘风险之间的逻辑关系：

（1）本书从两个角度对 Jin 和 Myers（2006）的模型进行了拓展：一是结合 Johnson 等（2000b）与 Friedman 等（2003）有关"掏空"（Tunneling）与"支持"（Propping）的模型，分别从"放弃边界""掏空""支持"的角度对原模型进行了整合；二是进一步扩展现金股利与股价崩盘风险均衡等式，更加突出了掏空性股利所带来的不良后果。通过模型推导，将实体层面的公司治理效应与股价崩盘风险相联系，进一步完善了它们之间的逻辑关系。

（2）本书将股权结构与股价崩盘风险联系在一起，丰富了股权结构的研究内容；并通过对实证结果的分析，拓展了股权结构所蕴含的不同治理效应在资本市场上的反映。对这一结果的解释，本书不再局限于"透明度"的逻辑基础，而是基于 Jin 和 Myers（2006）模型中内部人的放弃成本以及 Friedman 等（2003）的"支持"理论对其进行分析，这是一个新的逻辑视角。

（3）本书在股权结构治理效应的基础上，首次探讨了股利发放对股价崩盘风险这一经济后果的影响，为当前市场及监管部门对上市公司股利发放行为的关注提供了较新的研究视角，有助于人们更全面地理解股利发放在我国资本市场上的影响。与以往文献侧重于从公司透明度角度研究股价崩盘风险不同，本书在进一步拓展 Jin 和 Myers（2006）模型中关于均衡股利（股东回报要求）对放弃边界的影响的基础上，尝试从实际控制股东治理效应的视角研究股价崩盘风险，进一步丰富了人们对公司治理与股价行为之间关系的认识。

（4）本书首次将行业竞争程度与股价崩盘风险相联系，为行业竞争对上市公司的股价影响提供了除收益率、换手率、波动率外的进一步经验证据，对当前经济结构调整的措施方面具有较强的现实针对性和政策含义。

（5）本书首次考察了崩盘风险对公司债务契约的影响，探讨了债权人是否会将公司股价行为纳入信贷定价考量，挖掘哪些制度因素会削弱其风险定价能力，从而为股票和信贷市场之间的风险传导机制研究提供了新的视角，也丰富了正式和非正式制度之间相互作用的研究。

（6）本书首次同时考察债务期限结构和优先级结构，在这两个维度上进行交叉分类，从而将不同债务维度之间的干扰分离出来，揭示出借款银行能够通过借款期限结构和优先级结构的调整，尽可能缓解信息不对称条件下的逆向选择和道德风险问题，降低金融风险；而市场化水平的提高则可以部分地缓解信息不对称问题，提高银行对上市公司的风险甄别能力。

（7）本书立足行为金融学理论，拓展了股价暴跌风险与资本结构动态调整的研究框架，将暴跌风险视作外部投资者与内部经理人之间信息不对称的动态博弈过程，在以往静态研究暴跌风险影响因素的文献基础上将研究向后延展至经济后果，亦从微观层面检验了公司特定风险向外部传导的机制与条件。

2　理论基础与文献综述

2.1　公司治理理论综述

2.1.1　信息不对称与公司治理

在所有权和经营权分离之前，企业的出资方和经营方是一体的，因此出资方和经营者之间不存在信息不对称，也不需要考虑经营者的选择和激励问题。然而随着技术的进步和分工的细化，出资方和经营者逐渐分离，从而形成了现代公司制度。当作为企业出资方的所有者不再直接控制公司，而由其所聘用的经营者来管理企业日常运营时，二者之间的信息不可能完全等同。在理性经济人假设下，经营者也是自利的，从而导致所有者与经营者之间的目标冲突，在经营者掌握所有者无法观测到的企业经营信息，且双方利益不一致时，经营者会为了追求自身利益而损害所有者的利益；特别是在股权分散的情况下，股东很难形成对公司的监督合力（"搭便车"问题），那么"委托—代理"问题就出现了，此时如何规范代理人的行为，从而为委托人提供保护，则是公司治理需要考虑的问题。比如，投资者如何保证他们的投资收益？在作出商业决策时管理者的权威应发挥多大的作用？剩余权利在所有者和经理层之间应如何分配？投资者如何确保经理人不是自利的，不会为了自己的私利而挪用资产？股东如何影响公司战略层面的决策和微观层面的商业运作？投资者如何影响经理行为？

在信息经济学中，不对称信息包括事前（Ex-ante）和事后（Ex-post）两种类型的非对称。事前的不对称问题（隐藏信息，Hidden Information）所导致的结果是逆向选择（Adverse Selection），事后的不对称问题（隐藏行动，Hidden Action）则引发道德风险（Moral Hazard）。"委托—代理"问题的根源在很大程度上取决于两权分离所导致的信息不对称。

如果给定的企业是一系列契约的集合（A nexus of contracts）（Alchian & Demsetz，1972），那么在信息对称的情况下，对合约方来说只有如何分担风险的问题（对收益的分配）；然而，如果存在信息不对称，具有信息优势的一方就可以利用自身所获得的私有信息，通过事后隐藏行动或者隐藏信息获取额外的利益，这就是所谓代理问题，即道德风险。正如 Adam Smith（1776）在《国富论》中指出的那样，"股份公司的董事管理的是别人的钱而不是他们自己的钱，因此，不能期望他们会像私人合伙企业中的合伙人那样对待自己的财产尽心尽力。在股份公司的业务管理中，漫不经心和浪费总是无所不在"。这一表述成为公司治理的思想渊源。Berle 和 Means（1932）也指出，随着技术进步和企业对专业化管理人才的需求，古典资本主义企业逐渐发展为现代公司，从而出现了"所有权和经营权的分离"，这种持续分离可能会导致管理者对公司利益进行掠夺。此后，经营者和所有者利益背离被人们视为一种普遍存在的代理问题，而如何解决这一问题成为学术界和实务界长期讨论的热点。

Williamson（1975）提出了"治理结构"（Governance Structure）一词，并指出公司治理就是限制针对事后产生的准租金（Quasi-rent）分配的各种约束方式的总和，包括所有权的配置、董事会制度、激励机制、资本结构、来自机构投资者的压力、公司接管、产品市场竞争、劳动力市场竞争、组织结构等，而内部科层（Hierarchies）组织可以抑制可能产生的机会主义。Jensen 和 Meckling（1976）则将这种代理问题放到公司价值的框架下予以讨论，为了使代理问题所产生的成本最低，人们设计出一系列复杂的法律和契约来维护债权人和投资者的利益，从而使现代公司这一形式得以不断发展，市场价值不断提升。自此，公司治理的理论研究正式开启。

因此，最初对公司治理的定义就是针对所有者和经营者之间的代理问题而提出的，比如 Jensen 和 Meckling（1976）直接指出，公司治理就是要协调公司股东与经理层之间的利益，最终实现代理成本最小。Shleifer 和 Vishny（1997）将公司治理定义为确保公司资金提供者获得投资回报的方法，他们通过考察全球的公司治理系统及投资者保护和所有权结构，认为公司治理的关键因素是为投资者提供较好的收益，因此对投资者的法律保护是公司治理的关键因素，具有良好公司治理体系的国家通常也为投资者提供了较好的保护。

为了解决所有者和经营者之间的代理问题，实现对投资者的保护，需要建立起一系列制度来对企业参与各方进行约束，比如 Fama 和 Jensen（1983）就认为可以通过建立董事会来对经理层实施监督，从而实现代理成本最小化。随着研究的不断深入，公司治理逐渐进入了一个综合化和体系化阶段，其内涵上升到一个更系统、覆盖面更广泛的层次，即强调通过一系列制度安排来处理不同利益相关者之间的关系，从而达到企业的目标，实现价值创造。Cochran 和 Wartick（1988）指出，公司治理问题涉及公司股东、董事会、高级管理人员以及其他利益相关者在参与企业运作的过程中所产生的问题，比如：公司的决策会使哪些人受益，公司的决策应该使哪些人受益；当"是什么"和"应该是什么"存在不一致时，公司治理的问题就会出现。经济合作与发展组织（OECD）

在《公司治理结构原则》（2004）中也指出，公司治理涉及公司的管理层、董事会、股东和其他利益相关者之间的一整套关系。

2.1.2　两类代理问题

在股权结构普遍分散的情况下（Berle & Means，1932），小股东所持股份比较少，也比较分散，很难使他们集中在一起形成一致行动；同时，这些小股东也没有足够的动机和能力去监督经理人，他们存在所谓的"搭便车"（Free-rider）心理，依赖于他人对公司的监管。因此，在高度分散的股权结构下，管理者几乎可以完全控制公司的经营决策权。此时，经理人的决策更多是从其个人利益出发，而非考虑股东财富最大化，或者说是在既定契约条件约束下实现个人福利最大化（Berle & Means，1932；Jensen & Meckling，1976；Jensen，1986）。也就是说，经营者和委托人之间的目标是分离（Entrenchment）的，形成外部投资者与内部经理人之间的严重代理问题，这就是第一类代理问题。此时的公司治理主要围绕着在信息不对称条件下如何有效地激励经理人，从而实现股东价值最大化。

然而，现实中人们却发现，集中或者高度集中的股权结构仍然普遍存在（La Porta et al.，1999；Holderness & Sheehan，1988），而且在欧洲和亚洲尤甚。La Porta 等（2002）通过对全球大公司的委托—代理问题的考察，发现约束控股股东对小股东的伤害比仅仅关注管理层的侵占行为更为重要。因此，股东和经理层之间的代理问题逐渐转变为内部股东（控股股东或者实际控制股东）和外部股东（中小股东）之间的利益冲突，比如大股东是否形成对小股东的剥夺，大股东是否掏空公司从而形成控制权私利，大股东是否与公司之间形成利益趋同效应（Incentive Alignment Effect），甚至为公司提供支持等问题，这就是第二类代理问题。

一个普遍被接受的看法是，股权的集中有利于加强股东对经理层的监督，从而可以缓解股权分散情况下股东"搭便车"的问题（Shleifer & Vishny，1986）。当然，股权集中的弊端也是显而易见的，它使大股东更容易通过控制权（金字塔结构）从公司中获得私利，形成隧道效应（Johnson et al.，2000b）；但是 Friedman 等（2003）也指出，控股股东不仅仅会掏空公司，也会支持公司。第二类公司治理问题更加复杂，因为同时存在有利的效应（一致效应，提供支持）和不利的效应（隧道效应）。

但是无论是第一类公司治理问题还是第二类公司治理问题，产生代理问题的根源都是信息不对称。

2.1.3　合同的完备性与公司治理

在新古典经济学的厂商理论中，只考虑了在完全竞争环境下企业"生产什么"和"如何生产"的问题，将企业看作一个"黑箱"，为了实现利润最大化，投入和产出之间形成一种函数关系，而对企业内部结构如何安排，经理层和所有者关系的处理等未做分析，在这种情况下也不需要考虑公司治理问题。

当我们把企业看作一系列契约的集合（Coase，1937；Alchian & Demsetz，1972；Jensen & Meckling，1976），如果所有情况都能够在事前无成本地通过契约进行约束，每种情况下当事人的权利、义务以及执行机制都很明确，也就是说，公司的参与者们可以签订一个完备的合同，那么所有的决策都可以在事前制定，所有的准租金（Quasi-rent）都可以在事前分配。在这种情况下，也就没有治理（Governance）的必要。或者就像 Myerson（1979）所指出的那样，所有最优的机制就是一种显示机制（Revelation Mechanism），即代理人能够根据其向外界公布的信息获得相应补偿的机制，此时是在信息不对称条件下通过完全契约来解决对代理人的激励问题。然而，现实中的合同是很难完备的，主要有以下三种情况导致了合同不完备（Tirole，1999）：①未来的不可预测性（Unforeseen Contingencies），即当事人由于某种程度的有限理性，不可能预见到所有的或然状态；②签订合同的成本（Cost of Writing Contracts），指即使当事人可以预见到未来所有可能发生的或然状态，但是将这些情况通过契约来规范也很困难或者成本太高（比如对未来或然状态的描述存在争议）；③执行合同的成本（Cost of Enforcing Contracts），即虽然关于契约的重要信息双方都可以观测得到，但对于第三方（如法庭）来说很难理解或很难加以实施。

不完全契约理论认为，人们的有限理性、信息的不完全性及交易事项的不确定性使得明晰所有特殊权力的成本过高，拟定完全契约是极其困难或者不可能的，不完全契约是必然和经常存在的。如果合同不完备，那么在或有情况（Contingency）下如何分配准租金（Quasi-rent）就存在讨价还价（Bargaining）的空间。这种讨价还价的影响因素包括：①所有权的归属，即在初始合同（Initial Contract）没有约定的情况下，谁有权进行决策；②机会成本的大小（The Availability of Alternatives），即公司参与各方采取其他方案的结果；③影响讨价还价结果的制度环境（Institutional Environment），包括法律的执行效率、职业道德状况、信息环境等。这种讨价还价的空间实际上就是治理（Governance）所要重点关注的事项。换句话说，治理机制存在如下两个必要条件：其一，参与交易各方存在无法被初始合同（Initial Contract）所规范的准租金（Quasi-rent）；其二，准租金并不能在事前被完美地分配。

Coase（1937）的经典文献中已经涉及不完全契约的有关内容。Coase 认为，如果契约涉及期限过长，买卖双方就很难在合同中明晰界定对方的责任。Williamson（1979、1985）在讨论契约不完全性问题中引入了有限理性假定，他认为契约不完全下的制度选择是一种交易成本约束下的事后治理。这一理论被 Williamson 运用到公司金融当中，这就是交易成本经济学，其基本逻辑是：交易实际上就是契约，在每一次交易中，交易环境（交易次数、不确定性）和交易特征（资产专用性）决定了交易费用的多少，由于不同契约所产生的交易费用不同，因此需要采用不同的治理结构。由于存在有限理性和机会主义，契约的不完全性是一种必然现象，因此行政控制和官僚主义特征的治理结构更多用来控制无法用契约所规范的那一部分，而完全契约和不完全契约下两种极端的治理结构分别对应着市场和官僚机构。

Grossman 和 Hart（1986）以及 Hart 和 Moore（1990）建立了不完全契约模型（GHM 模型），催生了企业的产权理论，认为企业是具有共同所有权的实体资产的集合（A collection of physical assets that are jointly owned）。这个定义中的所有权有着非常重要的含义，由于契约必然是不完全的，对于所有权就不能简单地像传统产权理论那样以"资产"来界定。那些契约中未提及的资产用法的控制权力，即剩余控制权（Residual Rights of Control），是无法准确预见和明确实施的，实际运用（或者控制）的权力比名义上的"产权"更加重要，因此，对资产剩余权力的拥有才是决定资产归属的关键。据此，Hart 等人将拥有剩余控制权或事后的控制决策权定义为"所有权"。根据这一理论，在契约不完全的情况下，剩余控制权应该配置给投资决策相对重要的一方才是有效率的。这种所有权（剩余控制权）决定了当没有在最初的契约中所规定的情况出现时谁有权作出决策。从这个模型中，我们可以看出，公司不仅仅是一系列契约的简单集合，而是存在着无法被契约在事前所规定的或有情况，而公司治理就是要对这些未被合同规范的或有情况进行有效的约束，确保所有权（剩余控制权）掌握在合适的人手中。

根据 GHM 理论，物质资产的所有权是剩余控制权的权力之源。因而，剩余控制权并不应该归属为直接运作的人力资本所有，而天然地归非人力资本所有。在合同不完备的条件下，权力的基础来源于物质资本所有权，这种对物质资本所有权的拥有进而能够对人力资本所有者进行控制，企业也就应该由拥有或控制物质资本所有权的非人力资本所规定，即股东应该拥有公司的所有权（剩余控制权），并掌握公司治理的主控权，也就是说，公司治理的主体和受益者都应该是股东。

然而，如果继续深入思考最佳的所有权安排"应该是什么"这一问题，那么从整个社会的角度来说，应该使企业价值最大化，或者是代理成本最小化。Hart 等人相信"在均衡状态，产生最高社会盈余的所有权结构将被选择"，所以他们主张"拥有重要投资或重要人力资本的一方应该拥有所有权"（Hart，1995）。这与张维迎（1995）的结论是相似的，即最难被监督和最重要的成员应当成为企业所有者，这样的安排是社会的最优安排。此后 Aghion 和 Bolton（1992）提出了状态依存控制权概念，指出最优的控制权结构应该是"相机转移"的。张维迎（1996）明确提出了状态依存所有权概念，即在不同的状态下，企业为不同的利益相关者所有，如在持续经营的情况下，企业由股东所有，而在破产的状态下，企业由债权人所有。

2.1.4　剩余控制权与剩余索取权

根据不完全契约理论，企业的所有权就是对未被契约所规范那部分的控制权力，即存在契约之外的状况下，谁拥有决策权，谁也就拥有剩余控制权。与之相对应的一个概念就是剩余索取权（Residual Claims），即在契约之外的状况下，所产生的收益应该归谁的问题，其产生的实质来源于未来的不确定性和无法完全预测。张维迎（2005）指出，企业的所有权是人们习惯的表达方式，实际上指的是企业的剩余控制权和剩余索取权两个维度，而且这两者应该是对应关系，即具有剩余控制权的人才可以对剩余收益享有索取权，享有剩余索取权的人也应该享有剩余控制权。Milgrom 和 Roberts（1992）也指出，一个有效率的公司治理结构应该是剩余索取权与剩余控制权相对应。

根据现代的企业产权理论，企业的所有权就是剩余控制权和剩余索取权的统一。在"相机转移"的控制权结构下，公司治理结构也是"相机"的，即在参与契约的各方（投资者、债权人、管理层、员工及其他利益相关者）之间如何有效地配置所有权，实现剩余控制权和剩余索取权的对应匹配。剩余控制权和剩余索取权相匹配是一个完美的状态，然而现实中这两者往往出现"错配"（这也是需要公司治理的地方）。

在现实中，我们最经常看见的这种"错配"莫过于控制权（Voting Rights 或 Control Rights）和现金流权（Cash Flow Rights）相分离。La Porta 等（1999）发现存在实际控制股东拥有的控制权超过了现金流权的现象，而造成这一现象的途径包括金字塔结构（Pyramidal Structure）、交叉持股结构（Cross-ownership）和双重股权（Dual-class Equity）。

2.1.5　现金股利的治理效应

关于股利的理论，始于 Miller 和 Modigliani（1958、1961）的股利无关论（MM 理论），此后学者们不断放松假设，相继出现了信号传递理论（Miller et al.，1985）、税收差异理论（Litzenberger & Ramaswamy，1979）、代理理论（La Porta et al.，2000）、股利迎合理论（Catering Theory of Dividends）（Baker & Wurgler，2004）、股利周期理论等。

从公司治理的视角来看，现金股利涉及委托人（股东）和代理人（经理人）之间的利益分配问题，所以传统的观点认为股利可以缓解股东和经理人之间的代理矛盾。La Porta 等（2000）提出结果模型（Outcome Model）和替代模型（Substitute Model），用于解释股利中所蕴含的代理问题。其中，结果模型认为，现金股利是少数股东通过向公司内部人施压，迫使其"吐出"（Disgorge）现金流，这一结果体现了公司治理的改善；替代模型则认为，内部人通过发放股利来向外部股东传递公司对投资者保护的声誉（Reputation），这在一定程度上代替了较差的公司治理。Baker 和 Wurgler（2004）提出股利迎合理论，认为上市公司管理层会为了满足投资者（Prevailing Investor）的需求而发放股利，这可能会导致股票的错误定价（Mispricing），这与替代模型的思想具有一定的相通之处。

2.1.6　宏观层面的治理因素

随着公司治理的综合化和体系化发展，学者们并不局限于从微观层面、公司内部考察公司治理的问题，而是开始扩展到更加宏观的、外部的层面来探讨公司治理机制和治理环境的问题（徐莉萍等，2012），其中一个重要的着眼点就是产品市场的竞争结构。

实体市场层面的竞争会对公司治理产生怎样的作用？从理论基础来看，一般来说主要包括三个方面：

其一，从信息不对称的角度来看，竞争具有"标尺效应"，由于市场中参与竞争的企业增加，从而增加了经理人（CEO）之间绩效的可比性（Holmstrom，1982），进而减弱了股东与经理人之间信息不对称的程度。Vickers 和 Yarrow（1988）指出，在信息不完全的条件下，竞争发挥着激励机制和发现机制的作用。所以，竞争也提供了信息来源，这种信息的揭示有利于激励机制更加有效地发挥作用（经理人的努力可以得到更有效的衡量），从而使得以绩效比较为基础的薪酬机制能够发挥积极作用，进而更好地解决公司治理中的"激励相容"约束问题。

其二，从实体经营层面来看，则是清算威胁假说，这也是一种变相的激励机制（The incentive effects of the threat of bankruptcy）。在一个充满竞争的市场中，经理人必须全力以赴，以避免企业经营不善而被兼并，否则他可能因为企业的破产而失去工作，导致其效用的损失。Grossman 和 Hart（1982）认为，实体经营层面的市场竞争会影响到公司破产风险，公司破产则威胁到管理者的潜在利益，从而产生一种激励的效果，即为了避免潜在的破产风险，从而保护自身利益，管理者必须更加努力地去规避破产。

其三，从经理人信誉的角度来看，Holmstrom（1982）研究发现，代理人之间的竞争更有利于信息的传递，从而使得经理人市场的信誉机制更好地发挥作用。经理人必须关注自己的名声，因为声誉好了，未来才会有人愿意聘用他，他才能够获得更高的薪酬。

从上述理论可以看出，市场竞争有利于委托人对代理人的信息甄别，同时对代理人产生了激励作用，从而对信息不对称所引起的逆向选择和道德风险同时发生作用，在一定程度上起到了公司治理的作用。此后陆续有学者通过实证检验了市场竞争在公司治理上的效应（DeFond & Park，1999；Nickell，1996），并探讨了其传导机制（Scharfstein，1988）。

2.1.7 公司治理概念综述

自 20 世纪 80 年代以来，由于公司治理被认为是国有企业改革的关键因素，公司治理问题开始成为热点，并从一开始就非常重视所有参与企业的利益各方之间的关系。比如，青木昌彦和钱颖一在《转轨经济中的公司治理结构》（1995）一书中，将公司治理结构定义为"一套制度安排，用于支配若干在企业中有重大利害关系的团体——投资者（股东和贷款人）、经理人员、职工——之间的关系，并从这种联盟中实现经济利益，包括如何实现配置和行使控制权，如何监督和评价董事会、经理人员和职工，如何设计和实现激励的机制。良好的公司治理结构能够利用这些制度安排的互补性质，并选择一种结构来减低代理人成本"。吴敬琏（1994）认为，"公司治理结构是指由所有者、董事会和高级执行人员即高级经理三者组成的一种组织结构，在这种结构中，上述三者之间形成一定制衡关系"。张维迎（1996）指出，"狭义地讲，公司治理结构是一系列的制度安排，主要涉及公司董事会的结构和功能、股东所拥有的权力和责任等方面；广义地讲，公司治理结构指一整套法律、文化和制度安排，主要涉及公司剩余索取权和控制权的分配，这一整套安排将决定公司未来的目标，如在某种状态下由谁来实施控制、怎样实施控制、收益和风险如何分担等"。林毅夫等（1997）指出，"公司治理结构是所有者用来监控经理层的行为及其绩效的一整套制度安排，其最基本的组成部分是市场竞争实现的外部治理或间接控制，而通常被人们关注或理解的公司治理结构，是指公司的内部控制或直接控制"。他们还强调，后者虽然必不可少，但与充分的市场竞争机制比起来，仍然只是衍生的组织形态和制度安排，前者在降低信息不对称程度和保护股东权益方面才能发挥最大的作用。李维安和武立东（2002）对公司治理的定义也有其独特的表述："从公司治理问题的出现和发展看，有狭义公司治理和广义公司治理两种理解。前者指股东对经理层的制衡、监督机制，也就是说，通过制度的安排，实现股东与经理层间责权利关系的合理配置，在此情况下，公司治理目标即是股东利益最大化；后者则不限于股东对经理层的制衡监督，它涉及的利益相关者更广泛，比如股东、供应商、债权人等。公司治理即是指，通过一整套制度（包括正式的和非正式的）去调和公司和所有利益相关群体之间的关系，目的是提高公司决策的科学化水平，保证公司多方利益群体的权益。" Clarke（2006）认为，公司治理就是一系列制度和惯例，这些制度和惯例被用来调整企业参与各方之间的关系，并决定着决策制定。

从上述公司治理的定义可以看到，无论将哪些利益相关方纳入公司治理，最终还是聚焦于对准租金（Quasi-rent）的分配问题。为了防止某个利益相关方对准租金的侵占，必须依靠一整套正式的或者不正式的规则来保护各方的合法利益。因此，正如宁向东（2005）所说的那样，公司治理是与公司相关的不同利益主体之间所形成的相互约束的"招"的集合，并没有一个标准的固定模式。从契约的角度看，最基本的公司治理就是要设计一系列合约以满足两个约束：一是参与约束，从而使得投资者和经营者愿意一起来组成一个企业；二是激励相容约束，从而解决如何使经营者为投资者努力工作的问题。只有这两个条件满足了，才能使"企业"这个游戏不断地玩下去。

在上述理论分析的基础上，本书形成如下基础框架：

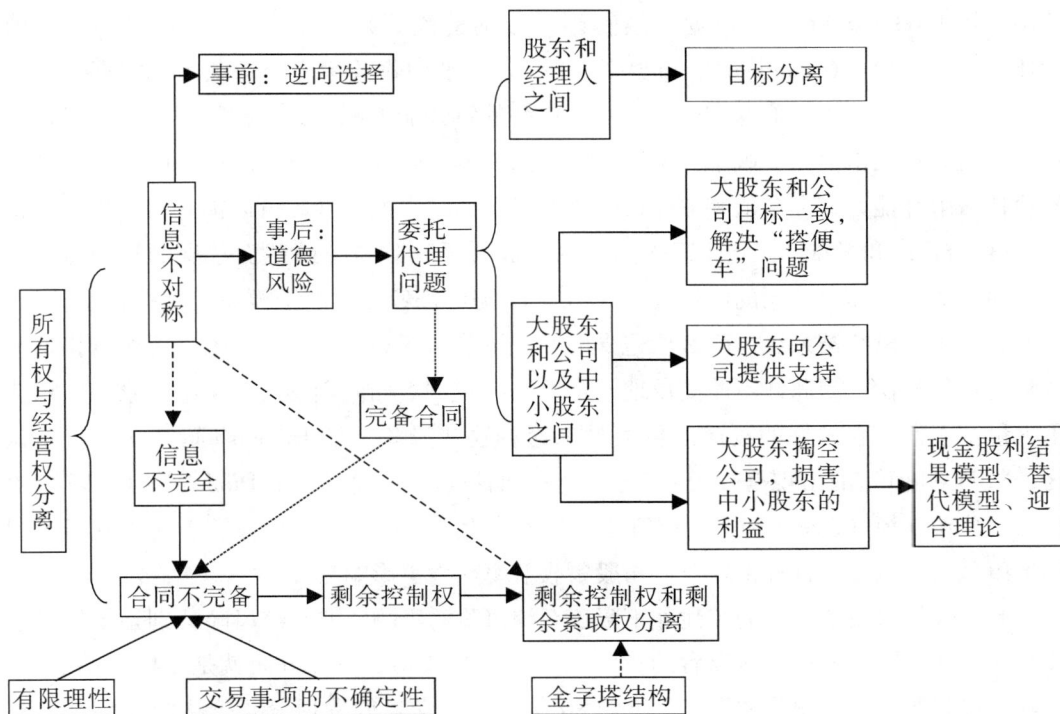

图 2 - 1　公司治理基本理论图示

2.2　股价崩盘风险研究的理论基础

Markowitz（1952）提出了资产组合理论，通过把收益和风险定义为均值和方差，建立了"均值—方差"模型，从而找出投资组合的有效边界，即在既定的风险水平下使得预期收益最大，或者在既定的收益水平下使得风险最小。Sharpe（1964）、Lintner（1965）等人通过引入 β 系数并建立资本资产定价模型（CAPM），界定了资产风险与收益的关系。Markowitz 的资产组合理论和资本资产定价模型（CAPM）认为，可以通过投资组合将非系统风险分散掉，从而投资者只需要承担系统风险。Fama（1970）则进一步给出了有效资本市场假说（EMH）的完整理论框架，指出市场是否有效在于价格是否能够及时反映出所有的信息，并据此将市场分为弱式有效（Weak Form）、半强式有效（Semi-strong Form）、强式有效（Strong Form）三种类型。

然而在实践中，人们发现市场并不总是有效的，特别是20世纪80年代后，出现了诸如"日历效应""羊群效应"等异象，系统风险并不能完全决定股票收益，股票价格总是存在着偏差（Fama & MacBeth，1973；Gibbons，1982；Stambaugh，1982；Basu，1977；Banz，1981；Bhandari，1988）。在此基础之上，Fama 和 French（1993）研究了美国市场 1963—1990 年的数据，他们首先分别检验了账面市值比（BE/ME）、市值（ME）、财务杠杆（Leverage）、市盈率（E/P）和平均收益率之间的关系，发现风险系数 β 没什么解释能力，而这四个因子对收益率的解释能力都很强。在随后的多变量回归中，市值和账面市值比吸收了其他两个因子的影响，表现出了很强的解释能力，而 β 虽然没什么解释能力，在市值和账面市值比的联合回归中加入 β 却可以提升回归模型的拟合优度。Fama 和 French 得出以下结论：β 对股票平均收益率横截面数据的解释能力很弱，而市值和账面市值比的解释能力很强，这就是著名的三因子模型。这一模型认为，这两者代表了没有被系统风险 β 所包含的额外风险，超额收益正是对投资者所承担这些风险的额外补偿，因此并不能简单地否定 CAPM 模型。而同期的行为金融学家们则构造了大量基于信念和偏好的资产定价模型来诠释这些异象。如 Lakonishok 等（1994）认为，"BM effect" 的出现是投资者对公司基本面过度反应造成的；Daniel 等（1997）也认为，公司规模（Size）和账面市值比不是风险因素，而是反映出投资者对小规模公司和价值公司的偏好，这种偏好对公司股票收益率产生了影响。

此后人们对股票价格的关注并不限于系统风险的影响，非系统风险特别是个体股票异质性波动风险逐渐走入研究者的视野，其中一个重要的研究方向就是股票价格崩盘。这其实也起源于"金融异象"，20 世纪 80 年代后，学者们发现股票价格收益率并不是对称的，而是呈现负偏，即股票价格下跌的幅度往往大于上涨的幅度（Pindyck，1984；French et al.，1987；Campbell & Hentschel，1992），他们在完全信息理性框架下，试图用波动率反馈模型（Volatility Feedback Model）予以解释。然而，现实中信息是不完全的，投资者也不可能是完全理性的，波动率反馈模型无法解释在没有明显坏消息情况下的股市崩盘。

Hong 和 Stein（2003）将股价崩盘总结为股价在没有重大的公开消息情况下出现非正常的大幅下滑，而且传染到相关同类股票。这一定义归纳了股价崩盘的三个特征，即无公开消息、负偏性以及传染性。而且，他们基于信息不对称条件，从行为金融学的角度建立了投资者异质信念（Differences of Opinion）模型，从而对股价崩盘现象予以了很好的解释。他们认为，投资者基于各自拥有的信息对股票价格持有异质信念，由于看跌的投资者在卖空限制下无法参与交易，所以一旦股票下跌，看涨的投资者根据看跌的投资者的反应，可以推断出看跌的投资者所掌握的坏消息，从而引起股价的进一步下跌，进而引发股价的崩盘。有关异质信念模型的推导详见附录一。

从委托—代理的角度，股价崩盘风险也形成了另外一套比较成熟的理论逻辑，这一逻辑起源于对股价同步性（R^2）的研究。Roll（1988）率先提出了 R^2 的概念，他将公司股票价格分为受系统风险影响和公司特质风险两部分，并指出股票价格中包含公司和市场层面的信息多少影响到其价格波动与大盘波动的拟合程度：当 R^2 越大，个股和大盘的同步性越大；当 $1-R^2$ 越大，说明残差越大，即股价中所反映的个体风险信息越多。Morck 等

（2000）则使用"Synchronicity"一词来定义股价同步性，他们发现股价同步性现象在经济落后国家比在经济发达国家更加严重，将这归因于对投资者保护（Measures of Property Rights）的不力。而 Jin 和 Myers（2006）则认为，仅从投资者保护的角度并不足以解释高股价同步性，即使投资者无法阻止管理层对公司的侵占，但是在完全透明的条件下，他们也会根据所观测到的管理层的行为而对公司价值进行合理的评估，从而不会发生高估的现象，所以他们认为较高的股价同步性是由信息不透明所导致的，即股价特质信息无法在股价中得以反映，从而导致股票价格的波动更多地体现为系统性消息的冲击；更进一步地，他们发现有着高股价同步性且透明度不高的公司的股票更容易崩盘，从而厘清信息透明度、股价同步性和股价崩盘之间的关系，并且建立起经典的"有限信息下的控制权和风险分担模型"（A model of control and risk-bearing when outside investors have limited information）。有关这一模型的推导过程详见附录二。

这一模型隐含的意义是，当外部投资者无法了解到公司真实的情况时，内部人（管理层）为了持续性地侵占公司利益，会有意识地隐藏坏消息，当这种坏消息累积到一定程度，其突然释放将导致股价崩盘。因此，Jin 和 Myers（2006）将股价崩盘定义为公司股票特质收益率出现较大的异常负值（A crash is defined as a remote, negative outlier in a firm's residual return）。这一结果也被一些学者称为"信息窖藏理论"（Information Hoarding），并以此为逻辑基础展开了大量的实证检验，而本书也是在 Jin 和 Myers（2006）的逻辑基础上的进一步发展和考察。

2.3 股价崩盘风险的实证检验

根据前文的理论基础，可以看出信息不对称是研究股价崩盘风险的理论基石，在此基础上又衍生出两个视角：一个是行为金融视角下的投资者异质信念，另外一个是委托—代理。这两种视角都涉及累积坏消息集中释放情况下形成的价格崩盘，其区别主要在于异质信念是由于卖空限制导致坏消息无法及时反映，而委托—代理是内部人为了自身利益，利用信息不对称，有意识地隐藏坏消息而形成的坏消息积累。有关上述两个视角的模型推导在附录一和附录二中有详细的介绍，本节主要重点归纳在上述模型基础上引申出的实证文献。

前人的文献表明，基于投资者之间异质信念的股票交易能够揭示出交易双方的私人信息，从而在没有大的基本面信息出现的情况下引起股价变化（Romer，1993）。Hong 和 Stein（1999、2003）基于投资者异质信念提出了市场崩盘理论，认为在投资者异质信念和卖空限制的前提下，当投资者异质信念的差异越大，收益率负偏越严重。Chen 等（2001）利用美国上市公司数据（1962—1998 年），使用去趋势的成交量作为投资者异质信念的代理变量，实证支持了这一理论。在国内，陈国进和张贻军（2009）则在我国股市限制卖空的制度背景下，检验了投资者异质信念与公司个股崩盘之间的关系。他们发现，在我国，投资者的异质信念程度越高，个股崩盘风险越大，这再一次验证了 Hong 和 Stein（1999、2003）的理论。

从委托—代理的视角出发，一般认为上市公司的管理者出于个人利益的考虑，倾向于积极披露好消息，隐藏或延迟公布坏消息，这样就导致公司管理层和外部投资者之间的信息不对称（LaFond & Watts，2008；Khan & Watts，2009；Kothari et al.，2009）。如果不利的消息不能被消化，一直积累到爆发，会导致股价短期内的大幅度下降。相反，如果能缓解或者消除信息不对称，使得坏消息及时在股价中得以反映，那么消息集中释放导致股价崩盘的风险就会大大降低。沿着这一思路，累积的坏消息突然释放所导致的股价崩盘开始和信息透明度联系在一起。Jin 和 Myers（2006）通过建立模型解释了控制权和透明度会导致内部人和外部人之间风险分担（Risk Bearing）的不同，由此影响到股价波动同步性（R^2），并通过对不同国家间股票市场的波动性进行实证，指出伴随着高股价波动同步性（R^2）的不透明股票更容易崩盘。他们认为，在不透明的环境下更容易发生崩盘的理论逻辑在于，在一个给定的时间范围内，公司越不透明，被隐藏的坏消息越多。由于内部人愿意吸收的坏消息是有限的，如果坏消息积累得足够多，影响的时间足够长，内部人不再承担公司特质风险，释放出的这些坏消息就会引起股价崩盘。在模型中，他们构造出内部人"放弃期权"（Abandonment Option），指出内部人对坏消息承受限度（Abandonment Cost）的不同会导致股价崩盘频率的不同。Hutton 等（2009）利用修正的琼斯模型，使用过去三年可操纵应计项目绝对值之和作为公司财务报告透明度的代理变量，实证检验了财务报告透明度和股票收益分布之间的关系，进一步支持了 Jin 和 Myers（2006）的理论模型。

沿此思路，那些导致公司隐藏并累积坏消息的因素，成为研究股价崩盘风险的主要着眼点，并逐渐从公司会计信息机制扩展到公司治理结构、高管动机和行为特征、宏观环境特征等因素对股价崩盘风险的影响，其中也不乏将行为金融的特点融入其中，研究成果呈现井喷之势。笔者在中国知网（CNKI）中选取了《经济研究》《管理世界》《南开管理评论》《中国工业经济》《管理科学学报》《会计研究》《金融研究》《财贸经济》这几本刊物中以"股价崩盘风险""股价崩溃风险""股价暴跌风险"为主题词的学术文章。之所以选择这几本刊物，主要考虑到它们基本是国内经济、管理、会计、金融学科比较权威的学术期刊，而且也发表了大量有关股价崩盘风险的实证文章。对于英文期刊则按照 JCR 分区统计了 SSCI 刊物 Q1 区有关股价崩盘风险的年度发文量。具体结果如图 2 - 2 所示。

篇

英文期刊

篇

中文期刊

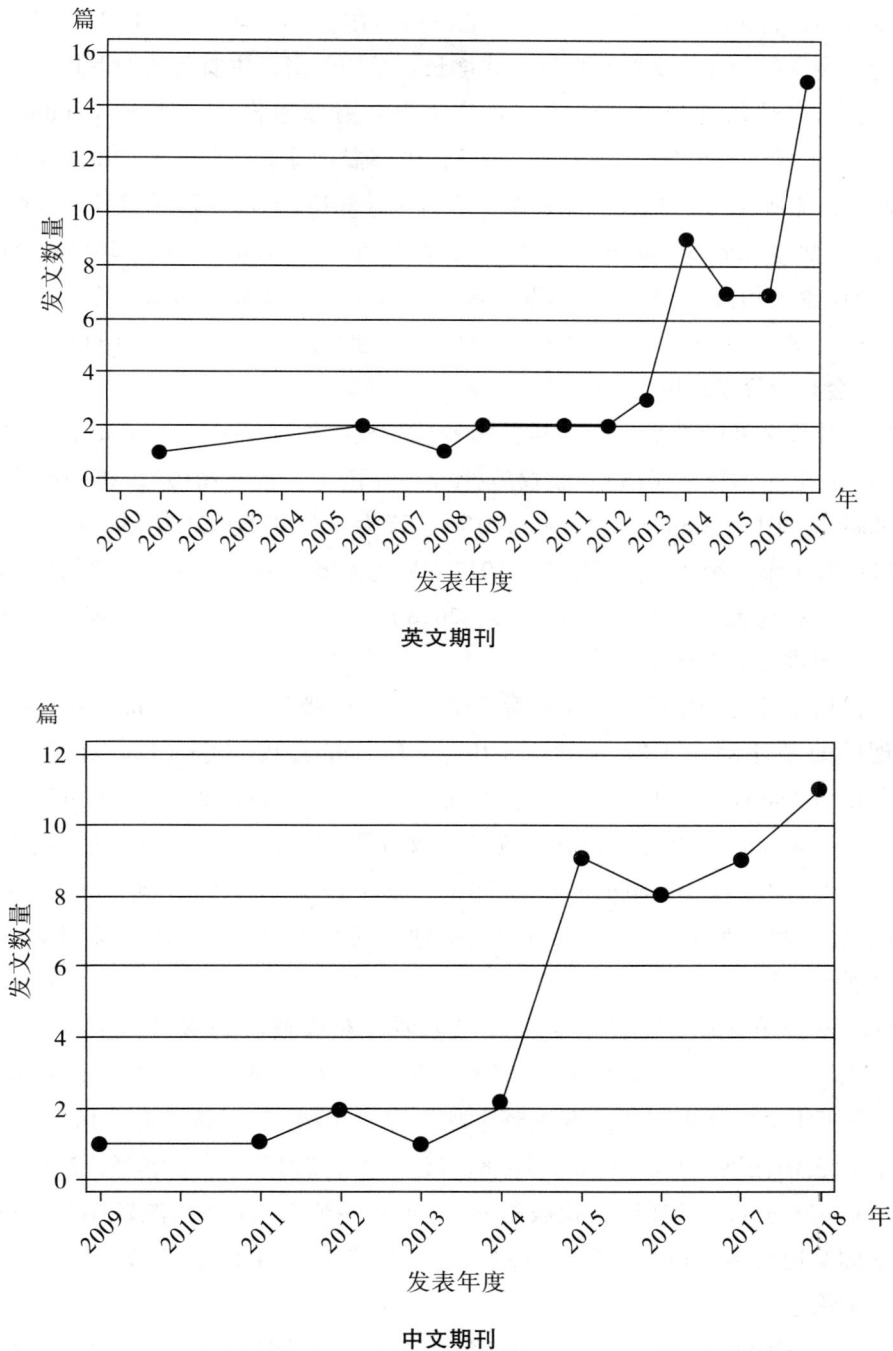

图 2 - 2　与股价崩盘风险相关学术文章年度发文量①

---

① 截至统计时，由于尚未获得英文期刊 2018 年度的全部发表文章，所以只统计到 2017 年；中文期刊发文数量统计到 2018 年。

可以看出，自 2008 年美国发生次贷危机后，在 2009—2018 年 10 年时间内，有关股价崩盘风险这一领域的文章呈现爆发式增长。总结起来，主要包括如下几个方面：

其一，从会计信息和财务政策的角度来看，财务报告的透明度（Hutton et al.，2009），报表审计（江轩宇、伊志宏，2013；张瑞君、徐鑫，2017），信息披露（叶康涛等，2015；宋献中等，2017；田利辉、王可第，2017；孟庆斌等，2017），会计核算的稳健性程度（Kim & Zhang，2016）与避税行为（Kim et al.，2011a；江轩宇，2013），会计盈余信息平滑行为（Chen et al.，2017），投资政策（江轩宇、许年行，2015；周铭山等，2017），以及分析师的信息传递效应（潘越等，2011；许年行等，2012），均会对股价崩盘风险产生显著影响。

其二，从投资者的视角来看，相关学者从股权结构（Boubaker et al.，2014；王化成等，2015；姜付秀等，2018），股权质押行为（谢德仁等，2016），机构投资者性质（An & Zhang，2013；Callen & Fang，2013）、行为（许年行等，2013；孔东民、王江元，2016；曹丰等，2015；高昊宇等，2017；吴晓晖等，2019），投资者行为（吴战篪、李晓龙，2015；杨威等，2018；丁慧等，2018），以及投资者关系管理（权小锋等，2016）等方面进行了考察。

其三，从高管动机和行为特征来看，CFO 的期权激励（Kim et al.，2011b），国有企业管理层的额外津贴（Xu et al.，2014），CEO 的过度自信（Kim et al.，2016），CEO 的年龄（Andreou et al.，2017）和性别（李小荣、刘行，2012），董事和高管的责任保险（Yuan et al.，2016），高管减持（孙淑伟等，2017），公司承担的社会责任行为（Kim Y. et al.，2014；Diemont et al.，2016；权小锋等，2015），独立董事的独立性（梁权熙、曾海舰，2016），以及财务总监的地位（蒋德权等，2018）等因素，也在影响着股价崩盘风险。

其四，从公司所处的监管与制度环境来看，对投资者的保护力度（王化成等，2014；张宏亮、王靖宇，2018），市场监管（林乐、郑登津，2016；张俊生等，2018），制度环境与媒体监督（罗进辉、杜兴强，2014），宗教信仰（Callen & Fang，2015b），社会信任度（Cao et al.，2018；Li et al.，2017；刘宝华等，2016），政治环境（Piotroski et al.，2015），税收征管（刘春、孙亮，2015；江轩宇，2013），甚至地方基础交通设施建设对信息环境的影响（赵静等，2018），均成为影响股价崩盘风险的考量因素。

其他的研究则涉及特定事件和宏观政策等因素。如融资融券制度对股价崩盘风险的影响（褚剑、方军雄，2016；俞红海等，2018；孟庆斌等，2018）；限售股解禁（张晓宇、徐龙炳，2017）和成分股调整（叶康涛等，2018）对股价的冲击，货币政策所导致的流动性不足（代冰彬、岳衡，2015）和企业"脱实向虚"对股价下行的影响（彭俞超等，2018）。

上述研究较为全面地揭示出股价崩盘的形成机理，反复证明着"良好的信息透明度和健全的公司治理机制有助于缓解公司股价崩盘风险"这一具有普适意义的结论。然而，在股价崩盘风险无法完全消除的情况下，对其后果的考察也越来越引起学者们的重视。特别是面对潜在的股价崩盘风险时，利益相关方如何应对才能尽可能保护自身利益就显得尤为重要。当前，有关股价崩盘风险后果的研究还不多，An 等（2015）考察了股价崩盘风险后果对资本结构调整速度的影响；喻灵（2017）也发现股价崩盘风险越大，权益资本成本越大。种种迹象表明，潜在的股价崩盘风险有可能转化为信用风险，从而导致跨市场的风险传导，引发系统性的经济崩盘。图 2 - 3 对上述有关股价崩盘风险的文献予以了归纳。

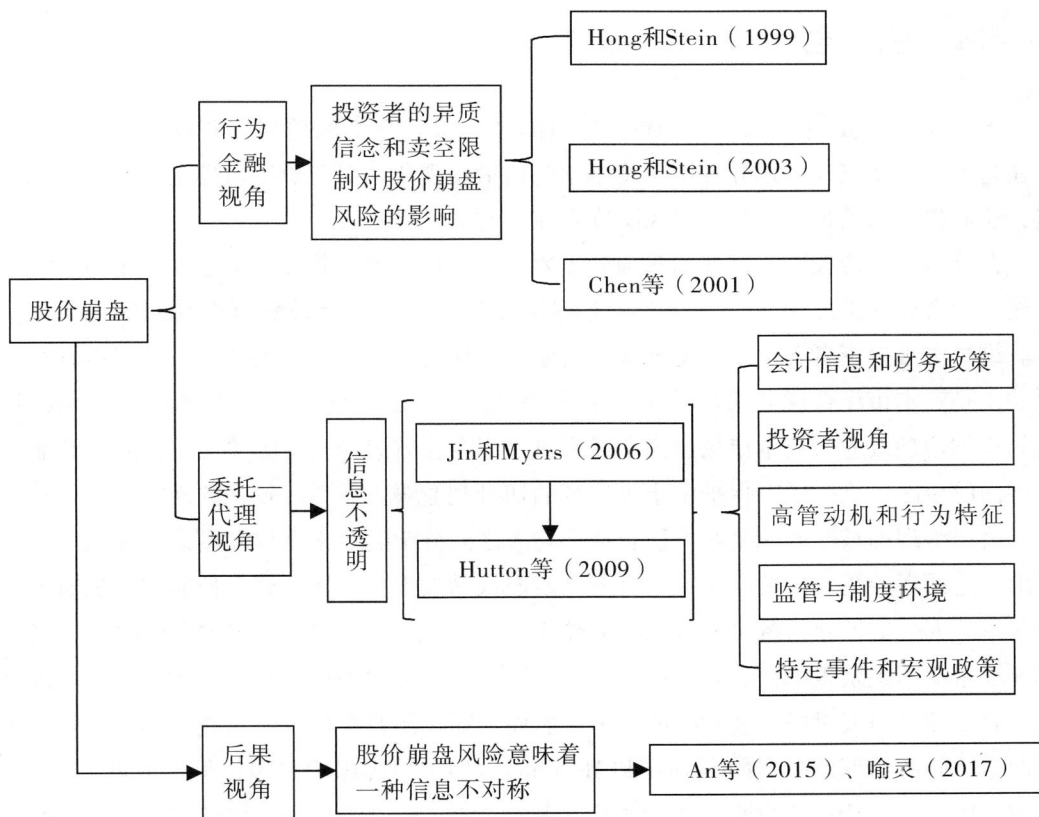

图 2 - 3　股价崩盘风险实证文献综述图示

3　股价崩盘理论分析与模型扩展

3.1　引　言

上文介绍了 Jin 和 Myers（2006）经典的"有限信息下的控制权和风险分担模型"，并在附录二中予以详细推导。本章将基于公司治理视角，对股价崩盘理论和模型予以扩展，从而将公司治理和股价崩盘风险联系在一起。

在我国，现阶段资本市场的参与者主要是中小投资者，其处于信息弱势地位，抗风险能力和自我保护能力较弱，合法权益容易受到侵害，在金融危机中受到的伤害也更大。维护中小投资者合法权益是证券期货监管工作的重中之重，关系广大人民群众切身利益，是资本市场持续健康发展的基础。① 因此，笔者开始思考股权结构在公司治理层面的具体治理效应与资本市场层面个股崩盘之间存在着怎样的逻辑关系，这对于化解宏观层面的金融风险，同时保护中小投资者的切身利益等方面具有较强的现实意义。

公司治理的核心问题是在不同企业参与人之间分配剩余索取权和剩余控制权。虽然理论上这两者应是对应关系，即享有剩余索取权的人也应该拥有剩余控制权，拥有剩余控制权的人也应该获得剩余索取权（张维迎，2005），但是由于现实中合同的不完备性而导致企业的剩余索取权和剩余控制权在不同参与人之间进行分配，由此引发了实际拥有控制权的参与人对所有者利益的侵害。然而实际控制股东拥有公司股权结构的不同也会产生不同的治理效应，如 Jensen 和 Meckling（1976）提出股东和公司之间的利益趋同效应，指出股东持有公司股份比例越高，其利益越趋于一致，从而能够减少代理冲突。这种趋同效应能够抑制内部人对公司的掏空（Johnson et al.，2000），而且在一些情况下他们也会支持公司（Friedman et al.，2003）。因此，股权的集中使得控股股东和小股东的利益趋于一致（Grossman & Hart，1980；Mitton，2002；Lins，2003），并提升了公

---

① 详见《国务院办公厅关于进一步加强资本市场中小投资者合法权益保护工作的意见》（国办发〔2013〕110 号）。

司的经营绩效（徐莉萍等，2006）；但同时，股权的集中也使得实际控制股东更容易掏空公司，剥夺中小股东的利益（Shleifer & Vishny，1997；Dyck & Zingales，2004）。本书预测这种实体层面的治理效应也会在资本市场上得以反映，进而影响到股价崩盘。

有关股价崩盘的研究多是从信息不对称的角度入手，Jin 和 Myers（2006）建立了基于外部投资者有限信息下的控制权和风险分担模型，站在内部人（Insiders）视角解释了透明度对股价崩盘现象的影响。在模型中，他们构造出内部人的"放弃期权"（Abandonment Option），指出内部人的放弃成本及其对坏消息承受限度的不同也会导致股价崩盘的不同，并通过实证检验了透明度和股价崩盘风险之间的关系。[①] Hutton 等（2009）以及潘越等（2011）利用修正的琼斯模型，实证检验了财务报告透明度和股票收益分布之间的关系，进一步在微观层面支持了 Jin 和 Myers（2006）的理论模型。

在 Jin 和 Myers（2006）的研究中，股价崩盘风险（Crash Risk）包含两个维度：可能性（Likelihood）和幅度（Severity）[②]，但是在其后的实证研究中似乎并没有严格区分这两个维度。本章一方面把透明度与股价崩盘之间的关系放在公司治理框架下进行解读，另一方面在既定的不透明度水平下，从实际控制股东视角推导了"放弃成本"（Abandonment Costs）与股价崩盘可能性之间的关系。本章还建立了在崩盘临界状态下实际控制股东利益份额所蕴含的掏空效应与支持效应引发和避免崩盘现象的逻辑公式，并进一步挖掘了支持效应与股价崩盘幅度之间的关系。在这一过程中，建立了实际控制股东利益份额（现金流权）、掏空效应、支持效应与放弃边界的关系模型，首次从不同维度（现象、可能性、幅度）揭示实际控制股东利益份额所蕴含的趋同效应与股价崩盘之间的相关性及其逻辑解释，进一步深化了公司治理与股价崩盘之间的理论研究和政策分析。

3.2　股价崩盘过程的模拟

Jin 和 Myers（2006）指出，股价崩盘是指公司股票特质收益率出现较大的异常负值。根据其模型，当内部人实施"放弃"时，将发生崩盘现象；而发生崩盘的可能性（频率）和幅度则是潜在的崩盘风险。

由于股票价格的变动是和信息紧密相连的，本书沿着 Jin 和 Myers（2006）的逻辑，将信息不透明放在公司治理框架下。这种透明度的问题也是合同不完备所导致的剩余索

---

①　Jin 和 Myers（2006）在模型中研究了放弃行为所引发的崩盘现象，在实证中检验了透明度与股价崩盘风险（可能性和幅度）的关系。

②　Jin 和 Myers（2006）在实证中所使用的指标 COLLAR 同时包括了可能性和幅度两个维度，但是并未对其进行区分。

取权和剩余控制权在企业不同参与人之间的错配问题。Jin 和 Myers（2006）已经通过数学模型阐述了信息不透明（Opaque）、放弃与股价崩盘之间的关系，图 3 - 1 简单模拟了这一过程。

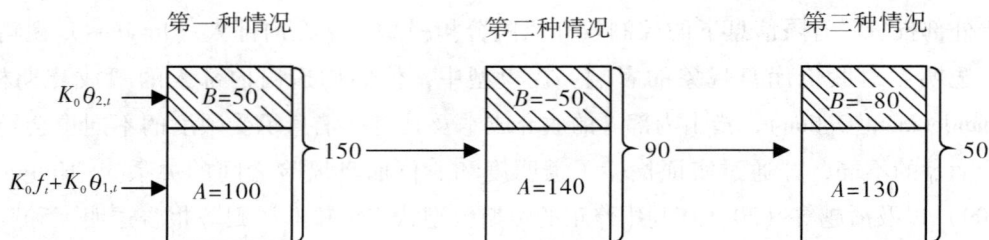

图 3 - 1 透明度、实际控制股东放弃边界和股价崩盘现象

首先，引入本章的基础假设 1：

公司参与人是理性经济人，即他们能够根据可观测到的情况合理判断公司价值，并据此判断所持有公司股票的价格。

根据基础假设 1，本章参照 Jin 和 Myers（2006）的观点，定义 K_t 是公司的内在价值（Intrinsic Value），即未来经营现金流 C_t 的现值；折现率是常资金成本（A Constant Cost of Capital） r，或者为无风险收益率。

公司现金流的产生过程为：

$$C_t = K_0 X_t \qquad (3-1)$$

K_0 是初始投资，为一个常数；X_t 是对现金流的随机冲击（Random Shocks），包括三个独立的冲击：

$$X_t = f_t + \theta_{1,t} + \theta_{2,t} \qquad (3-2)$$

其中，f_t 代表市场宏观因素的冲击；$\theta_{1,t}$、$\theta_{2,t}$ 代表公司特质冲击。由于合同的不完备性，内部人可以同时观测到 $\theta_{1,t}$、$\theta_{2,t}$，但是外部人只能观测到 $\theta_{1,t}$。本书将 $\theta_{1,t}$ 称为外部特质冲击，将 $\theta_{2,t}$ 称为内部特质冲击，此时的 $\theta_{1,t}$、$\theta_{2,t}$ 是不受实际控制股东影响的。由于 f_t、$\theta_{1,t}$、$\theta_{2,t}$ 互相独立，所以观测到其中一个，并不能影响对其他信息的了解。图 3 - 1 分别标注了它们的冲击范围。

根据公司治理理论，在合同完备的情况下对剩余收益的索取权应该归全体股东所有，但是由于不透明所导致的合同不完备，公司实际控制股东会拥有一部分合同无法事前规定的剩余控制权，即图 3-1 的阴影部分 B。在 Jin 和 Myers（2006）的模型中，不透明部分的收益被内部人所侵占，在实际控制人掌控公司权力的情况下，他们实际上也掌控了内部人。在笔者的模型中，假定内部人所侵占的这部分利益实际上也是被实际控制股东所侵占。假设公司是在固定的不透明条件下持续经营，图 3-1 的非阴影部分 A 代表被外部股东所掌握的剩余控制权，这一部分是透明的，他们会根据自己所观测到的信息向公司索取剩余收益。此时由于合同的不完备性，剩余所有者（全体股东）并未拥有全部剩余控制权。

在公司持续经营期间，公司在每个会计期间实际获得的剩余收益价值为 $A+B$ 的合计，然而由于不透明（阴影部分 B），外部股东不能观测到公司的全部信息，他们会根据自己观测到的信息而对公司价值有一个理性预期（非阴影部分 A，$K_0 f_t + K_0 \theta_{1,t}$）。如果公司不能满足其预期回报要求，外部股东会选择走司法程序，接管公司或者"用脚投票"而引起股价的暴跌；当然，在股权集中的情况下，外部股东接管公司的难度更大[①]。在一定的投资者保护环境下，笔者并不能排除实际控制人掩盖其掏空公司的动机，因此当实际控制人实施"放弃"时，可以将责任转嫁给其所控制的"内部人"，比如通过解雇"内部人"而将坏消息累积的责任转化，这种情况实际上就是 Jin 和 Myers（2006）所提及的由于"放弃"对"内部人"产生的三种后果之一[②]。当然，实际控制人可以另外通过其他方式对其所控制的"内部人"予以补偿。在这种情况下，"放弃"模型仍然适用。在坏消息累积的初期，公司的实际控制股东为了自己的利益（当然这其间仍然存在着各种利益的权衡，但不在本模型讨论范畴之中）会尽可能满足（支持）外部投资者的要求，直到超出其支持意愿的范围，实际控制股东将放弃。不透明部分 B 产生的剩余收益（亏损）为 $K_0 \theta_{2,t}$：当其为收益时，实际控制股东会占有这部分未被观测到的收益；当其为亏损时，实际控制股东会为了满足外部投资者的理性预期而在其意愿和能力范围内对公司进行支持。

假设图 3-1 中实际控制股东对公司提供支持的上限是 80（即内部人最多愿意从自有资金中拿出 80 来支持公司），若超出该上限，实际控制股东将放弃公司，让外部投资者承担未被观测到的剩余收益（亏损），从而引起外部投资者对公司价值的理性预期相较实际情况有较大幅度的落差，引起股价崩盘。

在第一种情况下，外部股东根据其所观测到的信息，对公司收益的理性预期是

---

① 这一点可以理解为 Jin 和 Myers（2006）模型中的 α 更小，或者说 $1-\alpha$ 更大，反映出对外部投资者保护的难度更大。

② 见 Jin 和 Myers（2006）第 269 页："Abandonment could mean at least three things.（1）Inside managers could just walk away from the firm, leaving it to outside stockholders or creditors."

100。假设此时外部股东的理性预期和实际情况相符，而未被外部股东观测到的不透明部分产生的收益是50，公司整体的剩余收益便达到150。外部股东会根据他们的理性预期向公司要求100的回报，而未被观测到的剩余收益50被实际控制股东侵占。

在第二种情况下，外部股东根据其所观测到的信息，对公司收益的理性预期是140，因此他们会向公司要求140的回报。但是未被外部股东观测到的不透明部分产生的收益是 -50（亏空），此时公司整体的剩余收益只有90，因此需要实际控制股东拿出50来满足（支持）外部股东理性预期的剩余索取权，否则外部股东将接管公司。在这种情况下，外部股东的理性预期和公司实际情况之间存在50的差异；但由于在不透明情况下，实际控制股东提供了支持（50），使外部股东的理性预期收益得到满足，其对公司价值的理性预期不会发生变化，在其他情况不变时，股票价格也就不会发生变化。

在第三种情况下，外部股东对公司收益的理性预期是130，因此他们会向公司要求130的回报。但是未被外部股东观测到的不透明部分产生的收益是 -80（亏空），此时公司整体的剩余收益只有50，因此需要实际控制股东拿出80来满足（支持）外部股东的剩余索取权。然而此时已经超过了实际控制股东支持意愿的上限，他们会选择放弃，将不透明部分产生的亏空留给外部股东承担，从而让外部股东了解真实的情况，使得他们的理性预期由130降低到50。这种理性预期和真实情况被揭示后的差异在资本市场上的表现即为股票价格崩盘。

图3-1模拟了Jin和Myers（2006）所阐述的透明度与股价崩盘的基本原理。从实际控制股东视角来看，当企业越不透明，合同就越不完备，图中阴影面积就越大。那么，对于实际控制股东来说，在能够侵占较大剩余收益的同时也承担着相应的风险；而对外部股东来说，则意味着较大股价崩盘风险。Jin 和 Myers（2006）、Hutton 等（2009）分别从宏观和微观层面检验了这一关系。此后大量文献围绕着透明度这一逻辑基础，对公司股价崩盘风险开展实证研究。如 Kim 等（2011a，2011b）认为，有高期权激励的 CFO、有避税行为的公司更可能提高"信息壁垒"，降低公司透明度，从而导致公司层面股价崩盘风险的提高。潘越等（2011）以我国 A 股上市公司为样本进一步实证检验了透明度与股价崩盘风险之间的关系，发现上市公司越不透明，其个股发生暴跌的风险越大，而获得越多证券分析师关注的公司，其信息不透明对股价暴跌的负面影响越小。此后，对股价崩盘风险的研究逐渐扩展到对公司信息透明度外部影响因素及行为因素的探寻，从而建立起它们与股价崩盘之间的关系。如许年行等（2012）从分析师利益冲突、乐观偏差入手，认为分析师乐观评级或盈余预测出现的频次越多，公司负面消息被隐藏导致股价被高估的可能性越大，当累积的负面消息被识破时会引发股价崩盘；许年行等（2013）从机构投资者"羊群行为"入手，检验其与股价崩盘风险之间的关系；李小荣和刘行（2012）从性别角度考察了股价崩盘风险；Kim 等（2016）发现 CEO 过度自信会增加股价崩盘风险。

然而透明度是影响股价崩盘的唯一逻辑吗？近来一些实证研究发现，公司治理效应也会对股价崩盘产生影响。如江轩宇和伊志宏（2013）发现通过提高审计质量、改善公司治理水平可以降低股价崩盘风险；Boubaker 等（2014）发现实际控制股东和小股东之间的利益趋同效应能够降低股价崩盘风险。在此启发下，笔者进一步思考发现，在透明度一定的情况下（图 3 - 1 中阴影面积不变），从公司治理效应的视角来看，图 3 - 1 隐藏着有趣的逻辑。

首先，引入本章的基础假设 2：

公司透明度保持不变。

其次，为了保证控制人对公司的掏空不会超出全部收益，引入基础假设 3：

公司保持持续经营状态。

从掏空的视角分析，当不透明部分产生收益时，其收益被实际控制股东掏空。当维持其他条件不变，不透明部分仍然产生收益的情况下，实际控制股东对收益的掏空并不会引起股价崩盘，因为公司还存在未被外部投资者观测到的价值。当不透明部分产生亏空时，外部投资者无法观测到该部分亏损，由此会导致外部投资者基于可观测部分的理性预期和公司实际价值之间产生落差，隐藏着发生股价崩盘的可能性。

从支持的视角分析，实际控制股东为了满足外部股东的理性预期，需要投入私人资金（资源）对不透明部分形成的亏空进行弥补，从而使得公司股价维持在外部股东理性预期的水平。从第二种情况到第三种情况，如果实际控制股东能够提供足够多的资源来解决企业内部问题，就可以化解潜在的发生股价崩盘的可能性。在理想情况下，如果实际控制股东提供支持的能力和意愿是无限的，那么公司不透明部分的亏空就能够得到及时弥补，使得公司始终满足外部投资者的理性预期，不会发生崩盘。按此逻辑，在一定的不透明度水平下，实际控制股东向企业提供的支持能够避免股价崩盘现象发生。

然而，一旦实际控制股东提供支持的能力和意愿是有限额的，那么超出限额的亏空将导致外部投资者的理性预期与企业实际价值之间产生落差，这种落差在资本市场上则表现为股价崩盘，而且这种股价崩盘幅度与实际控制股东的支持限额相关。按此逻辑分析，实际控制股东支持能力越强，那么其放弃时，股价崩盘的幅度就越大。

3.3 放弃成本与股价崩盘可能性

图 3 - 1 模拟了 Jin 和 Myers（2006）关于股价崩盘的过程，其中"放弃"和"支

持"这两个关键因素决定了在既定的不透明度水平下股价是否会发生崩盘。图 3 - 1 假设实际控制股东愿意提供支持的上限是 80，但是如果放弃成本发生改变，实际控制股东提供支持的意愿是否会发生变化？又会如何影响股价崩盘风险呢？

首先，结合 Jin 和 Myers（2006）的理论逻辑，不透明条件下的合同不完备只是影响了可供实际控制股东占有的剩余收益，实际控制股东的放弃行为才是导致股价崩盘的直接原因，而且实际控制股东是放弃还是继续支持公司取决于放弃成本与累积坏消息所带来的损失之间的权衡。因此，支持意愿的问题实际上是和实际控制股东的放弃成本紧密相连的。可以想象，如果公司在合同不完备的情况下累积并隐藏了大量的亏空，在实际控制股东能够提供足够多的资源来弥补亏空的前提下，只要其愿意为公司提供足够多的支持，并不行使"放弃权"，那么股价就不会崩盘。正如 Jin 和 Myers（2006）所说的那样，透明度并不是引发股价崩盘风险的唯一原因，如果放弃成本不同，也会导致不同的股价崩盘风险。因此，在公司治理框架下讨论股价崩盘风险的影响因素，除了要考虑不透明所引起的剩余索取权和剩余控制权错配问题，还要考虑实际控制股东和公司之间的利益协调问题（放弃成本）。

为了考察在既定的不透明度水平下放弃成本与股价崩盘风险之间的关系，本书将在 Jin 和 Myers（2006）模型的基础上，进一步整合股价崩盘风险模型，研究实际控制股东放弃成本与放弃边界的关系。

与 Jin 和 Myers（2006）的模型相同，本章设定基础假设 4：

前文所设立的三个独立冲击 f_t、$\theta_{1,t}$、$\theta_{2,t}$ 是一个平稳的 AR（1）过程。

假定它们具有相同的 AR（1）系数：

$$f_{t+1} = f_0 + \varphi f_t + \varepsilon_{t+1} \qquad (3-3)$$

$$\theta_{1,t+1} = \theta_{1,0} + \varphi \theta_{1,t} + \xi_{1,t+1} \qquad (3-4)$$

$$\theta_{2,t+1} = \theta_{2,0} + \varphi \theta_{2,t} + \xi_{2,t+1} \qquad (3-5A)$$

其中，$0 < \varphi < 1$。

这个假定也使得 X_t 的分布是一个平稳的 AR（1）过程：

$$X_{t+1} = X_0 + \varphi X_t + \lambda_{t+1} \qquad (3-6)$$

其中，$X_0 = f_0 + \theta_{1,0} + \theta_{2,0}$；$\lambda_t = \varepsilon_t + \xi_{1,t} + \xi_{2,t}$。

内部人拥有放弃的选择权（Abandonment Option），一旦实际控制股东不得不吸收公司层面的大量坏消息，超出其愿意提供支持的限度时，其将行使放弃权，并将这种未被观测到的亏空留给外部股东，揭示公司真实价值。

如果实际控制股东做出放弃行为，说明企业内部存在未被外部人观测到的负向冲击 $\theta_{2,t}$；如果内部人决定继续掩盖这种亏空，那么其需要将这一部分负向冲击引起的现金流损失支付给外部人，其现值为：

$$K_0 \theta_{2,t} + PV \left\{ K_0 E \left(\theta_{2,t+1} \mid \theta_{2,t} \right),\ K_0 E \left(\theta_{2,t+2} \mid \theta_{2,t} \right),\ \cdots\ ;\ r \right\} = K_0 \left[\theta_{2,t} + \frac{1}{r} \times \frac{\theta_{2,0}}{1-\varphi} + \frac{\varphi}{1+r-\varphi} \left(-\frac{\theta_{2,0}}{1-\varphi} + \theta_{2,t} \right) \right]$$

$$(3-7)$$

上式为内部人为掩盖坏消息（亏空）而需要支付给外部人的现金流现值，这个值与放弃公司的成本相比，如果 $\theta_{2,t}$ 引起的损失大于放弃公司的损失，那么内部人会放弃公司，否则其会继续隐藏坏消息，并予以逐步消化。从另一个角度来说，如果内部人要对公司的亏空进行弥补、支持，那么其是否放弃也取决于自身是否有足够的实力。

放弃成本并不固定，其取决于公司的价值。公司当期现金流越大，公司价值越大，放弃成本也就越大。假定放弃成本是公司价值的一定比例 p，那么如果继续隐藏坏消息，内部人得到的价值是：

$$K_0 \left[\theta_{2,t} + \frac{1}{r} \times \frac{\theta_{2,0}}{1-\varphi} + \frac{\varphi}{1+r-\varphi} \left(-\frac{\theta_{2,0}}{1-\varphi} + \theta_{2,t} \right) \right] + p \left\{ \frac{1}{r} \times \frac{K_0 X_C}{1-\varphi} + \frac{\varphi}{1+r-\varphi} \left[-\frac{K_0 X_0}{1-\varphi} + K_0 (f_t + \theta_{1,t} + \theta_{2,t}) \right] \right\}$$

$$(3-8)$$

当式（3-8）<0 时，说明实际控制股东继续隐藏坏消息将得不偿失，所以其会行使放弃权。

从式（3-8）可以看出，是否行使放弃权同时受到公共信息（冲击）f_t、$\theta_{1,t}$ 和内部信息（冲击）$\theta_{2,t}$ 的影响。内部信息（冲击）决定了实际控制股东如果继续运作下去不得不吸收的负向冲击，而公共信息（冲击）影响了公司的股票价值（实际控制股东的放弃成本）。内部信息（冲击）$\theta_{2,t}$ 的影响越恶劣，越可能招致放弃，引发崩盘；而公共信息（冲击）f_t 和 $\theta_{1,t}$ 越好，越能够提升企业价值，增加实际控制股东的放弃成本，实际控制股东就更可能继续经营，并通过提供各种支持来化解坏消息，避免崩盘。

上述式（3-1）到式（3-8）为 Jin 和 Myers（2006）所构建的模型，下文将在式

（3-8）的基础上进一步拓展该模型。

根据基础假设 2，假定影响合同完备性的透明度为 $\bar{\eta}$[①]，其是一个客观现实，即常数，取值范围为 $0 < \bar{\eta} < 1$。在本书的模型中，它实际上反映的是在既定的不透明度水平下，实际控制股东掩盖掏空或提供支持所付出的成本比例。当 $\bar{\eta}$ 越接近于 1，透明度越高，法制越健全，合同越完备，公司的信息越多被外部投资者所掌握，其掩盖成本越大；当 $\bar{\eta}$ 越接近于 0，公司的信息越不透明，法制环境越差，合同越不完备，其掩盖成本越小。

假设实际控制股东持有公司利益份额的比例为 γ，其中 $0 < \gamma < 1$。

在时间 t 内，在理性经济人假设下（基础假设 1），公司的价值为：

$$\frac{1}{r} \times \frac{K_0 X_0}{1 - \varphi} + \frac{\varphi}{1 + r - \varphi} \left[-\frac{K_0 X_0}{1 - \varphi} + K_0 (f_t + \theta_{1,t} + \theta_{2,t}) \right] \quad (3-9A)$$

在时间 t 内，可供实际控制股东掏空 S_t 的现值为：

$$S_t = K_0 \left[\theta_{2,t} + \frac{1}{r} \times \frac{\theta_{2,0}}{1 - \varphi} + \frac{\varphi}{1 + r - \varphi} \left(-\frac{\theta_{2,0}}{1 - \varphi} + \theta_{2,t} \right) \right] \quad (3-10A)$$

在实际控制股东没有综合价值优化的条件下，其掏空或支持行为完全根据不透明部分产生的损益，此时其实际掏空的价值就是可供掏空的价值 S_t。

假设掏空成本为 $S_t \bar{\eta}$，当 $\bar{\eta}$ 越大时，透明度越高，掏空越困难，那么掩盖掏空的成本越大。

$$S_t \bar{\eta} = K_0 \left[\theta_{2,t} + \frac{1}{r} \times \frac{\theta_{2,0}}{1 - \varphi} + \frac{\varphi}{1 + r - \varphi} \left(-\frac{\theta_{2,0}}{1 - \varphi} + \theta_{2,t} \right) \right] \times \bar{\eta} \quad (3-11)$$

实际控制股东在时间 t 内所占有的企业价值为：

$$\gamma \left\{ K_0 (f_t + \theta_{1,t} + \theta_{2,t}) + \frac{1}{r} \times \frac{K_0 X_0}{1 - \varphi} + \frac{\varphi}{1 + r - \varphi} \left[-\frac{K_0 X_0}{1 - \varphi} + K_0 (f_t + \theta_{1,t} + \theta_{2,t}) \right] - \right.$$

$$\left. K_0 \left[\theta_{2,t} + \frac{1}{r} \times \frac{\theta_{2,0}}{1 - \varphi} + \frac{\varphi}{1 + r - \varphi} \left(-\frac{\theta_{2,0}}{1 - \varphi} + \theta_{2,t} \right) \right] \right\} \quad (3-12)$$

---

① 此处的 $\bar{\eta}$ 与 Jin 和 Myers（2006）所提及的不同，笔者假定其是一个固定数值。本章研究的是保持 $\bar{\eta}$ 不变的情况下，推导实际控制股东所有权和股价崩盘之间的关系，也就是本章的基础假设 2。

上式表明了在时间 t 内如果实际控制股东放弃公司将失去的价值，即放弃成本。该式的意义为公司价值［式（3-9A）］减去被实际控制股东掏空 $K_0\theta_{2,t}$ 在 AR（1）条件下的现值［式（3-10A）］，为公司剩余净现值。该净现值乘以实际控制股东的利益份额比例 γ（$0<\gamma<1$），为实际控制股东在掏空公司后所享有的公司价值份额。那么实际控制股东在时间 t 内在公司内所拥有的总价值为式（3-12）加上式（3-10A）再减去式（3-11）：

$$\pi_t = \gamma\Big\{K_0(f_t+\theta_{1,t}+\theta_{2,t})+\frac{1}{r}\times\frac{K_0X_0}{1-\varphi}+\frac{\varphi}{1+r-\varphi}\Big[-\frac{K_0X_0}{1-\varphi}+K_0(f_t+\theta_{1,t}+\theta_{2,t})\Big]-$$

$$K_0\Big[\theta_{2,t}+\frac{1}{r}\times\frac{\theta_{2,0}}{1-\varphi}+\frac{\varphi}{1+r-\varphi}\Big(-\frac{\theta_{2,0}}{1-\varphi}+\theta_{2,t}\Big)\Big]\Big\}+K_0\Big[\theta_{2,t}+\frac{1}{r}\times\frac{\theta_{2,0}}{1-\varphi}+\frac{\varphi}{1+r-\varphi}$$

$$\Big(-\frac{\theta_{2,0}}{1-\varphi}+\theta_{2,t}\Big)\Big]-K_0\Big[\theta_{2,t}+\frac{1}{r}\times\frac{\theta_{2,0}}{1-\varphi}+\frac{\varphi}{1+r-\varphi}\Big(-\frac{\theta_{2,0}}{1-\varphi}+\theta_{2,t}\Big)\Big]\times\bar{\eta} \qquad (3-13\text{A})$$

从理论上讲，式（3-13A）与式（3-8）等价。

在理性经济人假设下，实际控制股东无论支持还是放弃公司均取决于其是否能够获得正的价值：

$$\pi_t \geqslant 0 \qquad\qquad\qquad (3-14)$$

π_t 代表了实际控制股东在公司中所得到的价值，当 $\pi_t=0$ 时为放弃的边界（临界状态）。

在持续经营的前提下，实际控制股东掏空的价值不会超过公司的价值。由此可知：

$$K_0(f_t+\theta_{1,t}+\theta_{2,t})+\frac{1}{r}\times\frac{K_0X_0}{1-\varphi}+\frac{\varphi}{1+r-\varphi}\Big[-\frac{K_0X_0}{1-\varphi}+K_0(f_t+\theta_{1,t}+\theta_{2,t})\Big]-K_0\Big[\theta_{2,t}+$$

$$\frac{1}{r}\times\frac{\theta_{2,0}}{1-\varphi}+\frac{\varphi}{1+r-\varphi}\Big(-\frac{\theta_{2,0}}{1-\varphi}+\theta_{2,t}\Big)\Big]>0 \qquad (3-15\text{A})$$

式（3-15A）变形得：

$$K_0(f_t+\theta_{1,t})+\frac{1}{r}\times\frac{K_0(f_0+\theta_{1,0})}{1-\varphi}+\frac{\varphi}{1+r-\varphi}\Big[-\frac{K_0(f_0+\theta_{1,0})}{1-\varphi}+K_0(f_t+\theta_{1,t})\Big]$$

$$(3-15\text{B})$$

式（3-15B）实际上就是可观测部分（$f_t + \theta_{1,t}$）的企业价值。

式（3-13A）可以变形为：

$$
\pi_t = \gamma \left\{ K_0(f_t + \theta_{1,t}) + \frac{1}{r} \times \frac{K_0(f_0 + \theta_{1,0})}{1-\varphi} + \frac{\varphi}{1+r-\varphi} \left[-\frac{K_0(f_0 + \theta_{1,0})}{1-\varphi} + K_0(f_t + \theta_{1,t}) \right] \right\} +
$$

$$
K_0 \left[\theta_{2,t} + \frac{1}{r} \times \frac{\theta_{2,0}}{1-\varphi} + \frac{\varphi}{1+r-\varphi} \left(-\frac{\theta_{2,0}}{1-\varphi} + \theta_{2,t} \right) \right] - K_0 \Big[\theta_{2,t} + \frac{1}{r} \times \frac{\theta_{2,0}}{1-\varphi} + \frac{\varphi}{1+r-\varphi}
$$

$$
\left(-\frac{\theta_{2,0}}{1-\varphi} + \theta_{2,t} \right) \Big] \times \bar{\eta} \tag{3-13B}
$$

据此可知，在持续经营假设下（基础假设3），式（3-13B）中γ的系数为正数。因此，在既定的透明度水平（$\bar{\eta}$）下，$\theta_{1,t}$、$\theta_{2,t}$独立于实际控制股东。若保持其他情况不变，随着实际控制股东持有公司利益份额比例γ的增加，其获得的价值π_t越远离临界值0，也即在其他情况不变的条件下，实际控制股东持有公司利益份额越高，其越趋离放弃边界，从而降低股价崩盘的可能性。

式（3-13A）和式（3-13B）的逻辑起点在于实际控制股东所获得的价值要大于0，笔者将其解读为：随着实际控制股东持有上市公司份额的增加，其在上市公司中所拥有的利益越大，从而会增加其放弃成本，因此实际控制股东在既有的能力范围内不会轻易放弃公司，其为公司提供支持的意愿会加强。式（3-13A）中实际控制股东的利益份额比例γ体现出利益趋同效应，即控股股东与企业的利益（其他小股东的利益）更趋于一致（Jensen & Meckling，1976；Grossman & Hart，1980；Morck et al.，1988；Mitton，2002；Lins，2003）。从式（3-13）中可以得出结论：在既定的不透明度水平下，实际控制股东持有上市公司份额的增加会提高其与公司的利益趋同效应，增加其放弃成本，从而使其趋离放弃边界，进而减少公司股价崩盘的可能性。

必须指出的是，此处仍然要强调透明度的作用，即不透明条件下的合同不完备是导致股价崩盘的根本原因，放弃行为是导致股价崩盘的前提条件，但是放弃行为并不一定导致股价崩盘。可以想象一种极端的情况，即当公司处于完全透明时，内部人无法隐瞒任何消息，此时内部人可以隐藏的信息为0，外部人可得到全部股价信息，在理性经济人假说下，投资者对股票的理性预期和实际情况完全一致，不会发生由于投资者对股票价格理性预期与实际情况产生落差而引起的股价崩盘。因此式（3-13A）是一个在既定的不透明度水平（$\bar{\eta}$）下才成立的反映股价崩盘风险边界的公式，在这种不透明度水平下已经形成了潜在的股价崩盘可能性。而实际控制股东在公司中的利益份额比例γ体现为其放弃公司的成本，也即其与公司之间利益的一致性，这种一致性会通过增加实际控制股东在公司中的利益来使其趋离放弃边界，进而降低股价崩盘的可能性，但这是在一定的不透明条件下才成立，即实际控制股东放弃后所引起的坏消息释放能够达到引起股价崩盘的标准。因此笔者认为，在既定的形成潜在股价崩盘可能性的不透明条件下，实际控制股东在公司中的利益份额比例 γ 也是影响股价崩盘的因素，其逻辑基础在于实际控制股东与公司的利益趋同效应。

3.4　掏空效应、支持效应与股价崩盘

式（3 - 13A）已经构建起实际控制股东利益份额和放弃成本基于利益趋同效应的逻辑桥梁。在图 3 - 1 的模拟过程中，阴影部分的面积反映出由于不透明所导致的剩余索取权和剩余控制权在企业不同参与人之间的错配，从而形成了可供实际控制股东占有的剩余收益。当阴影部分带来的收益为正数时，实际控制股东占有的剩余收益就是对公司的掏空；当阴影部分带来的收益为负数时，说明不透明部分发生了亏空，此时内部人要么选择放弃，要么使用自己的资金来满足（支持）外部投资者对回报的理性预期。这种掏空与支持是完全被动的，即实际控制股东是完全根据对不透明部分冲击（$\theta_{2,t}$）的后果进行掏空与支持。然而，实际控制股东掏空或支持公司的数额并不一定就是不透明部分发生的损益，在放弃边界，理性的实际控制股东不会继续掏空或侵占，此时即达到发生崩盘现象的临界状态。

在临界状态下，他们对公司掏空与支持的数额并不完全依赖于不透明部分造成的损益，而包含了其自身的价值判断，这就形成了实际控制股东对公司掏空或支持的行为冲击。假设包含了实际控制股东行为因素的冲击为 $\theta'_{2,t} = \beta\theta_{2,t}$，其实际掏空或支持为 $K_0\theta'_{2,t} = \beta K_0\theta_{2,t}$，其中 $\beta > 0$。也就是说，不考虑实际控制股东的支持能力，保持不透明度水平不变，实际控制股东对公司的掏空或支持占公司不透明部分的一定比例，从而恰好达到放弃边界。需要注意的是，$\theta_{1,t}$ 和 $\theta_{2,t}$ 是随机冲击，不受 β 影响，但是 $\theta'_{1,t}$ 和 $\theta'_{2,t}$ 受 β 影响。可分情况处理如下：

1. 掏空情况分析

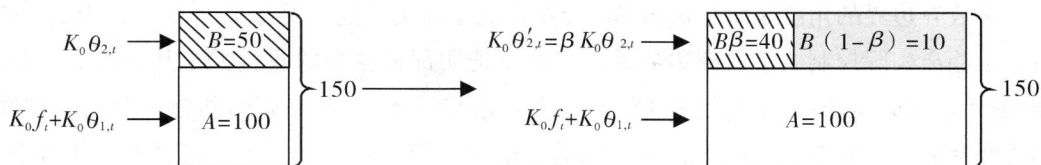

图 3 - 2　实际控制股东掏空的临界状态

图 3 - 2 有助于理解在一定的不透明条件下，包含了实际控制股东行为冲击的掏空 $\beta K_0\theta_{2,t}$，其中 $0 < \beta < 1$。在图 3 - 2 中，不透明部分 B 产生的收益为 50（$K_0\theta_{2,t}$），在图

3-1的推导过程中，实际控制股东掏空的就是50（$K_0\theta_{2,t}$），然而如果实际控制股东选择掏空40（$\beta K_0\theta_{2,t}$，图3-2中的阴影部分 $B\beta$），但是将剩余部分 B（$1-\beta$）留在企业，会导致外部人观测到的部分仍然为100。

参照前文的模型设置，根据式（3-5A）可得：

$$\beta\theta_{2,t+1} = \beta\theta_{2,0} + \beta\varphi\theta_{2,t} + \beta\xi_{2,t+1} \tag{3-5B}$$

$$(1-\beta)\theta_{2,t+1} = (1-\beta)\theta_{2,0} + (1-\beta)\varphi\theta_{2,t} + (1-\beta)\xi_{2,t+1} \tag{3-5C}$$

那么，$\theta'_{2,t}=\beta\theta_{2,t}$ 和（$1-\beta$）θ_2 都是一个 AR（1）过程，透明部分 A 产生的价值为式（3-15B），不透明部分 B 产生的价值为式（3-10A）。A、B 是由 K、θ、f、r、φ 等一系列不受实际控制股东行为影响的变量构成的，此时实际控制股东掏空的价值 $B\beta$ 为：

$$B\beta = S'_t = K_0\left[\theta'_{2,t} + \frac{1}{r} \times \frac{\theta'_{2,0}}{1-\varphi} + \frac{\varphi}{1+r-\varphi}\left(-\frac{\theta'_{2,0}}{1-\varphi} + \theta'_{2,t}\right)\right] = \beta K_0\left[\theta_{2,t} + \frac{1}{r} \times\right.$$

$$\left.\frac{\theta_{2,0}}{1-\varphi} + \frac{\varphi}{1+r-\varphi}\left(-\frac{\theta_{2,0}}{1-\varphi} + \theta_{2,t}\right)\right] \tag{3-10B}$$

对于不透明部分剩下的收益［图3-2中的阴影部分 B（$1-\beta$）］，实际控制股东并不愿意让外部投资者知晓，因为他们将其留在公司是为了以后的掏空，所以其隐藏成本仍然是 $B\bar{\eta}$。在 B（$1-\beta$）未分配之前，其还是企业的一部分，但既未被外部投资者所观测到，也未被实际控制股东侵占。在这种情况下，企业由全部投资者共享的价值是 γ［$A+B$（$1-\beta$）］，即式（3-15B）。实际控制股东在时间 t 内所拥有的总价值 π_t 为：

$$\pi_t = \gamma[A + B(1-\beta)] + B\beta - B\bar{\eta} = \gamma(A+B) + B\beta(1-\gamma) - B\bar{\eta} \tag{3-13C}$$

从放弃边界的角度来看，π_t 和掏空 $B\beta$ 是成正比的。这一结果告诉我们，当 $B\beta>0$ 时，是趋离实际控制股东放弃边界的。当从不透明部分获得的收益大于其掩盖成本时，即 $B\beta$（$1-\gamma$）$>B\bar{\eta}$，将不会达到放弃边界。这与图3-1的逻辑分析是一致的，即在不透明部分产生收益的情况下，不考虑掩盖成本，即使有掏空行为，只要未形成亏空，就不会导致股价崩盘现象发生。

如果考虑到掏空成本，从放弃的临界状态来看，实际控制股东对公司的掏空最多使得 $\pi_t=0$，以避免放弃公司。此时解得：

$$\beta = \left(\frac{A}{B} + 1\right) + \frac{\left(\frac{A}{B} + 1\right) - \bar{\eta}}{\gamma - 1} \qquad (3-16)$$

式（3-16）表明：β 和 γ 成反比关系，说明随着实际控制股东利益份额的增加，会抑制其对公司不透明部分 B 的掏空，避免其进一步掏空而造成亏空，缓解股价崩盘现象的发生。

2. 支持情况分析

（1）实际控制股东无限支持的情况。

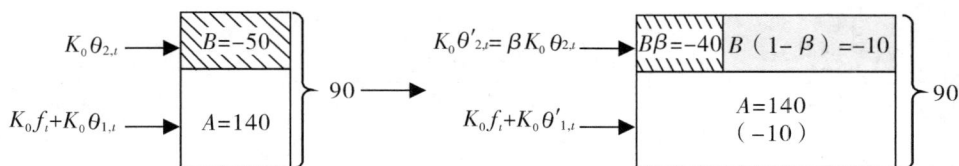

图 3-3　实际控制股东实际支持情况

图 3-3 有助于我们理解在一定的不透明条件下，包含了实际控制股东行为冲击的支持 $\beta K_0 \theta_{2,t}$，其中 $\beta > 0$。在图 3-3 中，不透明部分 B 产生的亏损为 50（$K_0 \theta_{2,t}$），此时不透明部分的亏损包括了上文中实际控制股东掏空比例超过 1 的情况，即掏空导致形成了亏空，笔者将这种情况包含在随机冲击 $\theta_{2,t}$ 中。

在图 3-1 的推导过程中，实际控制股东在其意愿范围内的支持是 50（$K_0 \theta_{2,t}$）。然而如果实际控制股东选择支持 40（$\beta K_0 \theta_{2,t}$，图 3-3 中的阴影部分 $B\beta$），那么此时不透明部分剩下的亏损 [图 3-3 中的阴影部分 $B(1-\beta)$] 由于未获得支持，导致外部投资者理性预期收益降低为 130 [$K_0 \theta'_{1,t}$，图 3-3 中的 $A + B(1-\beta)$ 部分]，剩余亏损由全体投资者共同承担。

这里必须强调，$K_0 \theta_{2,t} + K_0 f_t + K_0 \theta_{1,t} = K_0 \theta'_{2,t} + K_0 f_t + K_0 \theta'_{1,t}$。但是，在笔者的假设中，公司透明度是不变的，实际控制股东的行为冲击并未改变透明度水平，在不完全支持下（$0 < \beta < 1$），外部投资者得到的回报少于理性预期，这可以是实际控制股东操纵股利政策的结果。可以想象一种极端情况，在投资者保护较弱的地区，实际控制股东掌控公司的财务政策，他们很少甚至不发股利，但是这并不影响公司的透明度。所以在图 3-3 中，虽然外部投资者承担了一定程度的不透明部分的损失，但是公司的透明度不变，此时，外部投资者对公司的理性预期会降低，从而造成公司价值（股价）降低 $B(1-\beta)$。这种公司价值的降低当然也会有引起股票价格下跌的风险，但是这一风险会小于将整个不透明部分 B 的价值亏空完全转嫁给外部投资者。这实际上表明实际控制

股东的部分支持能够降低股价崩盘的幅度。

根据模型设置，由式（3-13A）可知，当 $B<0$ 时，不透明部分产生了亏损。此时实际控制股东在时间 t 内所拥有的总价值 π_t 为：

$$\pi_t = \gamma[A + B(1-\beta)] + B\beta + B\beta\bar{\eta} = \gamma A + B[\gamma(1-\beta) + \beta + \beta\bar{\eta}] = \gamma(A+B) - B\beta(\gamma - 1 - \bar{\eta}) \tag{3-13D}$$

当实际控制股东的支持使得公司刚可避免股价崩盘现象发生时，就是达到避免放弃的临界状态，即 $\pi_t = 0$。解得：

$$\beta = \frac{\gamma\left(\frac{A}{B}+1\right)}{\gamma - 1 - \bar{\eta}} = \left(\frac{A}{B}+1\right) + \frac{(1+\bar{\eta})\left(\frac{A}{B}+1\right)}{\gamma - 1 - \bar{\eta}} = \left(\frac{A}{B}+1\right)\left(1 - \frac{1+\bar{\eta}}{1+\bar{\eta}-\gamma}\right) > 0 \tag{3-17}$$

在持续经营假设下，$A > |B|$，且 $B < 0$，可知 $\frac{A}{B} < -1$，所以 $(1+\bar{\eta})\left(\frac{A}{B}+1\right) < 0$；由于 $\gamma - 1 - \bar{\eta} < 0$，可知 β 与利益份额比例 γ 成正比。因此，式（3-17）表明：在一定的不透明度水平下，当达到临界状态时，实际控制股东实际提供支持数额的绝对值（$-B\beta$）和实际控制股东利益份额比例 γ 呈现正比关系，说明随着利益份额的增加，实际控制股东向公司提供的支持是增加的。

结合对掏空的分析，在不透明部分的亏损是由于掏空造成的亏空时，这种支持的增加其实就是对掏空的抑制。在实际控制股东支持意愿和能力无上限的情况下，实际控制股东能够无限满足 $K_0\theta_{2,t}$，永远不会达到放弃边界，从而避免崩盘现象的发生。因此，从式（3-16）和式（3-17）可得到结论：在临界状态下，实际控制股东利益份额中所蕴含的趋同效应有助于避免公司股价崩盘现象的发生。

（2）实际控制股东有限支持的情况。

支持效应的分析远比掏空效应要复杂，因为正向冲击形成的收益对于实际控制股东来说是多多益善；而对于负向冲击形成的亏损，实际控制股东对公司提供的支持并不是无限的。式（3-17）中关于支持的分析是基于实际控制股东提供支持的意愿和能力没有上限时达到临界状态而形成的结论，但是如果存在支持上限的话，情况又会发生变化。

首先，从放弃边界的视角来看，在式（3-13D）中，由于 $\gamma - 1 - \eta < 0$ 且 $B < 0$，所以 π_t 和 β 成反比关系，β 越大，π_t 越小，越趋近放弃边界。此时 β 意味着公司需要

控制人提供支持的力度。① 因此，式（3－13D）可以解读为：公司对实际控制股东提供支持的需求越强，越趋近放弃边界，发生股价崩盘的可能性越大。

其次，从临界状态来看，根据式（3－17），在临界状态下，如果控制人为了避免股价崩盘（$\pi_t = 0$）应该提供的支持为 $-B\beta$，假设实际控制股东提供支持的上限为 T（$T > 0$），当 $T \leqslant -B\beta$ 时，即表明实际控制股东无法向公司提供足够多的支持。当实际控制股东提供最大的支持 T（$T > 0$），代入式（3－13D）可得：

$$\pi_t = \gamma(A + B + T) - T - T\bar{\eta} \leqslant \gamma[A + B(1-\beta)] + B\beta + B\beta\bar{\eta} = 0 \qquad (3－18)$$

式（3－18）表明：即使实际控制股东倾其所有对公司提供支持，其仍然无法获得正的价值，因此在理性经济人假设下（基础假设 1），实际控制股东将放弃公司，从而使得未被观测到的部分亏损 B 由外部股东承担。T 越大，放弃时由外部股东承担的 B 越大，因此当实际控制股东能为公司提供支持的能力越强（T 越大），那么发生股价崩盘时，其崩盘的幅度也会越大。

综合上述分析，实际控制股东的利益份额与股价崩盘风险之间的关系反映出实际控制股东与公司之间的利益趋同效应，这种利益趋同效应能够使得公司趋离放弃边界，抑制掏空、增加支持，进而缓解股价崩盘风险，甚至避免股价崩盘现象。但是如果未能提高治理水平，化解内部亏空，那么亏空越严重，对支持的需求越强，公司将仍然面临较大的股价崩盘可能性和崩盘幅度。

3.5 小 结

本章在 Jin 和 Myers（2006）模型的基础上，从实际控制股东占有价值的放弃边界入手，进一步推导了内部控制人持股比例、掏空、支持与股价崩盘不同维度（现象、可能性、幅度）之间的关系，发现公司治理的不同效应会对股价崩盘风险各个维度产生不同的影响：

（1）从放弃边界的角度来看：在既定的不透明度水平下，实际控制股东在公司中的利益份额 γ 也是影响达到股价崩盘风险放弃边界的因素，即内部控制人持有上市公司利益份额的增加会提高内部控制人与公司的利益趋同效应，增加内部控制人的放弃成本，趋离放弃边界，从而减少公司股价崩盘的可能性。

---

① 在式（3－13D）中，β 表明未达到临界状态时公司需要控制人提供支持的力度，反映的是达到放弃边界时引发股价崩盘的可能性；而在式（3－17）中，则是达到临界状态时，实际控制股东为了避免股价崩盘现象发生而提供的支持 $-B\beta$。

（2）从临界状态来看：在既定的不透明度水平下，随着内部控制人在公司中利益份额的增加，内部控制人与公司之间的利益趋同效应将会抑制其对公司进行掏空的行为。在不考虑内部控制人支持限额的情况下，其在公司中所占利益份额越大，内部控制人与公司之间的利益趋同效应就越强，从而向公司提供的支持也就越多。这种支持能够抑制掏空（亏空），避免股价崩盘现象的发生。

（3）在实际控制股东能力有限的情况下，如果未能提高治理水平，化解内部亏空，公司仍将面临较大的崩盘可能性和崩盘幅度。

这些结论具有重要的理论意义和现实意义：

首先，股价崩盘的影响因素不仅仅是透明度，在既定的不透明度水平下，实际控制股东与公司之间的利益趋同效应也会影响股价崩盘风险。这种利益的趋同性体现为实际控制股东占有公司利益份额比例高低所带来的掏空效应和支持效应与股价崩盘风险不同维度之间的关系。

从透明度来说，在完全透明的条件下，不论公司实际情况多么恶劣，只要股东能够观测到实际情况，那么他们的理性预期和实际情况保持一致，就不会发生崩盘；而利益趋同效应则可以理解为，即便在一个高度不透明的公司，只要实际控制股东不掏空公司，或者能够从外部获得无限的支持，就能够趋离放弃边界，避免股价崩盘。简单概括就是：不透明是股价崩盘的形成因素，而利益趋同效应在一定程度上有助于缓解股价崩盘风险，甚至避免股价崩盘现象的发生。

其次，透明度和利益趋同效应与股价崩盘风险的关系体现的是两种公司治理思路：一种是从全体股东利益出发的治理思路，让公司股东根据公开、透明的信息来判断公司的状况，在理性预期下，保持理性预期和公司的实际情况一致，避免股价崩盘风险，这是对全体股东负责的态度。另外一种则是从实际控制股东利益出发的治理思路，由于存在利益的趋同性，实际控制股东和公司形成利益共同体，在不透明条件下抑制掏空（亏空），避免股价崩盘；或者依靠实际控制股东的支持来化解不利因素，提升公司业绩，使得公司的实际状况尽量与外部投资者的理性预期相符，这种方法固然会给外部投资者带来暂时的利益，但是一旦支持无法持续，实际控制股东将不惜损害公司和外部投资者的利益来满足其自身的利益。这两种思路在资本市场上的现实意义就是：投资者并不害怕坏消息，而是害怕他们所不知道的坏消息，因为虽然这种坏消息所产生的负面影响能够因得到暂时的支持而缓解，但是对于投资者来说可能意味着更大的危害。因此，除非实际控制股东可以提供无限的支持，否则解决股价崩盘风险的根本仍在于提高透明度，促进合同的完备性，抑制掏空（亏空），这同样也是公司治理的关键。

最后，笔者认为上述原理不仅仅适用于资本市场，对于其他市场同样具有借鉴作用。

4 实际控制股东的股权特征与股价崩盘风险

4.1 研究假设

前人的研究告诉我们，股权集中会对企业产生两种相反的治理效应（Gul et al.，2010），一种是"利益协同效应"（Incentive Alignment Effect），另一种是"堑壕效应"（Entrenchment Effect）。一方面，股权的集中有利于加强对经理层的监督，缓解股权分散情况下股东之间的"搭便车"现象（Jensen & Meckling，1976；Shleifer & Vishny，1986），使得控股股东和小股东的利益趋于一致（Grossman & Hart，1980；Mitton，2002；Lins，2003），并能够提升公司的经营绩效（徐莉萍等，2006）；另一方面，股权的集中也使得大股东更容易掏空公司，侵占中小股东的利益（Shleifer & Vishny，1997；Johnson et al.，2000b；Dyck & Zingales，2004）。

结合控制权与现金流权，Claessens 等（2002）发现控制权与现金流权之间的差异会损害公司价值；同样，La Porta 等（2002）通过对 27 个经济体 300 家公司的考察，发现如果拥有公司控制权的股东占有的所有权比例越高，公司的价值就越高。Fan 和 Wong（2002）指出控制权与所有权的分离会加剧控制人的侵占效应，其分离程度与企业的会计信息质量成反比。Attig 等（2006）发现两权分离程度的增加会使得控股股东通过减少或推迟信息披露来侵占少数股东利益。Lee（2007）发现在两权分离的情况下，公司披露信息量下降使得控股股东更容易获得控制权收益。

Friedman 等（2003）提出了"支持"理论，通过建立一个动态模型，指出控制人不仅仅会掏空公司，也会支持公司。Jin 和 Myers（2006）的模型中也借鉴了这一理论，指出在隐藏坏消息期间，内部人为了不放弃公司，会被迫向公司提供支持。Jian 和 Wong（2010）以 1998—2002 年中国上市公司为样本实证了"支持"理论，他们发现控制人通过与上市公司之间的关联交易向上市公司提供支持，而且这种支持行为在国有企业中更为普遍。潘红波和余明桂（2011）也提出，在国有企业中，政府的"支持之手"占据主导地位，而这种对稀缺资源有较强控制地位的支持，会否阻碍民营企业的资源获取，进而扭曲资源配置效率，最终阻碍经济增长？

根据上述文献的理论与实证结果，笔者发现实际控制股东对上市公司的控制权中包含了两种相对立的治理效应——利益协同效应和侵占效应。在这两种效应下，实际控制股东既会向公司提供支持，也会对公司进行掏空。从控制权的构成来看，其包括了能够直接获得利益分配的现金流权和超过现金流权部分的控制权，其中现金流权更多地体现了实际控制股东与上市公司利益的一致性，而两权分离（控制权与现金流权的分离）程度似乎更容易加深控制人与上市公司的利益冲突。那么它们会对股价崩盘风险产生什么样的影响呢？Boubaker 等（2014）以法国上市公司为样本，对此进行研究后发现，两权分离程度足够大的公司更容易崩盘；而实际控制股东拥有现金流权较大的公司具有较低的股价同步性，并且不易崩盘。他们仍然试图用透明度对其结果进行解释（其回归方程中并未控制公司透明度，也未控制滞后一期的股价崩盘风险）。本章的思路是，如果控制了透明度，实际控制股东的股权治理效应是否还会对股价产生影响呢？是否存在其他逻辑基础对其进行解释呢？

根据本书第 3 章的模型以及 Jin 和 Myers（2006）的"放弃期权"模型，内部人的放弃成本并不固定，其取决于公司价值，公司价值越大，放弃成本也就越大。那么，当内部人为实际控制股东时，其在公司中占有的股份数额越大，其占有公司利益的比例就越大，放弃成本也越大。结合 Friedman 等（2003）的支持理论，笔者认为，控制人的现金流权越大，说明控制人在上市公司中直接获取的合法利益就越大，控制人放弃公司的成本就越大，那么他们不会轻易放弃公司，也就越有可能在隐藏坏消息期间通过提供利益上的支持或者减少对公司利益的侵占（这本身也是一种支持行为）来满足外部股东对公司的预期，并冲抵坏消息所可能带来的不利影响，化解股价崩盘风险。沿着支持理论的逻辑，本章提出假设 1：

H_1：实际控制股东所拥有上市公司的现金流权越大，上市公司的股价崩盘风险越小。

从实际控制股东利益权衡的角度看，对于控制权中超出现金流权的部分（即两权分离程度），控制人并不能从这一块控制权中获得合法的利益分配；相反，两权分离程度越大，越会加强控制人对上市公司利益的侵占动机（反过来说就是支持的意愿减弱），在不透明部分出现亏空的情况下，没有收益的控制权部分（即两权分离程度）会抑制实际控制股东对公司的支持。结合透明度的分析，较高的两权分离程度意味着较低的公司透明度（Fan & Wong，2002；Attig et al.，2006；Lee，2007），因此也隐含着较大的股价崩盘风险。据此，本章提出假设 2：

H_2：超出现金流权的控制权（即两权分离程度）越大，股价崩盘风险越大。

考虑到实际控制股东更愿意为能够获得直接利益的现金流权提供支持，当超出现金流权的控制权增加时，即两权分离程度增大时，实际控制股东在企业中的直接利益相对减少，那么其提供支持的意愿也会降低，从而影响股价崩盘风险。也就是说，现金流权和两权分离程度对实际控制股东为公司提供支持的意愿起到反作用。据此，笔者提出假设3：

H_3：两权分离程度与现金流权对股价崩盘风险具有交互作用，即上市公司实际控制股东的两权分离程度会削弱现金流权与股价崩盘风险之间的负向关系。

由于控制权中同时包含了现金流权和超出现金流权的控制权，实际控制股东是否愿意为公司提供支持，取决于对现金流权与两权分离程度的权衡，因此控制权与股价崩盘风险的关系是现金流权与两权分离程度综合的结果。在此本书对控制权与股价崩盘风险之间的关系不作预测，将根据实证结果予以进一步分析。

考虑到国有企业更容易获得政府（或国有资产管理机构）的支持，其强大的行政能力与所掌控的资源远非民营企业可比，并根据 Jian 和 Wong（2010）的发现（支持行为在国有企业中更为普遍），笔者预期上述关系更有可能在国有企业中得以反映。因此，本章在对全部样本进行实证分析的同时，还会将全部样本分为国有控股子样本和民营控股子样本分别进行考察。

4.2　研究设计与数据说明

4.2.1　研究模型

为了同时控制住企业异质性和时间效应的影响，本章采用双向固定效应面板模型检验现金股利对股价崩盘风险的影响，模型设置如下：

$$CrashRisk_{i,t} = \alpha_i + \lambda_t + \beta \times Z_{i,t-1} + \gamma \times ControlVaribles_{i,t-1} + \varepsilon_{i,t} \qquad (4-1)$$

其中，$CrashRisk_{i,t}$ 是第 t 年上市公司的 NCSKEW 和 DUVOL 指标。$Z_{i,t-1}$ 分别代表了在每一次回归中本研究所关心的解释变量，包括滞后一期的控制权、现金流权以及两权分离程度等。$ControlVaribles_{i,t-1}$ 是一组控制变量，具体见下文的有关解释。α_i 代表的是每个公司的个体效应，λ_t 为反映时间效应的虚拟变量。

4.2.2　变量的定义和度量

1. 股价崩盘风险

参照 Chen 等（2001）及 Kim 等（2011a）的做法，本章主要选取公司周特质收益率的负偏态系数（$NCSKEW$）来衡量股价崩盘风险，因为该指标同时包含了股价收益负偏的频率和幅度，能够综合地反映出股价崩盘风险。本章另外使用的补充股价崩盘风险指标是收益波动比率（$DUVOL$）。这两个指标越大，说明公司层面的股票崩盘风险越大。指标计算过程为：

首先，测算单个股票收益受市场收益影响的程度，无法解释的部分为个股的公司特质收益：

$$R_{it} = \alpha_i + \beta_1 \times R_{m,t-2} + \beta_2 \times R_{m,t-1} + \beta_3 \times R_{m,t} + \beta_4 \times R_{m,t+1} + \beta_5 \times R_{m,t+2} + \varepsilon_{i,t}$$

$$(4-2)$$

其中，$R_{i,t}$ 是股票 i 第 t 周的收益率（考虑了现金红利再投资），$R_{m,t}$ 是第 t 周的市场收益率（经流通市值加权平均）。式（4 - 2）中包括市场收益的滞后项 $R_{m,t-2}$ 和 $R_{m,t-1}$ 以及超前项 $R_{m,t+1}$ 和 $R_{m,t+2}$，以调整股票非同步性交易的影响。

其次，计算股票 i 在第 t 周的公司特有收益 $W_{i,t}$：

$$W_{i,t} = \ln(1 + \varepsilon_{i,t})$$

$$(4-3)$$

其中，$\varepsilon_{i,t}$ 为式（4 - 2）的残差。

公司周特质收益率的负偏态系数计算公式为：

$$NCSKEW_{i,t} = -\left[n(n-1)^{\frac{3}{2}} \sum W_{i,t}^3 \right] / \left[(n-1)(n-2)\left(\sum W_{i,t}^2 \right)^{\frac{3}{2}} \right] \qquad (4-4)$$

该公式中的 n 是公司股票年度交易的周数。该指标越大，说明公司股票价格崩盘风险越大。[①]

公司特质收益波动比率的计算公式为：

---

　① 在统计学中，偏度又称偏态或偏斜系数，在非正态分布中，它往往用来反映数据分布的偏斜特征。由于股票收益率具有负偏的特性，所以用这个指标来反映其负偏的程度，简单来讲，其计算公式就是三阶矩除以标准差的三次方。在其前面加上负号，则其值越大，意味着数据负（左）偏程度越大，也即股价崩盘风险越大。

$$DUVOL_{i,t} = \log\left\{\left[(n_u - 1)\sum_{down} W_{i,t}^2\right]\Big/\left[(n_d - 1)\sum_{up} W_{i,t}^2\right]\right\} \tag{4-5}$$

该公式中，n_u代表公司股票在每年度内周特质收益率$W_{i,t}$大于年度均值的周的个数，n_d代表公司股票在每年度内周特质收益率$W_{i,t}$小于年度均值的周的个数。该指标越大，说明公司股价崩盘风险越大。

2. 实际控制股东的控制权、现金流权和两权分离程度的度量

（1）控制权（Control）：上市公司实际控制股东拥有的控制权比例，即实际控制股东所拥有的股东投票权。

（2）现金流权（Cash）：上市公司实际控制股东拥有的所有权比例，即实际控制股东从公司获得的直接收益分配比例。

（3）两权分离程度（Separate）：上市公司实际控制股东拥有的控制权与现金流权之差。该比例越大，说明两权分离程度越大。计算公式为：

$$Separate = Control - Cash \tag{4-6}$$

3. 主要控制变量

借鉴以往的股价崩盘风险实证文献，设有9个主要的控制变量，如表4-1所示：

表4-1　主要控制变量定义表

主要控制变量	定义
Dtn_{t-1}	滞后一期的年度月均换手率的差分
Lev_{t-1}	滞后一期的资产负债率
$lnta_{t-1}$	滞后一期的公司规模，其中 lnta 为上市公司总资产的自然对数
BM_{t-1}	滞后一期的"期末总资产/市场价值"，其中市场价值为股权市值与净债务市值之和，非流通股权市值用净资产代替计算
Ret_{t-1}	滞后一期的公司年度周特有收益率的算数平均值
$Sigw_{t-1}$	滞后一期的公司年度周特有收益率的标准差
Roa_{t-1}	滞后一期的总资产收益率，即用 t 年的营业利润除以 $t-1$ 年的公司总资产
$Opaque_{t-1}$	滞后一期的公司透明度，使用过去三年可操纵应计项目的绝对值之和作为透明度的代理变量（Hutton et al.，2009；Kim et al.，2011a），该数值越大表明公司的透明度越低
$NCSKEW_{t-1}$（$DUVOL_{t-1}$）	滞后一期的股价崩盘风险

其中 *Opaque* 计算方法如下：

首先，按照式（4-7）进行分行业、分年度的截面回归：

$$\frac{TA_{j,t}}{Assets_{j,t-1}} = \alpha_0 \frac{1}{Assets_{j,t-1}} + \beta_1 \frac{\Delta Sales_{j,t}}{Assets_{j,t-1}} + \beta_2 \frac{PPE_{j,t}}{Assets_{j,t-1}} + \varepsilon_{j,t-1} \qquad (4-7)$$

其中，$TA_{j,t}$ 是公司 j 在 t 年的全部应计利润，$Assets_{j,t}$ 是公司 j 在 t 年的总资产，$\Delta Sales_{j,t}$ 是公司 j 在 t 年的销售变化，$PPE_{j,t}$ 是公司 j 在 t 年的固定资产。

可自由支配的年度收益计算如下：

$$DisAcc_{j,t} = \frac{TA_{j,t}}{Assets_{j,t-1}} - (\widehat{\alpha_0} \frac{1}{Assets_{j,t-1}} + \widehat{\beta_1} \frac{\Delta Sales_{j,t} - \Delta Receivables_{j,t}}{Assets_{j,t-1}} + \widehat{\beta_2} \frac{PPE_{j,t}}{Assets_{j,t-1}})$$

$$(4-8)$$

其中，$\widehat{\alpha_0}$、$\widehat{\beta_1}$ 和 $\widehat{\beta_2}$ 分别是第一次回归所估计的参数，$\Delta Receivables_{j,t}$ 是公司 j 在 t 年的应收账款变化。

最后，用可自由支配的年度收益的绝对值三年移动平均数作为不透明度水平的衡量指标：

$$Opaque_{j,t} = Abs(DisAcc_{j,t}) + Abs(DisAcc_{j,t-1}) + Abs(DisAcc_{j,t-2}) \qquad (4-9)$$

4. 虚拟变量

为了控制时间趋势对股价崩盘风险的影响，本章在回归中加入了时间虚拟变量。

5. 交互变量

Separate × Cash：本章会考察现金流权和两权分离之间的交互效应。此时，两权分离程度与现金流权的乘积将被作为考察交互效应的代理变量。

6. 分组变量

State_Ownership：为了分别考察国有企业和民营企业子样本，本章根据上市公司实际控制人性质将样本公司分为国有和民营两类，1 为国有企业，0 为民营企业。

4.2.3 样本选择、数据处理及描述性统计分析

本研究的样本窗口期①为 2006—2013 年（滞后一期数据为 2005—2012 年）全部 A

---

① CSMAR 数据库中关于实际控制股东的信息从 2003 年开始就有了，但是在删除缺省值之后，最后保留下的符合动态面板特征的数据从 2004 年开始。

股上市公司。之所以选择这一时期作为研究样本期，是考虑到股权分置改革对股价的影响。样本数据来源为 Wind 数据库和 CSMAR 数据库。对于初始数据的处理：①参照 Jin 和 Myers（2006）的做法，在计算股价崩盘风险代理变量时，剔除每年交易周数小于 30 的样本。②剔除金融类上市公司。③剔除异常值（剔除 BM 为 0 的观察值；剔除 Lev 大于 1 或小于 0 的观察值；剔除 Roa 小于 −1 或大于 1 的值）。④为了消除变量极端值的影响，对回归中连续变量在 1% 水平上进行缩尾（Winsorize）处理。⑤剔除缺漏值。最终样本为一个在时间上连续的非平衡面板数据，共计 1 658 家公司、9 638 个公司年观测值。由于模型回归中涉及变量的滞后项，所以在回归中使用的样本数量可能会有所不同。

各主要变量的描述性统计参见表 4 − 2：

表 4 − 2　全样本下变量的描述性统计

变量名称	样本量	均值	标准差	最小值	中位数	最大值
NCSKEW	9 638	− 0.209	0.667	− 2.224	− 0.179	1.681
DUVOL	9 638	− 0.155	0.331	− 0.961	− 0.155	0.732
Cash(L)	9 638	31.19	17.23	0.228	28.95	89.40
Control(L)	9 638	37.48	15.47	1.490	36	89.41
Separate(L)	9 638	6.290	8.491	0	0	44.48
Dtn(L)	9 638	− 1.786	37.25	− 172.1	− 2.267	102.8
Lev(L)	9 638	0.507	0.190	0.048 2	0.519	0.996
lnta(L)	9 638	21.76	1.220	18.75	21.64	25.80
BM(L)	9 638	0.715	0.286	0.138	0.718	1.479
Ret(L)	9 638	− 0.001 44	0.001 02	− 0.005 34	− 0.001 17	− 0.000 135
Sigw(L)	9 638	0.051 0	0.017 9	0.016 6	0.048 7	0.104
Roa(L)	9 638	0.043 3	0.071 6	− 0.281	0.033 5	0.354
Opaque(L)	9 638	0.209	0.154	0.026 1	0.168	0.889
State_Ownership(L)	9 638	0.626	0.484	0	1	1

注：（L）代表滞后一期。

根据表 4 − 2，控制权均值为 37.48%，最大值为 89.41%，最小值为 1.490%；现金流权均值为 31.19%，最大值为 89.40%，最小值为 0.228%；两权分离程度均值为 6.290%，最大值达到 44.48%；样本中国有企业的比例约为 62.6%，占据较大份额。由于后文的分析将分别在国有企业子样本和民营企业子样本中进行考察，所以以下分别列示了两个子样本的描述性统计分析。

表4-3　国有企业子样本中变量的描述性统计

变量名称	样本量	均值	标准差	最小值	中位数	最大值
NCSKEW	6 032	-0.227	0.665	-2.224	-0.201	1.681
DUVOL	6 032	-0.165	0.330	-0.961	-0.171	0.732
Cash(L)	6 032	36.09	16.63	1.074	34.46	86.51
Control(L)	6 032	40.45	15.26	4.440	40.01	86.51
Separate(L)	6 032	4.356	7.729	0	0	40.17
Dtn(L)	6 032	-1.036	36.06	-172.1	-1.896	102.8
Lev(L)	6 032	0.525	0.185	0.048 2	0.541	0.994
lnta(L)	6 032	22.01	1.247	18.75	21.85	25.80
BM(L)	6 032	0.755	0.277	0.138	0.774	1.479
Ret(L)	6 032	-0.001 41	0.001 02	-0.005 34	-0.001 14	-0.000 135
Sigw(L)	6 032	0.050 5	0.018 0	0.016 6	0.048 1	0.104
Roa(L)	6 032	0.040 4	0.068 3	-0.281	0.032 2	0.354
Opaque(L)	6 032	0.195	0.147	0.026 1	0.156	0.889

注：(L) 代表滞后一期。

表4-4　民营企业子样本中变量的描述性统计

变量名称	样本量	均值	标准差	最小值	中位数	最大值
NCSKEW	3 606	-0.179	0.669	-2.224	-0.136	1.681
DUVOL	3 606	-0.138	0.332	-0.961	-0.127	0.732
Cash(L)	3 606	22.98	14.93	0.228	20.11	89.40
Control(L)	3 606	32.51	14.51	1.490	29.73	89.41
Separate(L)	3 606	9.526	8.722	0	8.092	44.48
Dtn(L)	3 606	-3.040	39.13	-142.6	-3.072	102.8
Lev(L)	3 606	0.477	0.194	0.048 2	0.488	0.996
lnta(L)	3 606	21.35	1.053	18.75	21.28	25.40
BM(L)	3 606	0.647	0.288	0.138	0.631	1.479
Ret(L)	3 606	-0.001 48	0.001 03	-0.005 34	-0.001 22	-0.000 135
Sigw(L)	3 606	0.052 0	0.017 5	0.016 6	0.049 7	0.104
Roa(L)	3 606	0.048 2	0.076 6	-0.281	0.036 5	0.354
Opaque(L)	3 606	0.231	0.163	0.026 1	0.193	0.889

注：(L) 代表滞后一期。

4.3　实证检验与结果分析

4.3.1　现金流权与股价崩盘风险

表 4 - 5 第（1）、（4）列报告了全样本中现金流权与股价崩盘风险的关系。在以 *NCSKEW* 和 *DUVOL* 作为股价崩盘风险衡量指标下，现金流权（*Cash*）的系数在 5% 显著性水平上为负，说明假设 H$_1$ 得到一定的支持。

表 4 - 5 第（2）、（5）列报告了在国有企业子样本中现金流权与股价崩盘风险之间的关系。在两种股价崩盘风险衡量指标下，现金流权的系数均在 1% 显著性水平上为负，说明在国有企业子样本中，现金流权的提高能够显著削弱股价崩盘风险。假设 H$_1$ 在国有企业子样本中得到支持。

表 4 - 5 第（3）、（6）列报告了民营企业子样本中现金流权与股价崩盘风险之间的关系。虽然系数为负，但是并不显著，说明在民营企业子样本中现金流权与股价崩盘风险之间的负相关关系并不显著。假设 H$_1$ 在民营企业子样本中并未得到支持。

表 4 - 5 说明，假设 H$_1$ 在全样本中得到一定的支持。这一结果验证了本书第 3 章模型式 3 - 13A 和式 3 - 17 的结论，即实际控制股东在企业中所占的利益份额越大，他们的利益一致性就越强，就越可能向企业提供支持，从而使得企业更趋离放弃边界，缓解其股价崩盘风险。

进一步地，该假设在国有企业子样本中得到显著支持，但是在民营企业子样本中未得到支持。对此有两种可能的解释：其一，在国有企业中，随着现金流权的增加，这种利益的一致性促进了公司治理水平的提升，公司运作更加透明和规范，从而缓解了股价崩盘风险；其二，按照"支持"的思路，国有企业的实际控制股东不会轻易放弃其控制的上市公司，更愿意为了其所拥有的现金流权向企业提供支持，这种支持在一定的不透明度水平下，显著降低了公司的股价崩盘风险。

虽然假设 H$_1$ 在民营企业子样本中未得到支持，但是可以看到其系数仍然为负。因此，笔者认为并非民营企业的实际控制股东未向公司提供支持，而是这种支持并未显著降低其股价崩盘风险，这可能与实际控制股东支持的力度和能力有关。

表4-5　现金流权与股价崩盘风险

变量名称	（1） 全样本	（2） 国有企业 子样本	（3） 民营企业 子样本	（4） 全样本	（5） 国有企业 子样本	（6） 民营企业 子样本
	NCSKEW			*DUVOL*		
$Cash(L)$	- 0.002 22 **	- 0.003 93 ***	0.000 343	- 0.001 15 **	- 0.002 00 ***	- 5.99e - 05
	(0.001 07)	(0.001 46)	(0.001 90)	(0.000 525)	(0.000 704)	(0.000 924)
$Dtn(L)$	0.000 194	0.000 675 *	- 0.000 740	0.000 108	0.000 367 **	- 0.000 405 *
	(0.000 283)	(0.000 359)	(0.000 459)	(0.000 141)	(0.000 184)	(0.000 220)
$Ret(L)$	55.67	40.67	70.94	24.28	9.978	47.29
	(36.11)	(45.19)	(62.07)	(18.34)	(22.76)	(31.70)
$Sigw(L)$	2.099	- 0.002 51	5.060	0.592	- 0.947	3.216
	(2.261)	(2.818)	(3.946)	(1.133)	(1.407)	(1.973)
$lnta(L)$	0.209 ***	0.247 ***	0.188 ***	0.105 ***	0.129 ***	0.089 7 ***
	(0.025 4)	(0.033 3)	(0.043 6)	(0.012 8)	(0.017 3)	(0.021 6)
$BM(L)$	- 0.602 ***	- 0.645 ***	- 0.492 ***	- 0.303 ***	- 0.322 ***	- 0.257 ***
	(0.061 1)	(0.072 2)	(0.109)	(0.030 3)	(0.036 5)	(0.053 7)
$Lev(L)$	- 0.194 **	- 0.295 ***	- 0.099 8	- 0.099 0 **	- 0.146 ***	- 0.035 6
	(0.078 0)	(0.106)	(0.129)	(0.039 5)	(0.054 5)	(0.064 8)
$Roa(L)$	- 0.482 ***	- 0.462 **	- 0.732 ***	- 0.310 ***	- 0.277 ***	- 0.472 ***
	(0.146)	(0.188)	(0.211)	(0.072 2)	(0.094 5)	(0.106)
$Opaque(L)$	0.035 0	- 0.006 29	0.041 4	0.012 0	- 0.012 4	0.028 7
	(0.071 8)	(0.092 5)	(0.114)	(0.036 1)	(0.047 7)	(0.055 8)
$NCSKEW(L)$	- 0.113 ***	- 0.099 9 ***	- 0.160 ***			
	(0.011 0)	(0.014 1)	(0.018 0)			
$DUVOL(L)$				- 0.112 ***	- 0.103 ***	- 0.153 ***
				(0.010 7)	(0.013 3)	(0.018 5)
$Constant$	- 3.756 ***	- 4.377 ***	- 3.573 ***	- 1.934 ***	- 2.327 ***	- 1.758 ***
	(0.504)	(0.677)	(0.849)	(0.256)	(0.351)	(0.420)
$Year$	已控制	已控制	已控制	已控制	已控制	已控制
Stk	已控制	已控制	已控制	已控制	已控制	已控制
$Observations$	9 638	6 032	3 606	9 638	6 032	3 606
$R\text{-}squared$	0.143	0.155	0.142	0.144	0.155	0.149
$Number\ of\ Stk$	1 658	1 002	812	1 658	1 002	812

　　注：（L）代表滞后一期；括号中的数字为稳健标准误；***、**和*分别代表在1%、5%和10%统计水平上显著。

4.3.2　两权分离程度与股价崩盘风险

表 4 - 6 第（1）、（4）列报告了全样本中两权分离程度与股价崩盘风险之间的关系。在两种股价崩盘风险衡量指标下，两权分离程度（Separate）的系数有正有负，而且均不显著，说明在全样本中两权分离程度并未显著增加股价崩盘风险，而且其对股价崩盘风险的影响非常小。

表 4 - 6 第（2）、（5）列分别报告了在国有企业子样本中两权分离程度与股价崩盘风险的关系，此条件下两权分离程度的系数也不显著。

表 4 - 6 第（3）、（6）列分别报告了在民营企业子样本中两权分离程度与股价崩盘风险的关系，此条件下两权分离程度的系数也不显著。

表 4 - 6　两权分离程度与股价崩盘风险

变量名称	(1) 全样本	(2) 国有企业子样本	(3) 民营企业子样本	(4) 全样本	(5) 国有企业子样本	(6) 民营企业子样本
	NCSKEW			*DUVOL*		
$Separate(L)$	- 0.001 45 (0.001 85)	- 0.002 05 (0.002 84)	- 0.001 48 (0.002 89)	- 6.05e - 05 (0.000 930)	- 0.000 222 (0.001 34)	6.75e - 05 (0.001 48)
$Dtn(L)$	0.000 206 (0.000 283)	0.000 681* (0.000 360)	- 0.000 735 (0.000 460)	0.000 111 (0.000 141)	0.000 368** (0.000 185)	- 0.000 405* (0.000 220)
$Ret(L)$	55.10 (36.15)	42.15 (45.20)	70.47 (62.24)	24.11 (18.37)	10.76 (22.77)	47.28 (31.79)
$Sigw(L)$	2.061 (2.262)	0.122 (2.820)	5.024 (3.959)	0.584 (1.134)	- 0.879 (1.408)	3.215 (1.980)
$lnta(L)$	0.197*** (0.024 9)	0.227*** (0.033 2)	0.190*** (0.043 1)	0.099 2*** (0.012 5)	0.118*** (0.017 1)	0.089 4*** (0.021 3)
$BM(L)$	- 0.605*** (0.061 1)	- 0.651*** (0.072 1)	- 0.489*** (0.109)	- 0.305*** (0.030 3)	- 0.325*** (0.036 5)	- 0.257*** (0.053 8)
$Lev(L)$	- 0.182** (0.077 9)	- 0.278*** (0.106)	- 0.098 1 (0.129)	- 0.093 9** (0.039 5)	- 0.138** (0.054 7)	- 0.035 7 (0.064 9)
$Roa(L)$	- 0.509*** (0.146)	- 0.502*** (0.187)	- 0.730*** (0.211)	- 0.324*** (0.072 0)	- 0.298*** (0.093 8)	- 0.472*** (0.106)
$Opaque(L)$	0.027 3 (0.071 8)	- 0.021 5 (0.092 3)	0.044 0 (0.114)	0.008 20 (0.036 1)	- 0.019 5 (0.047 6)	0.028 6 (0.056 0)
$NCSKEW(L)$	- 0.112*** (0.011 0)	- 0.098 7*** (0.014 1)	- 0.160*** (0.018 0)			
$DUVOL(L)$				- 0.112*** (0.010 7)	- 0.102*** (0.013 3)	- 0.153*** (0.018 5)

（续上表）

变量名称	(1)	(2)	(3)	(4)	(5)	(6)
	全样本	国有企业子样本	民营企业子样本	全样本	国有企业子样本	民营企业子样本
	NCSKEW			*DUVOL*		
Constant	−3.581***	−4.113***	−3.603***	−1.844***	−2.192***	−1.753***
	(0.501)	(0.681)	(0.841)	(0.252)	(0.351)	(0.415)
Year	已控制	已控制	已控制	已控制	已控制	已控制
Stk	已控制	已控制	已控制	已控制	已控制	已控制
Observations	9 638	6 032	3 606	9 638	6 032	3 606
R-squared	0.143	0.154	0.142	0.144	0.153	0.149
Number of Stk	1 658	1 002	812	1 658	1 002	812

注：（*L*）代表滞后一期；括号中的数字为稳健标准误；***、** 和 * 分别代表在1%、5% 和 10% 统计水平上显著。

表4-6 的结果似乎没有得到假设 H_2 的结论，两权分离程度并未造成股价崩盘风险的显著增加，这显然不符合透明度与股价崩盘风险之间的逻辑关系。笔者认为，从内部控制人和公司之间利益协同的角度或许能够解释这一结果：当前我国上市公司中普遍存在分红少甚至不分红的情况，这直接降低了实际控制人通过现金流权从公司获得的直接利益，而当超出现金流权的控制权（即两权分离程度）能够给实际控制人带来非直接利益时，会削弱实际控制人掏空公司的动机，从而使得两权分离程度与股价崩盘风险的正向关系在统计上并不显著。此外，根据本书第3章的模型推导以及 Jin 和 Myers（2006）的"放弃期权"模型，在透明度一定的情况下，不透明部分产生的收益被内部控制人侵占，只有当内部控制人对公司的侵占（掏空）形成亏空时才是真正的坏消息（因为若存在未被外部股东观测到的收益被侵占，说明公司的真实价值高于外部股东的预期）。因此，掏空对股价崩盘风险的影响取决于其是否形成对公司预期价值的损害（亏空）。

4.3.3 现金流权与两权分离程度的交互作用

前文对现金流权、两权分离程度的逻辑分析预示着实际控制人对控制权不同部分采取的态度似乎是不同的。此时笔者思考在现金流权一定的情况下，随着超出现金流权部分的控制权增加，即两权分离程度增大，现金流权与股价崩盘风险之间的关系受到怎样的影响呢？本章分别以 *NCSKEW* 和 *DUVOL* 作为股价崩盘风险的衡量指标，在全样本、国有企业子样本和民营企业子样本中，将现金流权（*Cash*）、两权分离程度（*Separate*）、二者交乘项（*Cash* × *Separate*）逐一带入进行回归，其结果如表4-7 和表4-8 所示。

表4-7　现金流权与两权分离的交互作用：NCSKEW

变量名称	全样本			国有企业子样本			民营企业子样本		
	(1)	(2)	(3)	(4)	(5)	(6)	(7)	(8)	(9)
$Cash(L)$	-0.002 22**	-0.003 35***	-0.004 78***	-0.003 93***	-0.005 51***	-0.007 14***	0.000 343	-3.16e-06	-0.000 827
	(0.001 07)	(0.001 23)	(0.001 36)	(0.001 46)	(0.001 63)	(0.001 74)	(0.001 90)	(0.002 10)	(0.002 57)
$Separate(L)$		-0.004 10*	-0.011 2***		-0.006 71**	-0.021 0***		-0.001 48	-0.004 00
		(0.002 13)	(0.003 60)		(0.003 22)	(0.005 85)		(0.003 22)	(0.005 40)
$Cash \times Separate(L)$			0.000 320***			0.000 579***			0.000 120
			(0.000 128)			(0.000 190)			(0.000 198)
$Dtn(L)$	0.000 194	0.000 206	0.000 212	0.000 675*	0.000 692*	0.000 696*	-0.000 740	-0.000 735	-0.000 735
	(0.000 283)	(0.000 283)	(0.000 282)	(0.000 359)	(0.000 359)	(0.000 358)	(0.000 459)	(0.000 460)	(0.000 460)
$Ret(L)$	55.67	55.10	55.09	40.67	40.03	40.15	70.94	70.47	71.32
	(36.11)	(36.09)	(36.06)	(45.19)	(45.15)	(45.11)	(62.07)	(62.20)	(62.07)
$Sigw(L)$	2.099	2.045	2.040	-0.002 51	-0.084 6	-0.017 7	5.060	5.024	5.053
	(2.261)	(2.261)	(2.258)	(2.818)	(2.819)	(2.817)	(3.946)	(3.955)	(3.949)
$lnta(L)$	0.209***	0.216***	0.213***	0.247***	0.257***	0.253***	0.188***	0.190***	0.190***
	(0.025 4)	(0.025 7)	(0.025 8)	(0.033 3)	(0.033 8)	(0.034 1)	(0.043 6)	(0.044 0)	(0.044 2)
$BM(L)$	-0.602***	-0.597***	-0.593***	-0.645***	-0.642***	-0.631***	-0.492***	-0.489***	-0.491***
	(0.061 1)	(0.061 3)	(0.061 4)	(0.072 2)	(0.072 2)	(0.072 4)	(0.109)	(0.109)	(0.109)
$Lev(L)$	-0.194**	-0.193**	-0.191**	-0.295***	-0.297***	-0.300***	-0.099 8	-0.098 1	-0.094 2
	(0.078 0)	(0.077 8)	(0.077 8)	(0.106)	(0.106)	(0.106)	(0.129)	(0.129)	(0.129)
$Roa(L)$	-0.482***	-0.472***	-0.475***	-0.462**	-0.442**	-0.437**	-0.732***	-0.730***	-0.735***
	(0.146)	(0.146)	(0.147)	(0.188)	(0.188)	(0.188)	(0.211)	(0.211)	(0.212)

（续上表）

变量名称	（1）	（2）	（3）	（4）	（5）	（6）	（7）	（8）	（9）
	全样本			国有企业子样本			民营企业子样本		
Opaque(L)	0.035 0	0.037 6	0.041 5	− 0.006 29	− 0.005 88	0.000 557	0.041 4	0.044 0	0.044 7
	(0.071 8)	(0.071 9)	(0.071 9)	(0.092 5)	(0.092 5)	(0.092 5)	(0.114)	(0.114)	(0.114)
NCSKEW(L)	− 0.113 ***	− 0.113 ***	− 0.114 ***	− 0.099 9 ***	− 0.101 ***	− 0.101 ***	− 0.160 ***	− 0.160 ***	− 0.160 ***
	(0.011 0)	(0.011 0)	(0.011 0)	(0.014 1)	(0.014 1)	(0.014 1)	(0.018 0)	(0.018 0)	(0.018 0)
Constant	− 3.756 ***	− 3.841 ***	− 3.743 ***	− 4.377 ***	− 4.493 ***	− 4.372 ***	− 3.573 ***	− 3.603 ***	− 3.568 ***
	(0.504)	(0.506)	(0.510)	(0.677)	(0.681)	(0.689)	(0.849)	(0.851)	(0.861)
Year	已控制	已控制	已控制	已控制	已控制	已控制	已控制	已控制	已控制
Stk	已控制	已控制	已控制	已控制	已控制	已控制	已控制	已控制	已控制
Observations	9 638	9 638	9 638	6 032	6 032	6 032	3 606	3 606	3 606
R-squared	0.143	0.144	0.145	0.155	0.156	0.158	0.142	0.142	0.142
Number of Stk	1 658	1 658	1 658	1 002	1 002	1 002	812	812	812

注：(L) 代表滞后一期；括号中的数字为稳健标准误；* * *、* * 和 * 分别代表在 1%、5% 和 10% 统计水平上显著。

表4-8　现金流权与两权分离的交互作用：$DUVOL$

变量名称	全样本			国有企业子样本			民营企业子样本		
	(1)	(2)	(3)	(4)	(5)	(6)	(7)	(8)	(9)
$Cash(L)$	-0.001 15**	-0.001 48**	-0.002 34***	-0.002 00***	-0.002 56***	-0.003 45***	-5.99e-05	-5.08e-05	-0.000 723
	(0.000 525)	(0.000 595)	(0.000 663)	(0.000 704)	(0.000 787)	(0.000 834)	(0.000 924)	(0.001 03)	(0.001 27)
$Separate(L)$		-0.001 24	-0.005 46***		-0.002 38	-0.010 2***		3.86e-05	-0.002 02
		(0.001 06)	(0.001 79)		(0.001 51)	(0.002 74)		(0.001 64)	(0.002 76)
$Cash \times Separate(L)$			0.000 190***			0.000 317***			9.81e-05
			(6.41e-05)			(9.20e-05)			(0.000 105)
$Dtn(L)$	0.000 108	0.000 111	0.000 115	0.000 367**	0.000 373**	0.000 375**	-0.000 405*	-0.000 405*	-0.000 405*
	(0.000 141)	(0.000 141)	(0.000 141)	(0.000 184)	(0.000 184)	(0.000 183)	(0.000 220)	(0.000 220)	(0.000 220)
$Ret(L)$	24.28	24.10	24.12	9.978	9.725	9.787	47.29	47.31	48.01
	(18.34)	(18.34)	(18.32)	(22.76)	(22.74)	(22.69)	(31.70)	(31.77)	(31.65)
$Sigw(L)$	0.592	0.575	0.573	-0.947	-0.977	-0.941	3.216	3.217	3.241
	(1.133)	(1.133)	(1.131)	(1.407)	(1.408)	(1.405)	(1.973)	(1.978)	(1.972)
$lnta(L)$	0.105***	0.107***	0.106***	0.129***	0.132***	0.130***	0.089 7***	0.089 7***	0.089 2***
	(0.012 8)	(0.012 9)	(0.013 0)	(0.017 3)	(0.017 5)	(0.017 6)	(0.021 6)	(0.021 8)	(0.021 8)
$BM(L)$	-0.303***	-0.301***	-0.299***	-0.322***	-0.320***	-0.314***	-0.257***	-0.257***	-0.258***
	(0.030 3)	(0.030 4)	(0.030 4)	(0.036 5)	(0.036 5)	(0.036 6)	(0.053 7)	(0.053 9)	(0.053 8)
$Lev(L)$	-0.099 0**	-0.098 8**	-0.097 7**	-0.146***	-0.147***	-0.149***	-0.035 6	-0.035 6	-0.032 4
	(0.039 5)	(0.039 5)	(0.039 4)	(0.054 5)	(0.054 4)	(0.054 3)	(0.064 8)	(0.064 9)	(0.065 1)
$Roa(L)$	-0.310***	-0.308***	-0.309***	-0.277***	-0.270***	-0.268***	-0.472***	-0.472***	-0.476***
	(0.072 2)	(0.072 0)	(0.072 3)	(0.094 5)	(0.094 1)	(0.094 1)	(0.106)	(0.106)	(0.106)

（续上表）

变量名称	全样本			国有企业子样本			民营企业子样本		
	(1)	(2)	(3)	(4)	(5)	(6)	(7)	(8)	(9)
Opaque(L)	0.012 0	0.012 8	0.015 1	-0.012 4	-0.012 3	-0.0087 4	0.028 7	0.028 7	0.029 2
	(0.036 1)	(0.036 1)	(0.036 1)	(0.047 7)	(0.047 7)	(0.047 7)	(0.055 8)	(0.055 9)	(0.056 0)
DUVOL(L)	-0.112***	-0.113***	-0.113***	-0.103***	-0.103***	-0.104***	-0.153***	-0.153***	-0.153***
	(0.010 7)	(0.010 7)	(0.010 7)	(0.013 3)	(0.013 3)	(0.013 3)	(0.018 5)	(0.018 5)	(0.018 5)
Constant	-1.934***	-1.959***	-1.902***	-2.327***	-2.368***	-2.302***	-1.758***	-1.757***	-1.729***
	(0.256)	(0.256)	(0.258)	(0.351)	(0.352)	(0.357)	(0.420)	(0.420)	(0.424)
Year	已控制	已控制	已控制	已控制	已控制	已控制	已控制	已控制	已控制
Stk	已控制	已控制	已控制	已控制	已控制	已控制	已控制	已控制	已控制
Observations	9 638	9 638	9 638	6 032	6 032	6 032	3 606	3 606	3 606
R-squared	0.144	0.145	0.146	0.155	0.155	0.157	0.149	0.149	0.149
Number of Stk	1 658	1 658	1 658	1 002	1 002	1 002	812	812	812

注：(L) 代表滞后一期；括号中的数字为稳健标准误；$***$、$**$ 和 $*$ 分别代表在 1%、5% 和 10% 统计水平上显著。

表 4-7 和表 4-8 的实证结果是相似的。其中：在全样本中［两张表的第（1）～（3）列］，当加入两权分离程度时［各表第（2）列］，现金流权与股价崩盘风险负向关系的显著程度似乎变化不大；但是，当引入交乘项 $Cash \times Separate$ 时［各表第（3）列］，可以看到交乘项的系数在 5% 或 1% 的显著性水平上对现金流权与股价崩盘风险之间的显著负向关系具有削弱作用。

这种调节作用在国有企业子样本中［两张表的第（4）～（6）列］表现得更加明显。当加入两权分离程度时［各表第（5）列］，现金流权对股价崩盘风险的负向关系会变得不再显著；在各表第（6）列中，交乘项 $Cash \times Separate$ 的系数均在 1% 统计水平上显著为正，而现金流权的系数均在 1% 统计水平上显著为负，这说明保持透明度不变，两权分离程度对现金流权与股价崩盘风险之间的负向关系具有显著的调节作用。在国有企业中，现金流权与股价崩盘风险的显著负向关系受到两权分离程度的明显削弱。

在民营企业子样本中［两张表的第（7）～（9）列］，实际控制人对现金流权和两权分离程度的态度并没有显著差异，同时，两权分离程度对现金流权与股价崩盘风险之间的关系也并未呈现出显著的调节作用。

上述国有企业子样本中的实证结果验证了假设 H_3，同时也反映出两权分离程度与现金流权确实体现出相互对立的治理效应，以及实际控制人对控制权的不同部分具有不同的态度。这也间接地支持了本章的假设 H_1 和 H_2，虽然对于 H_2 并未得到直接、显著的实证结果。

从整体来看，假设 H_1、H_3 在国有企业子样本中得到支持，但是在民营企业子样本中并未得到支持，这也进一步验证了 Jian 和 Wong（2010）的发现，即政府或国有资产管理机构等国有企业的实际控制人向国有企业提供支持更为普遍，也更为投资者所认可。

值得注意的是，在全样本和国有企业子样本中，加入交乘项的回归中［两张表的第（3）、（6）列］，两权分离（$Separate$）的系数也呈现出负相关关系，这意味着超出现金流权的控制权（即两权分离程度）也会降低股价崩盘风险，而且交乘项 $Cash \times Separate$ 中现金流权对两权分离与股价崩盘风险的负向关系具有削弱作用。这似乎也验证了笔者对假设 H_2 实证结果的解释：当超出现金流权的控制权（即两权分离程度）能够给实际控制人带来非直接利益时，会削弱他们掏空公司的动机，特别是上市公司中存在分红少甚至不分红的现状，降低了现金流权所带来的直接利益，进而加剧了这一效应；在回归中加入交乘项后，这种非直接利益的效应（$Separate$ 的系数）与两权分离的掏空效应（交乘项 $Cash \times Separate$ 的系数）便分别显现出来。

4.3.4 控制权与股价崩盘风险

上文实证检验了假设 H_1、H_2、H_3，验证了控制权的不同组成部分在公司治理上的不同效应，此时笔者自然而然地想到作为二者的整体——控制权，会显示出怎样的效应呢？表4-9给出了实证结果。

从整体来看，回归结果表明：控制权与股价崩盘风险之间的关系均在1%或5%的显著性水平上为负。如前文所述，控制权同时包含了现金流权和超出现金流权的两权分离部分，实际控制人是否愿意为公司提供支持，取决于其对现金流权与两权分离程度实际效果的权衡，即利益协同效应和侵占效应的综合效果。控制权与股价崩盘风险之间的关系是两种力量对抗、综合的结果，本研究所观测到的控制权削弱股价崩盘风险的现象，说明整体上随着控制权的增加，这种利益的一致性也是增加的，相应减少了股价崩盘风险。

然而这一现象仍然只在国有企业子样本中成立，在民营企业子样本中则没有得到显著的体现。笔者认为这种控制权以及现金流权在整合股东和公司之间利益一致性方面的效应之所以能够在国有企业中得以体现，很大程度上取决于国有资本具有更强的掌控力，并能够更有效地为企业提供支持，无论是治理层面的提高抑或是预算软约束方面，都能够缓解股价崩盘风险。

表4-9　控制权与股价崩盘风险

变量名称	(1)	(2)	(3)	(4)	(5)	(6)
	全样本	国有企业子样本	民营企业子样本	全样本	国有企业子样本	民营企业子样本
	NCSKEW			DUVOL		
$Control(L)$	-0.00341***	-0.00558***	-0.000281	-0.00146**	-0.00255***	-3.41e-05
	(0.00122)	(0.00163)	(0.00205)	(0.000593)	(0.000786)	(0.00101)
$Dtn(L)$	0.000203	0.000689*	-0.000743	0.000112	0.000374**	-0.000405*
	(0.000282)	(0.000359)	(0.000459)	(0.000141)	(0.000184)	(0.000220)
$Ret(L)$	55.23	40.01	71.28	24.06	9.727	47.26
	(36.06)	(45.16)	(61.99)	(18.33)	(22.74)	(31.67)
$Sigw(L)$	2.056	-0.0819	5.088	0.572	-0.978	3.214
	(2.260)	(2.818)	(3.941)	(1.132)	(1.407)	(1.971)
$lnta(L)$	0.216***	0.257***	0.191***	0.107***	0.132***	0.0896***
	(0.0257)	(0.0338)	(0.0441)	(0.0129)	(0.0175)	(0.0218)
$BM(L)$	-0.597***	-0.642***	-0.490***	-0.301***	-0.320***	-0.257***
	(0.0613)	(0.0722)	(0.109)	(0.0304)	(0.0365)	(0.0538)
$Lev(L)$	-0.195**	-0.298***	-0.0994	-0.0984**	-0.147***	-0.0355
	(0.0777)	(0.106)	(0.129)	(0.0394)	(0.0544)	(0.0649)

（续上表）

变量名称	(1)	(2)	(3)	(4)	(5)	(6)
	全样本	国有企业子样本	民营企业子样本	全样本	国有企业子样本	民营企业子样本
	NCSKEW			*DUVOL*		
Roa(L)	− 0.471 ***	− 0.442 **	− 0.727 ***	− 0.308 ***	− 0.270 ***	− 0.472 ***
	(0.146)	(0.188)	(0.211)	(0.071 9)	(0.094 0)	(0.106)
Opaque(L)	0.038 0	− 0.004 80	0.042 6	0.012 6	− 0.012 4	0.028 7
	(0.071 9)	(0.092 5)	(0.114)	(0.036 1)	(0.047 7)	(0.055 8)
NCSKEW(L)	− 0.113 ***	− 0.101 ***	− 0.160 ***			
	(0.011 0)	(0.014 1)	(0.018 0)			
DUVOL(L)				− 0.113 ***	− 0.103 ***	− 0.153 ***
				(0.010 7)	(0.013 3)	(0.018 5)
Constant	− 3.846 ***	− 4.496 ***	− 3.620 ***	− 1.957 ***	− 2.368 ***	− 1.756 ***
	(0.507)	(0.682)	(0.852)	(0.256)	(0.353)	(0.420)
Year	已控制	已控制	已控制	已控制	已控制	已控制
Stk	已控制	已控制	已控制	已控制	已控制	已控制
Observations	9 638	6 032	3 606	9 638	6 032	3 606
R-squared	0.144	0.156	0.142	0.145	0.155	0.149
Number of Stk	1 658	1 002	812	1 658	1 002	812

注：（L）代表滞后一期；括号中的数字为稳健标准误；***、** 和 * 分别代表在1%、5%和10%统计水平上显著。

4.3.5 稳健性检验

为了保证数据的稳健性，本章上述检验对数据同时进行了剔除异常值和缩尾（Winsorize）处理。考虑到缩尾处理容易造成数据失真，本研究在没有进行缩尾处理的情况下进行检验，其结论不变。

如果选取全数据（2004—2013 年，滞后一期为 2003—2012 年）进行回归检验，其结果和前述分析基本一致。

4.3.6 实证结果分析

上述实证结果显示：在全样本中，假设 H_1 在 5% 的显著性水平上得到支持，而假设 H_3 在 5% 或 1% 的显著性水平上得到支持；在国有企业子样本中，假设 H_1、H_3 均在较高的显著性水平上得到支持；在民营企业子样本中，假设 H_1、H_3 均未得到支持；假设 H_2 在全样本和子样本中均未得到支持。

这一结果表明，实际控制人的现金流权和两权分离程度的公司治理效应确实在资本市场上有所反映，其直接效果就是对公司的股价崩盘风险产生影响，也进一步验证了本书第 3 章关于持股比例和股价崩盘风险之间关系的模型推导，为实际控制股东和上市公司之间的利益一致性提供了经验证据。其结果说明，现金流权更多地体现为实际控制人和上市公司之间的利益协同效应，而控制权和现金流权的分离程度在一定程度上体现出侵占效应（尽管这种效应是通过假设 H_3 的交互作用间接地予以反映，而且并不能完全排除两权分离程度也存在着一定程度的利益协同效应的可能性）。

那么现金流权和两权分离程度的治理效应与股价崩盘风险是基于什么样的逻辑联系在一起的呢？笔者认为，Jin 和 Myers（2006）模型中的放弃成本（Abandonment Costs）以及 Friedman 等（2003）的支持理论可以很好地解释本研究的假设和实证结果。一方面，现金流权越大，实际控制人和公司的利益就越一致，实际控制人放弃的成本就越高，他们就越不愿意放弃公司，而且利益协同效应会使得实际控制人加大对公司的支持力度，帮助公司化解累积的坏消息所产生的负面影响，降低公司的股价崩盘风险；反之，现金流权越小，实际控制人放弃的成本也就越低，也就越不愿意为公司提供过多的支持，此时他们对公司累积坏消息的承受意愿相对较低，从而增加了股价崩盘风险。另一方面，两权分离程度虽然未能显著增加股价崩盘风险，但这似乎是其自身同时包含的利益协同效应和掏空效应共同作用的结果。两权分离程度的增大虽然不会直接减少现金流权，但是会使得现金流权为实际控制人所带来的直接利益相对降低，从而体现为两权分离会对现金流权与股价崩盘风险之间的负向关系产生削弱性的调节作用，而这种削弱作用实际上也是侵占效应的体现。

值得思考的是上述关系（H_1 和 H_3）为什么在国有企业的实际控制人中表现显著，而对于民营企业来说检验结果并不明显？笔者认为，其主要原因在于：相对于国有企业来说，民营企业实际控制人对公司的支持力度和支持能力比较有限（尤其是在支持能力方面），因此相应的治理效应无法在股价上得以显著体现；相反，各级政府（或国有资产管理机构）对国有企业的支持力度、支持方式以及支持的持续性都远非民营企业可以相比，而且经过"抓大放小"的国企改革，现在各级政府（或国有资产管理机构）手中掌握的多数是大型优质国企，所以假设 H_1 和 H_3 所隐含的现金流权和两权分离的治理效应在国有企业中得到更为显著、稳健的体现。

4.4　结论与启示

本书以 2006—2013 年（滞后一期为 2005—2012 年）我国 A 股上市公司相关数据为基础，研究上市公司实际控制人股权特征与股价崩盘风险的关系。研究结果表明：保持透明度不变，实际控制人持有公司的现金流权越大，公司的股价崩盘风险越低；实际控制人控制权与现金流权的分离程度会显著削弱现金流权与股价崩盘风险之间的负向关系。上述实证结果在国有企业子样本中均得到显著、稳健的体现，而在民营企业子样本中表现得并不显著。可见：①实际控制人股权结构特征中所蕴含的治理效应（利益协同效应与侵占效应）确实在资本市场上得到直接或间接的体现；②作为实际控制人的政府（或国有资产管理机构）向国有企业提供了显著支持（如提高公司的治理水平）。

研究结果支持了本章的假设，即现金流权更多地体现为实际控制人与公司利益的协同性，而两权分离则蕴含了实际控制人与公司利益冲突的一面。其背后的逻辑可以用 Jin 和 Myers（2006）模型中的放弃成本（Abandonment Costs）和 Friedman 等（2003）的支持理论予以解释，即支持行为有助于缓解股价崩盘风险。本章的研究结果进一步验证了前人的理论逻辑，在实证上也同时利用剔除异常值和"缩尾"处理的数据进行了两种回归方法的相互验证，所以本书的研究结论是比较稳健的。

本章的研究具有重要的现实意义和政策启示：

第一，现金流权以及两权分离程度蕴含着不同的治理效应，而且这种效应在资本市场上会有所体现，这一发现为研究股价崩盘风险的成因提供了直接的证据。作为监管部门更应加强对实际控制人的监管，特别是要监控实际控制人对公司的放弃行为（如短期内大规模抛售、减持公司股票等行为），关注其背后的原因有助于我们防范金融风险。

第二，实际控制人的治理效应在国有企业中得到显著、稳健的体现，政府（或国有资产管理机构）对国有企业提供支持，帮助它们规避各种风险，可能体现为"造血式"的公司治理水平的提升，也可能体现为对企业进行"输血式"的支持行为。笔者认为，国有企业改革应该充分利用政府（或国有资产管理机构）与企业之间的利益一致性，提升企业的治理水平，规范管理，提高效益，进而培育出独立自主、具有竞争力的国有企业，尽量减少以"输血"的方式帮助企业化解内部存在的问题。

第三，当国有企业和民营企业面临相同的外部环境时（如同时遭遇 2008 年金融危机），如果国有企业从实际控制人处获得了持续、稳定以及强有力的支持，而民营企业从实际控制人处所获得的支持并不显著且无法和国有企业相提并论的话，其结果可能是民营企业无法依靠实际控制人的支持摆脱困境、渡过难关，最后不得不退出市场。

5 现金股利、控制权结构与股价崩盘风险

5.1 引 言

第4章我们考察了实际控制股东的股权结构中所蕴含的治理效应与股价崩盘风险之间的关系，进一步来说，控制权结构的治理效应也会体现在现金股利的发放上。据此，本章将继续考察现金股利中所蕴含的治理效应与股价崩盘风险之间的关系。

长期以来，股利作为上市公司回馈股东的重要方式之一，备受投资者的关注。而由于资本市场设立时间较短以及特殊的法律与制度环境，A股上市公司普遍分红观念淡薄，相比于成熟市场的上市公司分红较少。前些年新闻媒体热议的上市公司"铁公鸡"现象增加了投资者和监管层对上市公司分红问题的关注。证监会为了保护投资者的利益，防止上市公司只圈钱不分红，曾发布一系列规定，要求将上市公司发放股利与否作为增发新股等行为的前提条件，并逐步提高了股利占可分配利润的比例要求。证监会2008年发布的《关于修改上市公司现金分红若干规定的决定》规定，上市公司公开发行证券的条件为最近3年以现金方式累计分配的利润不少于最近3年实现的年均可分配利润的30%；其于2012年发布的《关于进一步落实上市公司现金分红有关事项的通知》进一步要求"对于最近3年现金分红水平较低的上市公司，发行人及保荐机构应结合不同行业和不同类型公司的特点和经营模式、公司所处发展阶段、盈利水平、资金需求等因素说明公司现金分红水平较低的原因"。

根据股利代理理论（Easterbrook，1984；Jensen，1986）和信号传递理论（Miller & Rock，1985；John & Williams，1985），现金股利的发放体现出积极的公司治理效应。但是目前一些较发达的资本市场已经出现了所谓的"股利消失之谜"。例如，Fama和French（2001）的研究表明，美国三大证券交易所拥有分红上市公司的比例已经从1978年的66.5%下降到1999年的20.8%。Fatemi和Bildik（2012）的跨国研究也发现，在控制了公司特征因素后，发放股利的公司比例仍然呈下降趋势。

股价崩盘风险是近期公司金融领域的研究热点之一。在当前全面深化改革的大背

景下，金融领域的改革备受瞩目，而在进行金融改革的同时也必须强调防范金融风险，确保金融市场平稳发展。正如 Yeoh（2010）所指出的那样，"造成 2008—2009 年全球金融危机的主要原因包括：恶化的宏观经济条件、败坏的公司治理和宽松的监管环境"。因此，从公司微观治理结构和财务政策的角度入手研究股价崩盘风险的影响因素，有利于加深对实体经济与资本市场之间关系的理解，从根源上预防股价崩盘。

综合上述两个方面，本章将上市公司股利发放行为与其股价崩盘风险联系在一起，实证检验了当前我国上市公司的现金股利发放行为在资本市场上的价格后果，并检验了实际控制股东控制权结构对此关系的影响。

本章的主要贡献在于：①首次探讨了股利发放对股价崩盘这一经济后果的影响，为当前市场及监管部门对上市公司股利发放行为的关注提供了较新的研究视角，有助于人们更全面地理解股利发放在我国资本市场上的影响。②与以往文献侧重于从公司透明度角度研究股价崩盘风险不同，本研究在进一步拓展 Jin 和 Myers（2006）模型中关于均衡股利（股东回报要求）对放弃边界的影响的基础上，尝试从实际控制股东治理效应的视角研究股价崩盘风险，这丰富了对公司治理、财务决策与股价崩盘风险之间关系的有关认识。

本章的研究结果表明：①过度支付现金股利会显著增加上市公司的股价崩盘风险。②实际控制股东控制权与现金流权分离程度会加剧现金股利支付水平与股价崩盘风险之间的正向关系。这一结果反映出现金股利所蕴含的治理效应，可解读为：股东（包括实际控制股东）对上市公司现金资源的过度索取会明显增加股价崩盘风险，而较高的控制权与现金流权分离程度会明显地削弱公司治理水平，进而加剧现金股利与股价崩盘风险之间的正向关系。

5.2 文献回顾、模型扩展与逻辑推导

5.2.1 现金股利的治理效应

股利政策一直是财务学研究中的热门领域，股利对于公司治理究竟起了何种作用以及市场对股利的反应一直吸引着研究者的目光。早在 1961 年，Miller 和 Modiglian 就提出了在完美市场前提下股利政策与企业价值无关这一股利政策经典理论。不过事实上 Miller 和 Modiglian 的完美市场假设极难满足，后来研究者们逐步放松假定条件，提出了关于股利政策的新理论。现有文献对股利的实际作用效果大致持有正反两种观点。正面观点以西方学者提出的经典理论为主，认为股利对保护投资者有积极的作用。代表性的理论之一是股利代理理论（Easterbrook，1984；Jensen，1986），该理论认为股东通过要

求管理层支付股利可以减少公司内部的自由现金流，这一方面降低了公司管理层滥用现金的风险，另一方面迫使管理层通过借债的方式再融资，增加了债权人对公司的监督，以解决委托—代理问题。信号传递理论（Miller & Rock，1985；John & Williams，1985）认为市场不完美的表现形式之一就是市场具有信息不对称性，公司内部管理人员相对于外部投资者而言具有信息优势，而公司的股利政策正好是公司管理层向外界传递信息的方法之一。如果管理层对未来抱有乐观预期，那么其可以通过增加股利来释放这种乐观预期；减少股利则会带来相反影响。国内部分学者针对中国资本市场的研究分别支持上述理论。谢军（2006）的研究发现，上市公司第一大股东具有发放现金股利的显著动机，但是显著的投资机会会弱化该动机，其据此认为股利发放是第一大股东迫使公司减少多余的自由现金流而不是掏空公司的表现。孔小文和于笑坤（2003）发现了股利信号传递作用的证据，指出总体来说分配股利的上市公司的未来盈利情况好于不分配股利的上市公司。肖珉（2010）的研究结果则表明，现金股利可以抑制有多余内部现金流的公司进行过度投资，这支持了股利代理理论，但该文并没有发现现金股利信号传递作用的经验证据。

股利的发放也并非都体现为积极的公司治理效应，Baker 和 Wurgler（2004）提出股利迎合理论，认为上市公司管理层会为了满足投资者（Prevailing Investor）的需求而发放股利，这可能会导致股票的错误定价（Mispricing）。甚至一些针对资本市场的研究发现，大股东能够通过现金股利获得不当利益，过度的股利支付政策在某种程度上有可能是公司治理败坏的表现。比如 Chen 等（2009）发现上市公司的现金股利不仅仅单纯体现出信号效应或者被用于分配多余现金，也有可能是被控制股东（Controlling Shareholders）用于掏空，从而揭示出现金股利所具有的掏空性质（Dividends for Tunneling）。Lv 等（2012）发现对上市公司来说，现金股利是控股股东掏空公司的方法之一，同时控股股东与非控股大股东也会形成联盟共同掏空公司。国内的一些文献也表明上市公司的非理性或者激进现金股利是代理问题的体现，此时，现金股利成为大股东套取现金的重要手段（原红旗，2001；陈信元等，2003；邓建平、曾勇，2005；徐国祥、苏月中，2005；吕长江、周县华，2005；陆正飞等，2010）。根据上述逻辑，如果现金股利被大股东用作侵占公司现金资源的手段，则可以预期公司透明度会下降，进而加大股价崩盘风险（Jin & Myers，2006；Hutton et al.，2009）。

在前述分析中，现金股利体现出截然相反的公司治理效应。从正面来看，现金股利的发放有助于减少公司内部自由现金流以缓解代理问题或向外界传递积极的信号，这体现了公司可能具有较好的治理水平或未来表现，进而有利于减少公司股价崩盘风险；从反面来看，股利实际上体现为控制股东而非全体股东的利益需求，当股利（尤其是高额股利）成为控制股东侵占公司的手段之一时，会增加公司的股价崩盘风险。因此，可以从正反两个方面提出现金股利中所蕴含的治理效应与股价崩盘风险的关系，即假设 H_{1a} 和 H_{1b}：

H_{1a}：上市公司现金股利发放水平与其股价崩盘风险之间呈负相关关系。

H_{1b}：上市公司现金股利发放水平与其股价崩盘风险之间呈正相关关系。

5.2.2　基于 Jin 和 Myers（2006）的现金股利与股价崩盘风险均衡模型分析

Jin 和 Myers（2006）基于外部投资者所面对的不完全信息环境建立了"控制权和风险分担模型"，其在模型中给出了内部人侵占现金流的等式，即公司内部人所侵占的现金流等于公司实际现金流减去股东对股利的需求。其表达式为：

$$Z_t = C_t - Y_t = C_t - \alpha E(C_t \mid f_t, \theta_{1,t}) \tag{5-1}$$

在该公式中，Z_t 是公司内部人所侵占的现金流，C_t 是公司的实际现金流，$E(C_t \mid f_t, \theta_{1,t})$ 是外部股东基于其观测到的信息 $f_t, \theta_{1,t}$ 对公司现金流的条件期望（Investors' conditional expectation of cash flow），α 为股东接管公司得到价值的比例，$0 < \alpha \leqslant 1$。也就是说，内部人要发放给股东的股利要达到股东接管公司后所获得的现金流 $\alpha E(C_t \mid f_t, \theta_{1,t})$，否则股东就会接管公司，在完全透明的情况下，$C_t = \alpha E(C_t \mid f_t, \theta_{1,t})$。

根据式 5-1，Jin 和 Myers（2006）指出，当隐藏的消息是坏消息时，内部人要弥补公司实际现金流和股东预期之间的差额，因此 Z_t 为负数。此时，内部人将削减自己的薪水或用其他现金资源来弥补差额，如果超出其承受能力，那么他们将放弃公司，引发股价崩盘。此时，笔者将模型略为扩展。假设在既定的不透明度水平下，内部人的承受能力为 ϖ，那么内部人要求：

$$Z_t = C_t - Y_t = C_t - \alpha E(C_t \mid f_t, \theta_{1,t}) \geqslant \varpi \tag{5-2}$$

此时外部股东对股利的期望水平 $\alpha E(C_t \mid f_t, \theta_{1,t})$ 越高，越接近内部人承受的限度 ϖ。从而可以得到：上市公司股东对现金股利的期望与上市公司股价崩盘风险正相关。

如果考虑到实际控制股东对公司股利的需求，模型中将会涉及三方：内部人（经营者）、实际控制股东以及其他外部股东。由于实际控制股东能够控制公司的股利政策，所以从实际控制股东视角，对股利的预期就是实际发放的股利。假设 δ_t 是实际控制股东在 t 期内的自身特有信息，那么在 t 期所有股东（包括实际控制股东和其他外部股东）对公司股利的条件期望是 $\alpha E(C_t \mid f_t, \theta_{1,t}, \delta_t)$，此时式 5-2 改写为：

$$Z_t = C_t - Y_t = C_t - \alpha E(C_t \mid f_t, \theta_{1,t}, \delta_t) \geqslant \varpi \tag{5-3}$$

其中，股东（包括实际控制股东和其他外部股东）对股利的预期小于或等于公司价值。由于实际控制股东掌控公司股利政策，能够把其对公司股利的需求 αE（$C_t \mid f_t$, $\theta_{1,t}, \delta_t$）变为现实。

此时可以得到：实际发放的现金股利就是实际控制股东对公司股利的需求（期望），与上市公司股价崩盘风险正相关。

当实际控制股东通过现金股利对公司利益进行侵占时①，由于实际控制股东掌控公司股利政策（实际控制股东可以把对股利的预期变为现实），所以实际发放的股利就是条件期望 $\alpha E(C_t \mid f_t, \theta_{1,t}, \delta_t)$，此时实际发放的现金股利 $= \alpha E(C_t \mid f_t, \theta_{1,t}, \delta_t) > \alpha E(C_t \mid f_t, \theta_{1,t})$。即便公司实际现金流 C_t 无法满足股利预期 $\alpha E(C_t \mid f_t, \theta_{1,t}, \delta_t)$，实际控制股东也会通过诸如变卖公司资产等其他途径来满足其对股利的预期，这不仅使得内部人隐藏的坏消息暴露，还会损害公司实体价值，进一步加剧公司股价的崩盘。因此，从实际控制股东对于股利要求的视角，可以得到：实际发放的现金股利与公司股价崩盘风险正相关。

此时，可对式（5-3）进一步改写为：

$$Z_t = C_t - Y_t = C_t - \alpha E(C_t \mid f_t, \theta_{1,t}) - \alpha [E(C_t \mid f_t, \theta_{1,t}, \delta_t) - E(C_t \mid f_t, \theta_{1,t})]$$

$$(5-4)$$

其中，$\alpha [E(C_t \mid f_t, \theta_{1,t}, \delta_t) - E(C_t \mid f_t, \theta_{1,t})]$ 为掏空性股利，即基于实际控制股东特殊需求超出正常股利的部分。根据式（5-4）可以得到：掏空性股利的支付水平与公司股价崩盘风险正相关。

此处的模型推断似乎表明股东对股利的期望越高，就越容易达到内部人的放弃边界，相应地，股价崩盘风险就越高。在实际控制股东掌控公司股利政策的前提下，实际发放的现金股利更多地反映出实际控制股东的期望，因此现金股利在一定程度上体现了股东治理效应。如果股东（包括实际控制股东和其他外部股东）对公司现金股利要求过多，实际发放的现金股利掏空色彩就比较明显，实质上也是公司治理败坏的体现。

因此式（5-3）和式（5-4）所反映出的"随着现金股利增加（甚至是发放过度的现金股利），股价崩盘风险越大"的推论，包含了股东治理效应失范的因素。基于此，笔者再次提出假设 H_{1b}：

---

① 可以分别分析实际控制股东对股利无特殊要求和实际控制股东更愿意将股利留存在公司的情况，结论均不变，由于结论比较直观，在此不再一一分析。

H_{1b}：上市公司现金股利发放水平与其股价崩盘风险之间呈正相关关系。

同时，笔者预期这一关系在出现掏空性股利的情况下将表现得更加明显。

在上述推导过程中，$\alpha E(C_t \mid f_t, \theta_{1,t}, \delta_t)$ 所反映的是股东（包括实际控制股东和其他外部股东）对公司回报的要求，因此笔者在后文的检验中将使用能够反映股东收益的股利指标进行研究。

5.2.3 实际控制股东控制权结构的影响

1. 实际控制股东现金流权的治理效应

区别于大股东或控股股东，上市公司实际控制股东是通过投资关系等途径能够实际支配上市公司的自然人、法人等。从更深层次来说，实际控制股东能够超越大股东或控股股东对公司决策（当然也包括股利发放这一重要的财务决策）产生重要影响，这种情况下公司的委托—代理问题主要是上市公司实际控制股东与中小股东之间的代理冲突。实际控制股东持有的上市公司现金流权代表了控制人在公司的直接利益，现金流权的比例大小会对实际控制股东的行为产生影响。梳理关于我国资本市场的部分文献发现，由于现金流权的增加会直接提高实际控制股东的现金分红，所以实际控制股东会更倾向于利用现金股利来掏空上市公司。邓建平和曾勇（2005）对一些家族控制的上市公司的研究表明，控制性家族拥有的现金流权越大，公司非理性分红的欲望就越强烈，更有可能发放大额现金股利。王敏和李瑕（2012）的研究也发现，随着上市公司实际控制股东现金流权的增加，其获得的现金股利总额也随之提高，这增强了实际控制股东侵占中小股东利益的动机。据此，本章提出假设 H_{2a}：

H_{2a}：实际控制股东现金流权的增加会强化现金股利与股价崩盘风险之间的正相关关系，或削弱现金股利与股价崩盘风险之间的负相关关系。

但是实际控制股东与上市公司之间的利益协同效应也会使得实际控制股东在上市公司陷入困境时向公司提供支持（Friedman et al.，2003；Cheung et al.，2009），特别是当实际控制股东拥有的现金流权较大的时候。实际控制股东与上市公司之间的利益趋同使得其有动机去妥善经营公司而不是侵占公司利益。Claessens 等（2002）发现，上市公司的价值会随第一大股东现金流权的增加而增加，从而表明利益趋同效应的存在。La Porta 等（1999）的研究也发现，实际控制股东现金流权的增加可缓解但不会完全消除侵占行为。国内部分学者也发现实际控制股东现金流权与实际控制股东掏空行为之间未必有正向关系。王鹏和周黎安（2006）的研究表明，公司绩效与实际控制股东的现金流权之间有正相关关系，从而体现出现金流权的"正向激励效应"。葛敬东（2006）通过建立一个关于终极股东出售股票前提下的收入函数发现，当实际控制股东的现金流权超过某一临界点后，实际控制股东的现金流权对其侵占行为具有约束作用。石水平（2010）则发现实际控制股东的现金流权与大股东的利益侵占行为有负相关关系。上述研究都表明，实际控制股东与上市公司之间的利益协同效应有助于提升公司治理水平，并且这种利益的趋同能够减少或者抵消他们通过现金股利掏空公司所带来的负面经济后果（如在紧急情况下向被掏空公司提供支持）。据此，本章提出假设 H$_{2b}$：

H$_{2b}$：实际控制股东现金流权的增加会削弱现金股利与股价崩盘风险之间的正相关关系，或加强现金股利与股价崩盘风险之间的负相关关系。

H$_{2a}$和 H$_{2b}$分别从不同的逻辑视角反映出现金流权的治理效应（"掏空"与"利益协同"）。那么，在本研究样本中，究竟是哪种关系得以体现出来？以下将通过实证研究加以检验。

2. 实际控制股东控制权与现金流权分离程度的治理效应

Claessens 等（2000）发现，由于金字塔持股以及交叉持股等原因，上市公司实际控制股东拥有的公司控制权往往会大于现金流权，即实际控制股东的控制权与现金流权呈两权分离的状况。按照 La Porta 等（1999）的分析，拥有大于现金流权的控制权的上市公司的实际控制股东可能会为了维护自己的利益而主动监督和约束管理层，有利于缓解上市公司管理层和股东之间的委托—代理问题。但是，实际控制股东的利益最大化未必就是上市公司的利益最大化，两权分离亦会使上市公司的实际控制股东更有能力和动机去侵占中小股东的利益。此外，由于实际控制股东常常通过多层级、多链条的金字塔纵向持股、交叉横向持股或者二者相结合等方式来控制上市公司，其持股结构相较大股东直接持股的方式来说更加隐蔽，更便于实际控制股东通过关联交易等方式掏空上市公司。可见，两权分离程度的提高，常常体现出实际控制股东股权结构削弱公司治理的一面。Fan 和 Wong（2002）对东亚地区上市公司的研究发现，实际控制股东两权分离程度的增加会削弱公司盈余报告的信息含量，这表明实际控制股东会为了掩饰其侵占行为而有意操纵公司盈余报告。Faccio 等（2001）对东亚和西欧地区的研究发现，实际控制股东两权分离程度高的上市公司倾向于派发高额的现金股利，他们认为这是由于外部投资者会预期这类公司容易被实际控制股东掏空，因此上市公司通过派发高现金股利的方式来增强外部投资者对公司的信心。

就国内的研究来说，邓建平和曾勇（2005）认为，家族控制的上市公司的股利决策并不是为了消除经理滥用自由现金流的风险，而是与控制性家族自身利益最大化有关；控制权与现金流权分离程度越高，家族控制的上市公司越倾向于不分配或分配较低比例的股利，非理性分红的欲望越弱；同时家族控制的上市公司还会操纵股利政策以实现再融资等特殊目的。肖作平和苏忠秦（2012）利用我国2004—2008年上市公司的平衡面板数据进行检验后发现，控制权和现金流权分离程度与现金股利支付水平显著正相关，他们认为终极控制股东并不是把现金股利作为掏空的工具，而是把现金股利作为掩饰掏空的面具。

这些研究结论表明，两权分离程度对现金股利的影响（无论是增加现金股利还是减少现金股利）最终还是实际控制股东治理效应的体现；而且从实际控制股东的利益需求角度来看，这种两权分离程度会削弱上市公司的治理水平。基于此，现金股利中所反映出的治理效应与股价崩盘风险之间的关系也会受到两权分离程度的影响，即在两权分离程度高的情况下，由于发放股利所引起的现金流减少，将会使得公司面临更大的股价崩盘风险。据此，本章提出假设 H_3：

H_3：实际控制股东控制权与现金流权分离程度的增加会强化现金股利与股价崩盘风险之间的正相关关系，或削弱现金股利与股价崩盘风险之间的负相关关系。

5.3 样本选择、数据处理及描述性统计分析

5.3.1 样本数据

为了消除股权分置改革的影响，本章选取2006—2013年（滞后一期为2005—2012年）全部A股上市公司为研究样本，基本数据来源于CSMAR数据库和Wind数据库。

对于原始数据进行如下处理：①参照Jin和Myers（2006）以及Kim等（2011a，2011b）的做法，剔除每年交易周数小于30的样本。②剔除金融类上市公司。③为了消除变量极端值的影响，对回归中连续变量在1%水平上进行缩尾（Winsorize）处理。④剔除异常值（剔除 BM 为0的观察值；剔除 Lev 大于1或小于0的观察值；剔除 Roa 小于 -1 或大于1的值）。⑤剔除数据缺失的样本。最终，形成一个非平衡面板数据，共计9 632个公司年度观测值。由于模型中包括变量的滞后项，且各项具体研究中所使用的变量略有不同，因此各部分实证研究内容中所使用的样本数量稍有差异。

5.3.2 变量的选择和度量

1. 股价崩盘风险

对股价崩盘风险的度量，本章借鉴Kim等（2011a，2011b）的方法，分别使用负收益偏态系数（$NCSKEW$）和收益上下波动比率（$DUVOL$）两个指标作为股价崩盘风险

的代理变量。具体计算过程详见第 4 章。

2. 现金股利

根据式（5-4），研究中使用的现金股利指标应该能够反映出股东对公司分红的要求，所以本章采用如下指标进行检验：

（1）$Stddiv_{t-1}$：$t-1$ 年的标准化当期总现金股利。

由于公司规模不同，不同公司之间的总现金股利不具有可比性。但是考虑到本研究在回归中已经控制了公司规模，所以使用该指标。为了降低其量纲，本研究对总现金股利予以标准化，即标准化的总现金股利 =（总现金股利 - 平均值）/标准差。

为了克服绝对现金股利水平（$Stddiv$）指标过于绝对、在不同企业之间不可比的弱点，本研究使用两个股东视角下的相对指标同时进行检验，包括：

（2）Div_ps_{t-1}：$t-1$ 年的每股现金股利。

（3）Div_o_{t-1}：$t-1$ 年的总现金股利与所有者权益的比值。

指标（2）、（3）反映出上市公司股东对股利回报的要求。

考虑到本研究的假设是基于长期股利发放的状态而言，同时也为了避免股利政策异常波动对本研究结果的影响，笔者同时使用过去三年的现金股利指标均值[①]来衡量现金股利发放的高低程度，并以此指标实施主检验，使用单期指标作为稳健性检验，平均化的现金股利指标具体如下：

（4）$Stddiv3_{t-1}$：标准化的过去三年平均总现金股利。

（5）Div_ps3_{t-1}：每股现金股利（过去三年平均值）。

（6）Div_o3_{t-1}：总现金股利与所有者权益的比值（过去三年平均值）。

3. 交互作用分析变量

（1）$Cash$：实际控制股东拥有的上市公司所有权比例，实际控制股东从公司获得的直接收益分配比例，即现金流权。

（2）$Separate$：实际控制股东拥有的上市公司控制权与现金流权之差。该值越大，说明两权分离程度越高。

4. 控制变量

借鉴前人（Hutton et al.，2009；Kim et al.，2011a，2011b；许年行等，2012）的做法，结合本研究问题的实际情况，对需要控制的其他股价崩盘风险影响变量具体说明见表 5-1：

---

① 参照 Hou 和 Robinson（2006）使用过去三年的赫芬达尔—赫希曼指数（Herfindahl - Hirschman Index，简称赫芬达尔指数）均值来衡量行业竞争程度的做法，使用过去三年的股利发放指标均值来衡量股利发放水平的高低。

表 5-1　主要控制变量定义表

主要控制变量	定义
Dtn_{t-1}	滞后一期的年度月均换手率的差分
Lev_{t-1}	滞后一期的资产负债率
$\ln ta_{t-1}$	滞后一期的公司规模，其中 $\ln ta$ 为上市公司总资产的自然对数
BM_{t-1}	滞后一期的"期末总资产/市场价值"，其中市场价值为股权市值与净债务市值之和，非流通股权市值用净资产代替计算
Ret_{t-1}	滞后一期的公司年度周特有收益率的算数平均值
$Sigw_{t-1}$	滞后一期的公司年度周特有收益率的标准差
Roa_{t-1}	滞后一期的总资产收益率，即用 t 年的营业利润除以 $t-1$ 年的公司总资产
$Opaque_{t-1}$	滞后一期的公司透明度，使用过去三年可操纵应计项目的绝对值之和作为透明度的代理变量（Hutton et al.，2009；Kim et al.，2011a），该数值越大表明公司的透明度越低
$NCSKEW_{t-1}$（$DUVOL_{t-1}$）	滞后一期的股价崩盘风险
$Cash_{t-1}$	滞后一期的实际控制股东现金流权（由于实际控制股东的现金流权反映了实际控制股东与上市公司之间的利益协同效应，所以本研究站在实际控制股东的视角增加该控制变量）

5. 主要变量的描述性统计

主要变量的描述性统计见表 5-2。根据该描述性统计可发现，由于个别股利数据的缺失，同时涉及过去三期数据的平均值，导致本章的数据较第 4 章稍有不同。为了尽可能保留可得的样本数据，本书将根据不同的研究目的，在每章分别列示变量的描述性统计。

表 5-2　主要变量的描述性统计

变量名称	样本数	平均值	标准差	最小值	中位数	最大值
$NCSKEW$	9 632	-0.209	0.667	-2.224	-0.179	1.681
$DUVOL$	9 632	-0.155	0.331	-0.961	-0.155	0.732
$Stddiv(L)$	9 632	0.014 8	1.046	-0.088 3	-0.080 9	53.35
$Div\_ps(L)$	9 632	0.081 6	0.161	0	0.026 0	6.419
$Div\_o(L)$	9 632	0.018 3	0.026 0	0	0.007 77	0.126
$Stddiv3(L)$	9 627	0.082 1	0.131	0	0.037 3	4.239
$Div\_ps3(L)$	9 626	0.019 6	0.025 4	0	0.011 5	0.260
$Div\_o3(L)$	9 627	0.005 12	1.012	-0.091 9	-0.080 5	51.21

（续上表）

变量名称	样本数	平均值	标准差	最小值	中位数	最大值
$Cash(L)$	9 632	31.19	17.23	0.228	28.95	89.40
$Separate(L)$	9 632	6.289	8.493	0	0	44.48
$Dtn(L)$	9 632	−1.807	37.25	−172.1	−2.290	102.8
$Ret(L)$	9 632	−0.001 44	0.001 02	−0.005 34	−0.001 17	−0.000 135
$Sigw(L)$	9 632	0.051 0	0.017 9	0.016 6	0.048 7	0.104
$lnta(L)$	9 632	21.76	1.220	18.75	21.64	25.80
$BM(L)$	9 632	0.715	0.286	0.138	0.718	1.479
$Lev(L)$	9 632	0.507	0.190	0.048 2	0.519	0.996
$Roa(L)$	9 632	0.043 3	0.071 6	−0.281	0.033 5	0.354
$Opaque(L)$	9 632	0.209	0.154	0.0261	0.168	0.889

5.3.3 样本分组

在目前的一些案例研究中，针对上市公司派发现金股利的质疑大多集中在高额现金股利上（周县华、吕长江，2008；蒋东生，2009），同时由于各个公司的财务及其他特征不同，笔者在实证中难以直接通过控制变量完全控制现金股利的影响因素。因此，有必要对上市公司发放的是掏空性股利还是正常股利作出适当划分。为了区分过度现金股利和正常现金股利，本研究综合 Chen 等（2009）以及姜琪和宋逢明（2012）的做法，并结合数据的可获得性，尽量控制住影响现金股利的公司特征指标，构建如下现金股利预测模型：

$$Div\_ps_{i,t} = a_0 + a_1 EPS_{i,t} + a_2 AROE_{i,t} + a_3 SIZE_{i,t} + a_4 GRRT_{i,t} + a_5 CFO_{i,t} + a_6 ALEV_{i,t} + a_7 AREE_{i,t} + a_8 AREA_{i,t} + a_9 AGE_{i,t} + a_{10} BM_{i,t} + a_{11} OWNC1_{i,t} + a_{12} Div\_ps_{i,t-1} + Industry\ dummies + Year\ dummies + \varepsilon_{i,t} \tag{5-5}$$

$$Div\_o_{i,t} = a_0 + a_1 EPS_{i,t} + a_2 AROE_{i,t} + a_3 SIZE_{i,t} + a_4 GRRT_{i,t} + a_5 CFO_{i,t} + a_6 ALEV_{i,t} + a_7 AREE_{i,t} + a_8 AREA_{i,t} + a_9 AGE_{i,t} + a_{10} BM_{i,t} + a_{11} OWNC1_{i,t} + a_{12} Div\_o_{i,t-1} + Industry\ dummies + Year\ dummies + \varepsilon_{i,t} \tag{5-6}$$

其中，Div_ps 为每股现金股利；Div_o 为总现金股利与所有者权益的比值；EPS 为每股收益；$AROE$ 为调整后的净资产收益率；$SIZE$ 为资产规模；$GRRT$ 为公司总资产增长率；CFO 为经营活动现金流；$ALEV$ 为调整后的资产负债率；$AREE$ 为调整后的留存收益占权益资本的比例；*AREA* 为调整后的留存收益占总资产比例；*AGE* 为上市年限；*BM* 为账面市值比；*OWNC1* 为第一大股东持股比例。同时，控制滞后一期股利支付变量以及行业和年度虚拟变量。

各指标具体如下：

AROE = 归属母公司股东的净利润/（期末权益资本 + 本期现金股利总额）

SIZE = 期末总资产（亿元）取自然对数

GRRT = （本期期末总资产 − 上期期末总资产）/上期期末总资产

CFO = 本年度经营活动产生的现金流净额/期末总股数

ALEV = 期末总负债/（期末总资产 + 本期现金股利总额）

AREE = （期末盈余公积 + 未分配利润 + 本期现金股利总额）/（期末权益资本 + 本期现金股利总额）

AREA = （期末盈余公积 + 未分配利润 + 本期现金股利总额）/（期末总资产 + 本期现金股利总额）

AGE = 数据年度 − 公司上市年度 + 1

OWNC1 = 期末上市公司第一大股东持股比例

本研究将式（5−5）和式（5−6）各自回归后得到的残差大小作为上市公司是否发放掏空性股利的度量标准；同时，为了使得研究更加可靠，删除了股利发放为 0 而残差大于 0 的观测值。[①] 在此基础之上，本研究按照残差大小将上市公司等分为三组，其中残差大的为高股利组（发放掏空性股利），残差小的为低股利组（股利支付水平不足），去除中间组（股利支付正常），然后用 *Div_ps* 和 *Div_o* 分别在高股利组和低股利组进行回归来探讨不同类型的股利支付对股价崩盘风险的不同影响。

5.3.4 实证模型

为了同时控制住企业异质性和时间效应的影响，本章采用双向固定效应面板模型检验现金股利对股价崩盘风险的影响，模型设置如下：

$$CrashRisk_{i,t} = \alpha_i + \beta \times DIV_{i,t-1} + \gamma \times ControlVaribles_{i,t-1} + \varepsilon_{i,t} \qquad (5-7)$$

其中，$CrashRisk_{i,t}$ 是第 t 年上市公司的 *NCSKEW* 和 *DUVOL* 指标；$DIV_{i,t-1}$ 是第 $t-1$ 年上市公司的现金股利指标；$ControlVaribles_{i,t-1}$ 是一组控制变量，具体见前文的有关

---

① 在不删除这些值的情况下，本研究的结论仍然是成立的。

解释（此外，还加入了年度虚拟变量以控制住时间趋势和潜在的结构性变化）。

本研究采用式（5 – 8）和式（5 – 9）分别检验实际控制股东现金流权和两权分离程度对现金股利与股价崩盘风险之间关系的影响。

$$CrashRisk_{i,t} = \alpha_i + \beta_1 \times DIV_{i,t-1} + \beta_2 \times Cash\_ct_{i,t-1} + \beta_3 \times Cash\_ct_{i,t-1} \times DIV_{i,t-1} + \gamma \times ControlVaribles_{i,t-1} + \varepsilon_{i,t-1} \qquad (5-8)$$

$$CrashRisk_{i,t} = \alpha_i + \beta_1 \times DIV_{i,t-1} + \beta_2 \times Separate\_ct_{i,t-1} + \beta_3 \times Separate\_ct_{i,t-1} \times DIV_{i,t-1} + \gamma \times ControlVaribles_{i,t-1} + \varepsilon_{i,t-1} \qquad (5-9)$$

5.4 实证检验与结果分析

5.4.1 现金股利与上市公司股价崩盘风险

考虑到第 $t-1$ 年的现金股利通常到第 t 年 1—4 月才会公告，实际发放还要后推数月，那么第 t 年股利公告前几个月的股价波动与现金股利的关系并不大，因为市场尚未获得准确的股利信息，同时，由于本研究的假设是基于长期股利发放水平高低的状态而言，而不局限于一期股利的发放就会导致下一期的股价崩盘，因此，为了避免股利政策异常波动对研究结果的影响，本研究参照 Hou 和 Robinson（2006）使用过去三年的赫芬达尔指数均值来衡量行业竞争程度的做法，使用过去三年的股利发放指标均值作为衡量股利发放水平高低的长期指标，这三个指标分别为 $Stddiv3_{t-1}$、Div_ps3_{t-1} 和 Div_o3_{t-1}。

本研究采用式（5 – 7）检验绝对现金股利三年均值（$Stddiv3_{t-1}$）对股价崩盘风险的影响，得到的回归结果如表 5 – 3 所示。研究结果表明，以 $NCSKEW$ 作为股价崩盘风险的衡量指标，现金股利绝对水平（$Stddiv3_{t-1}$）和股价崩盘风险在 5% 的显著性水平上正相关；以 $DUVOL$ 作为股价崩盘风险的衡量指标，虽然二者仍然是正相关关系，但是缺少足够的显著性。这一结果说明在全样本中很难得出现金股利发放会增加股价崩盘风险的结论，假设 H_{1b} 仅得到微弱的支持。同时考虑到现金股利绝对水平在不同公司之间的不可比性，表 5 – 3 的结果仍需使用其他可比的长期相对指标（Div_ps3 和 Div_o3）予以验证，而且要在高股利组和低股利组中分别检验它们与股价崩盘风险之间的关系。

表 5 - 3　绝对现金股利与股价崩盘风险的关系

变量名称	（1）	（2）
	NCSKEW	DUVOL
$Stddiv3(L)$	0.110 **	0.040 0
	(0.043 8)	(0.025 0)
$Cash(L)$	- 0.002 21 **	- 0.001 14 **
	(0.001 08)	(0.000 526)
$Dtn(L)$	0.000 177	0.000 101
	(0.000 283)	(0.000 141)
$Ret(L)$	57.41	24.85
	(36.12)	(18.36)
$Sigw(L)$	2.269	0.658
	(2.263)	(1.134)
$lnta(L)$	0.204 ***	0.104 ***
	(0.025 4)	(0.012 9)
$BM(L)$	- 0.593 ***	- 0.299 ***
	(0.061 2)	(0.030 4)
$Lev(L)$	- 0.189 **	- 0.099 0 **
	(0.078 1)	(0.039 6)
$Roa(L)$	- 0.481 ***	- 0.309 ***
	(0.146)	(0.072 2)
$Opaque(L)$	0.036 3	0.012 6
	(0.071 7)	(0.036 0)
$NCSKEW(L)$	- 0.113 ***	
	(0.011 0)	
$DUVOL(L)$		- 0.112 ***
		(0.010 7)
$Constant$	- 3.672 ***	- 1.909 ***
	(0.504)	(0.256)
$Year$	已控制	已控制
Stk	已控制	已控制
$Observations$	9 627	9 627
R-squared	0.144	0.145
$Number\ of\ Stk$	1 658	1 658

注：（L）代表滞后一期；括号中的数字为稳健标准误；***、** 和 * 分别代表在 1%、5% 和 10% 统计水平上显著。

表 5 - 4 反映了滞后一期的长期相对股利指标（Div_ps3 和 Div_o3）分别在全样本、高股利组、低股利组中的回归结果：

首先，在全样本中［表 5 - 4 第（1）、（4）、（7）、（10）列］，每股现金股利（Div_ps3）和股价崩盘风险在 10% 的显著性水平上正相关，而权益股利回报比率（Div_o3）虽然也和股价崩盘风险正相关，但是并不显著，说明现金股利的发放并不一定会显著增加股价崩盘风险，假设 H_{1b} 仅得到微弱的支持。

其次，在高股利组中［表 5 - 4 第（2）、（5）、（8）、（11）列］，股利发放水平与股价崩盘风险的正相关性均在 1% 或 5% 统计水平上显著，这一结果说明在发放掏空性股利时会显著增加股价崩盘风险。也就是说，假设 H_{1b} 在发放超额股利的条件下得到显著、稳健的支持。

最后，在低股利组中［表 5 - 4 第（3）、（6）、（9）、（12）列］，股利发放水平与股价崩盘风险之间的关系不再显著，说明现金股利的发放并不一定会带来股价崩盘风险的上升，还取决于股利发放的程度。

根据式（5 - 3）和式（5 - 4），公司发放股利越多，意味着实际控制股东对公司股利的要求越多，一方面会更接近放弃边界，另一方面掏空性股利也会损害公司的实体价值，从而增加股价崩盘风险。此外，按照 Faccio 等（2001）以及肖作平和苏忠秦（2012）的分析，上市公司实际控制股东如果是为了掩饰其掏空行为而过度发放现金股利，同样会反映出公司治理存在问题，也会增加股价崩盘风险。可见，过度发放股利反映出公司治理的败坏，这种败坏效应无论是从透明度的角度抑或是对公司实体价值的损害角度，都会导致资本市场层面股价崩盘风险的增加。

表 5 - 4 长期相对现金股利指标与股价崩盘风险之间的关系

变量名称	(1)	(2)	(3)	(4)	(5)	(6)	(7)	(8)	(9)	(10)	(11)	(12)
	NCSKEW			DUVOL			NCSKEW			DUVOL		
	全样本	高股利组	低股利组	全样本	高股利组	低股利组	全样本	高股利组	低股利组	全样本	高股利组	低股利组
$Div\_ps3(L)$	0.189 * (0.097 2)	0.331 *** (0.111)	- 0.105 (0.226)	0.086 1 * (0.051 6)	0.176 *** (0.056 6)							
$Div\_o3(L)$						- 0.129 (0.104)	0.826 (0.605)	2.165 ** (0.847)	0.043 3 (1.269)	0.322 (0.302)	1.145 *** (0.437)	- 0.357 (0.584)
$Cash(L)$	- 0.002 71 ** (0.001 19)	- 0.005 94 *** (0.002 30)	0.000 912 (0.002 60)	- 0.001 52 *** (0.000 577)	- 0.002 30 ** (0.001 13)	0.000 281 (0.001 24)	- 0.002 75 ** (0.001 20)	- 0.003 44 (0.002 33)	- 0.000 588 (0.002 51)	- 0.001 53 *** (0.000 578)	- 0.001 20 (0.001 17)	- 0.000 581 (0.001 20)
$Dtn(L)$	0.000 386 (0.000 296)	0.000 166 (0.000 652)	0.001 08 ** (0.000 536)	0.000 209 (0.000 149)	0.000 129 (0.000 324)	0.000 560 ** (0.000 264)	0.000 390 (0.000 296)	- 9.87e-05 (0.000 642)	0.000 797 (0.000 568)	0.000 212 (0.000 148)	- 4.53e-05 (0.000 324)	0.000 496 * (0.000 278)
$Ret(L)$	54.55 (38.76)	107.2 (87.77)	71.93 (80.71)	25.32 (19.80)	44.28 (44.16)	45.54 (41.33)	53.37 (38.76)	53.82 (85.04)	135.9 * (82.07)	24.94 (19.81)	30.82 (42.77)	73.79 * (41.87)
$Sigw(L)$	1.745 (2.411)	3.419 (5.389)	2.464 (4.865)	0.485 (1.211)	0.682 (2.682)	1.536 (2.461)	1.700 (2.412)	0.633 (5.160)	5.457 (5.150)	0.468 (1.211)	0.113 (2.566)	2.882 (2.592)
$lnta(L)$	0.243 *** (0.027 7)	0.285 *** (0.061 3)	0.217 *** (0.059 1)	0.124 *** (0.014 1)	0.149 *** (0.031 3)	0.101 *** (0.028 5)	0.247 *** (0.027 5)	0.301 *** (0.064 8)	0.252 *** (0.057 8)	0.126 *** (0.014 0)	0.147 *** (0.032 8)	0.123 *** (0.028 5)
$BM(L)$	- 0.607 *** (0.065 1)	- 0.545 *** (0.128)	- 0.703 *** (0.135)	- 0.295 *** (0.032 4)	- 0.276 *** (0.061 4)	- 0.322 *** (0.066 5)	- 0.605 *** (0.065 4)	- 0.529 *** (0.129)	- 0.713 *** (0.144)	- 0.295 *** (0.032 6)	- 0.270 *** (0.061 9)	- 0.316 *** (0.072 1)
$Lev(L)$	- 0.276 *** (0.087 8)	- 0.213 (0.181)	- 0.460 *** (0.161)	- 0.143 *** (0.044 1)	- 0.139 (0.091 7)	- 0.241 *** (0.080 4)	- 0.281 *** (0.087 6)	- 0.238 (0.193)	- 0.655 *** (0.176)	- 0.146 *** (0.044 0)	- 0.151 (0.097 6)	- 0.336 *** (0.085 9)

（续上表）

变量名称	(1) 全样本 NCSKEW	(2) 高股利组 NCSKEW	(3) 低股利组 NCSKEW	(4) 全样本 DUVOL	(5) 高股利组 DUVOL	(6) 低股利组 DUVOL	(7) 全样本 NCSKEW	(8) 高股利组 NCSKEW	(9) 低股利组 NCSKEW	(10) 全样本 DUVOL	(11) 高股利组 DUVOL	(12) 低股利组 DUVOL
Roa (L)	-0.598*** (0.168)	-0.763** (0.372)	-0.766** (0.304)	-0.366*** (0.082 8)	-0.549*** (0.190)	-0.428*** (0.153)	-0.606*** (0.169)	-0.795** (0.353)	-0.557 (0.349)	-0.368*** (0.083 3)	-0.557*** (0.179)	-0.273 (0.167)
Opaque (L)	0.003 07 (0.078 1)	-0.086 6 (0.133)	0.244* (0.147)	-0.007 33 (0.039 4)	-0.063 5 (0.067 6)	0.128* (0.071 5)	0.004 18 (0.078 2)	-0.152 (0.139)	0.159 (0.159)	-0.006 41 (0.039 4)	-0.098 6 (0.069 7)	0.081 2 (0.078 0)
NCSKEW (L)	-0.114*** (0.011 9)	-0.129*** (0.025 5)	-0.090 1*** (0.024 9)				-0.114*** (0.011 9)	-0.120*** (0.025 6)	-0.106*** (0.026 3)			
DUVOL (L)				-0.114*** (0.011 6)	-0.135*** (0.024 6)	-0.091 6*** (0.023 4)				-0.114*** (0.011 5)	-0.123*** (0.025 1)	-0.103*** (0.025 1)
Year	-4.417*** (0.552)	-5.368*** (1.268)	-3.852*** (1.192)	-2.295*** (0.280)	-2.856*** (0.648)	-1.851*** (0.571)	-4.491*** (0.548)	-5.734*** (1.337)	-4.480*** (1.160)	-2.334*** (0.278)	-2.835*** (0.679)	-2.262*** (0.566)
Stk	已控制	已控制	已控制	已控制	已控制	已控制	已控制	已控制	已控制	已控制	已控制	已控制
Constant	已控制	已控制	已控制	已控制	已控制	已控制	已控制	已控制	已控制	已控制	已控制	已控制
Observations	8 819	2 943	2 941	8 819	2 943	2 941	8 818	2 941	2 938	8 818	2 941	2 938
R-squared	0.150	0.163	0.143	0.151	0.167	0.146	0.150	0.167	0.144	0.151	0.172	0.144
Number of Stk	1 643	1 154	1 230	1 643	1 154	1 230	1 642	1 129	1 245	1 642	1 129	1 245

注：（L）代表滞后一期；括号中的数字为稳健标准误；***、** 和 * 分别代表在 1%、5% 和 10% 统计水平上显著。

5.4.2 实际控制股东控制权结构的影响

1. 实际控制股东现金流权与现金股利支付水平的交互作用

表 5 - 5 展示了实际控制股东的现金流权对股利支付与股价崩盘风险之间关系的影响。经研究发现，在绝对现金股利水平（$Stddiv3$）下，实际控制股东的现金流权能够在 1% 的显著性水平上削弱股利水平与股价崩盘风险之间的正向关系 [表 5 - 5 第（1）、（2）列]，但是在相对指标下 [表 5 - 5 第（3）~（6）列]，均不能观测到这一结果。此时，假设 H_{2a} 和 H_{2b} 均无法得到稳健、有效、一致的实证结果支持。

笔者认为导致这一结果的原因很可能是实际控制股东的现金流权在上市公司中同时存在利用股利进行掏空的效应（H_{2a}）以及利益协同效应（H_{2b}），这两种效应相互中和，以致本研究无法得到一个稳健、明确的结果。此外，本研究在高股利和低股利子样本中分别使用相对现金股利水平（Div_ps3 和 Div_o3）进行回归，也未得到显著的结果，在此不再一一列示。

表 5 - 5 实际控制股东现金流权与现金股利支付水平的交互作用

变量名称	（1）	（2）	（3）	（4）	（5）	（6）
	NCSKEW	*DUVOL*	*NCSKEW*	*DUVOL*	*NCSKEW*	*DUVOL*
$Stddiv3(L)$	0.701 ***	0.354 ***				
	(0.208)	(0.104)				
$Stddiv3(L) \times Cash(L)$	- 0.008 35 ***	- 0.004 44 ***				
	(0.002 76)	(0.001 38)				
$Div\_ps3(L)$			- 0.019 9	- 0.017 3		
			(0.261)	(0.132)		
$Div\_ps3(L) \times Cash(L)$			0.005 43	0.002 70		
			(0.004 62)	(0.002 37)		
$Div\_o3(L)$					1.475	0.747
					(1.224)	(0.606)
$Div\_o3(L) \times Cash(L)$					- 0.014 5	- 0.009 86
					(0.025 2)	(0.012 8)
$Cash(L)$	- 0.002 43 **	- 0.001 26 **	- 0.002 60 **	- 0.001 33 **	- 0.002 13 *	- 0.001 04 *
	(0.001 07)	(0.000 524)	(0.001 12)	(0.000 555)	(0.001 17)	(0.000 577)
$Dtn(L)$	0.000 151	8.72e - 05	0.000 179	0.000 101	0.000 184	0.000 103
	(0.000 283)	(0.000 141)	(0.000 283)	(0.000 141)	(0.000 283)	(0.000 141)

（续上表）

变量名称	（1）NCSKEW	（2）DUVOL	（3）NCSKEW	（4）DUVOL	（5）NCSKEW	（6）DUVOL
$Ret(L)$	61.74 * (36.21)	27.15 (18.41)	54.29 (36.10)	23.55 (18.34)	53.66 (36.10)	23.48 (18.34)
$Sigw(L)$	2.605 (2.268)	0.836 (1.138)	2.098 (2.262)	0.590 (1.133)	2.090 (2.263)	0.595 (1.133)
$lnta(L)$	0.189 *** (0.025 8)	0.096 0 *** (0.013 1)	0.201 *** (0.026 0)	0.102 *** (0.013 1)	0.203 *** (0.025 7)	0.103 *** (0.013 0)
$BM(L)$	− 0.583 *** (0.060 9)	− 0.294 *** (0.030 2)	− 0.581 *** (0.061 5)	− 0.293 *** (0.030 5)	− 0.583 *** (0.061 9)	− 0.295 *** (0.030 6)
$Lev(L)$	− 0.159 ** (0.079 0)	− 0.083 2 ** (0.040 1)	− 0.180 ** (0.079 7)	− 0.094 2 ** (0.040 4)	− 0.173 ** (0.079 2)	− 0.091 6 ** (0.040 2)
$Roa(L)$	− 0.492 *** (0.146)	− 0.315 *** (0.072 3)	− 0.497 *** (0.146)	− 0.317 *** (0.072 2)	− 0.510 *** (0.147)	− 0.321 *** (0.072 6)
$Opaque(L)$	0.039 9 (0.071 8)	0.014 5 (0.036 1)	0.029 9 (0.071 7)	0.009 70 (0.036 0)	0.031 3 (0.071 9)	0.010 9 (0.036 1)
$NCSKEW(L)$	− 0.115 *** (0.011 0)		− 0.113 *** (0.011 0)		− 0.113 *** (0.011 0)	
$DUVOL(L)$		− 0.114 *** (0.010 7)		− 0.113 *** (0.010 7)		− 0.112 *** (0.010 7)
$Constant$	− 3.367 *** (0.515)	− 1.747 *** (0.261)	− 3.622 *** (0.512)	− 1.878 *** (0.259)	− 3.694 *** (0.508)	− 1.915 *** (0.257)
$Year$	已控制	已控制	已控制	已控制	已控制	已控制
Stk	已控制	已控制	已控制	已控制	已控制	已控制
$Observations$	9 627	9 627	9 627	9 627	9 626	9 626
$R\text{-}squared$	0.145	0.146	0.144	0.145	0.144	0.145
$Number\ of\ Stk$	1 658	1 658	1 658	1 658	1 658	1 658

注：（L）代表滞后一期；括号中的数字为稳健标准误；***、** 和 * 分别代表在 1%、5% 和 10% 统计水平上显著。

2. 实际控制股东控制权和现金流权分离程度与现金股利支付水平的交互作用

表 5-6 展示了实际控制股东控制权和现金流权分离程度对现金股利水平与股价崩盘风险之间关系的影响，其中包括了绝对现金股利水平（$Stddiv3$）和相对现金股利水平（Div_ps3 和 Div_o3）。可以看到各个指标的交乘项均与股价崩盘风险至少在 10% 的显著性水平上正相关，说明相对现金股利水平和股价崩盘风险之间的正向关系受到实际控制股东股权结构（即两权分离程度，$Separate$）的影响，假设 H_3 的理论分析在一定程度上得到了实证结果的支持。这也从侧面说明式（5-3）和式（5-4）反映出现金股利中蕴含着股东治理效应。

根据 Fan 和 Wong（2002）的观点，控制权与所有权的分离会加剧控制人的侵占效应，其分离程度与企业会计信息质量成反比。这同样也反映出随着实际控制股东控制权与现金流权分离程度的加大，公司治理水平会被削弱，此时，现金股利支付得越多，掏空问题就越容易暴露出来，从而加剧现金股利支付水平与股价崩盘风险之间的正向关系。可见，这种正向关系实质上还是治理效应的体现。

表 5-6 实际控制股东控制权和现金流权分离程度与现金股利支付水平的交互作用

变量名称	(1)	(2)	(3)	(4)	(5)	(6)
	NCSKEW	DUVOL	NCSKEW	DUVOL	NCSKEW	DUVOL
$Stddiv3(L)$	0.086 3 **	0.026 9				
	(0.035 4)	(0.020 1)				
$Stddiv3(L) \times Separate(L)$	0.024 0 ***	0.013 4 ***				
	(0.009 01)	(0.004 96)				
$Div\_ps3(L)$			0.108	0.035 6		
			(0.124)	(0.069 4)		
$Div\_ps3(L) \times Separate(L)$			0.020 7 *	0.012 1 **		
			(0.010 9)	(0.005 47)		
$Div\_o3(L)$					−0.023 8	−0.180
					(0.685)	(0.342)
$Div\_o3(L) \times Separate(L)$					0.139 **	0.080 4 ***
					(0.059 7)	(0.027 9)
$Separate(L)$	−0.002 99	−0.000 621	−0.005 73 ***	−0.002 19 **	−0.006 70 ***	−0.002 73 **
	(0.002 21)	(0.001 10)	(0.002 17)	(0.001 10)	(0.002 21)	(0.001 12)
$Cash(L)$	−0.003 35 ***	−0.001 49 **	−0.003 44 ***	−0.001 54 ***	−0.003 55 ***	−0.001 58 ***
	(0.001 23)	(0.000 597)	(0.001 22)	(0.000 594)	(0.001 23)	(0.000 596)

（续上表）

变量名称	(1) NCSKEW	(2) DUVOL	(3) NCSKEW	(4) DUVOL	(5) NCSKEW	(6) DUVOL
Dtn(L)	0.000 175 (0.000 282)	9.67e−05 (0.000 141)	0.000 190 (0.000 283)	0.000 104 (0.000 141)	0.000 198 (0.000 283)	0.000 108 (0.000 141)
Ret(L)	58.95 (36.05)	25.89 (18.31)	53.78 (36.06)	23.41 (18.31)	52.37 (36.00)	22.89 (18.28)
Sigw(L)	2.397 (2.260)	0.745 (1.132)	2.050 (2.260)	0.576 (1.131)	1.972 (2.258)	0.542 (1.130)
lnta(L)	0.204 *** (0.025 9)	0.102 *** (0.013 1)	0.206 *** (0.026 1)	0.103 *** (0.013 1)	0.212 *** (0.025 9)	0.106 *** (0.013 0)
BM(L)	−0.578 *** (0.061 5)	−0.292 *** (0.030 5)	−0.575 *** (0.061 4)	−0.291 *** (0.030 4)	−0.579 *** (0.061 6)	−0.294 *** (0.030 5)
Lev(L)	−0.175 ** (0.078 2)	−0.091 4 ** (0.039 7)	−0.170 ** (0.078 9)	−0.089 1 ** (0.040 0)	−0.177 ** (0.078 7)	−0.094 5 ** (0.040 0)
Roa(L)	−0.465 *** (0.146)	−0.303 *** (0.072 0)	−0.485 *** (0.146)	−0.312 *** (0.072 1)	−0.493 *** (0.147)	−0.314 *** (0.072 5)
Opaque(L)	0.044 2 (0.072 0)	0.016 3 (0.036 2)	0.031 5 (0.071 9)	0.010 1 (0.036 1)	0.039 1 (0.071 9)	0.014 6 (0.036 1)
NCSKEW(L)	−0.115 *** (0.011 0)		−0.114 *** (0.011 0)		−0.114 *** (0.010 9)	
DUVOL(L)		−0.114 *** (0.010 7)		−0.113 *** (0.010 7)		−0.113 *** (0.010 6)
Constant	−3.624 *** (0.510)	−1.861 *** (0.258)	−3.684 *** (0.513)	−1.892 *** (0.259)	−3.777 *** (0.508)	−1.940 *** (0.256)
Year	已控制	已控制	已控制	已控制	已控制	已控制
Stk	已控制	已控制	已控制	已控制	已控制	已控制
Observations	9 627	9 627	9 627	9 627	9 626	9 626
R-squared	0.145	0.146	0.145	0.146	0.145	0.146
Number of Stk	1 658	1 658	1 658	1 658	1 658	1 658

注：（L）代表滞后一期；括号中的数字为稳健标准误；*** 、** 和 * 分别代表在1%、5%和10%统计水平上显著。

5.4.3 稳健性检验

1. 全样本区间检验

如果选取全数据（2004—2013 年，滞后一期为 2003—2012 年）进行回归检验，其结果和前述分析基本一致。

2. 使用一期股利指标检验

尽管 $t-1$ 年的现金股利通常到第 t 年 1—4 月才会公告，出于稳健性的考虑，本研究使用一期股利指标再次进行检验，这三个指标分别为 $Stddiv_{t-1}$、Div_ps_{t-1} 和 Div_o_{t-1}。其回归结果分别如表 5 - 7 至表 5 - 10 所示。

可以看到，在一期股利指标下，现金股利与股价崩盘风险之间呈现正相关关系（见表 5 - 7），而且这种关系在高股利组中更为显著，在低股利组中并不显著（见表5 - 8）。这些结果与表 5 - 4 的结果保持一致，并有所加强。

在交互作用分析中，现金流权和长期股利指标的交乘项在绝对指标下有显著负向作用，而在相对指标下并未显示出稳定的显著性（见表 5 - 9），与表 5 - 5 的结果保持一致。

两权分离程度与长期股利指标的交乘项尽管显著性有所减弱，但是显示出一致的正向作用，进一步说明两权分离程度加剧了现金股利与股价崩盘风险之间的关系（见表 5 - 10），与表 5 - 6 的结果保持一致。

一期股利指标的实证结果和主检验的发现基本一致，即过度支付现金股利显著增加了股价崩盘风险；两权分离程度进一步加剧了现金股利与股价崩盘风险之间的正向关系，而现金股利与股价崩盘风险之间的正向关系是实际控制股东的治理效应的一种体现。

表 5 - 7 稳健性检验：绝对现金股利与股价崩盘风险之间的关系

变量名称	(1)	(2)
	NCSKEW	DUVOL
$Stddiv(L)$	0. 119 ***	0. 053 4 **
	(0. 030 6)	(0. 021 3)
$Cash(L)$	- 0. 002 19 **	- 0. 001 13 **
	(0. 001 08)	(0. 000 526)
$Dtn(L)$	0. 000 167	9. 50e - 05
	(0. 000 282)	(0. 000 141)

（续上表）

变量名称	（1）	（2）
	NCSKEW	*DUVOL*
Ret（*L*）	57.99	25.30
	(36.12)	(18.37)
Sigw（*L*）	2.291	0.682
	(2.262)	(1.135)
ln*ta*（*L*）	0.201 ***	0.102 ***
	(0.025 5)	(0.013 0)
BM（*L*）	−0.591 ***	−0.298 ***
	(0.061 2)	(0.030 4)
Lev（*L*）	−0.181 **	−0.094 8 **
	(0.078 2)	(0.039 7)
Roa（*L*）	−0.495 ***	−0.316 ***
	(0.146)	(0.072 3)
Opaque（*L*）	0.035 4	0.012 1
	(0.071 7)	(0.036 0)
NCSKEW（*L*）	−0.113 ***	
	(0.011 0)	
DUVOL（*L*）		−0.112 ***
		(0.010 7)
Constant	−3.619 ***	−1.878 ***
	(0.505)	(0.257)
Year	已控制	已控制
Stk	已控制	已控制
Observations	9 632	9 632
R-squared	0.145	0.146
Number of Stk	1 658	1 658

注：（*L*）代表滞后一期；括号中的数字为稳健标准误；***、**和*分别代表在1%、5%和10%统计水平上显著。

表 5－8 稳健性检验：相对现金股利与股价崩盘风险之间的关系

变量名称	(1) 全样本 NCSKEW	(2) 高股利组 NCSKEW	(3) 低股利组 NCSKEW	(4) 全样本 DUVOL	(5) 高股利组 DUVOL	(6) 低股利组 DUVOL	(7) 全样本 NCSKEW	(8) 高股利组 NCSKEW	(9) 低股利组 NCSKEW	(10) 全样本 DUVOL	(11) 高股利组 DUVOL	(12) 低股利组 DUVOL
$Div\_ps(L)$	0.125** (0.055 0)	0.220*** (0.065 1)	0.195 (0.270)	0.062 9** (0.029 4)	0.121*** (0.033 4)	0.077 8 (0.136)						
$Div\_o(L)$							0.687* (0.402)	1.832** (0.877)	0.914 (1.970)	0.364* (0.203)	0.994** (0.434)	0.521 (0.952)
$Cash(L)$	-0.002 72** (0.001 19)	-0.006 00*** (0.002 29)	0.000 875 (0.002 59)	-0.001 52*** (0.000 577)	-0.002 33** (0.001 12)	0.000 245 (0.001 23)	-0.002 78** (0.001 20)	-0.003 61 (0.002 34)	-0.000 682 (0.002 51)	-0.001 56*** (0.000 578)	-0.001 29 (0.001 17)	-0.000 622 (0.001 19)
$Dtn(L)$	0.000 393 (0.000 296)	0.000 194 (0.000 652)	0.001 06** (0.000 536)	0.000 211 (0.000 148)	0.000 143 (0.000 324)	0.000 543** (0.000 264)	0.000 391 (0.000 296)	-6.75e-05 (0.000 638)	0.000 802 (0.000 566)	0.000 210 (0.000 148)	-2.97e-05 (0.000 321)	0.000 487* (0.000 277)
$Ret(L)$	55.70 (38.78)	107.4 (87.92)	71.38 (80.61)	25.96 (19.81)	44.31 (44.23)	44.69 (41.27)	54.84 (38.78)	53.93 (84.93)	133.4 (82.06)	25.53 (19.81)	30.79 (42.70)	70.83* (41.83)
$Sigw(L)$	1.759 (2.412)	3.239 (5.399)	2.474 (4.860)	0.500 (1.211)	0.583 (2.687)	1.523 (2.458)	1.724 (2.413)	0.361 (5.156)	5.288 (5.153)	0.483 (1.212)	-0.034 1 (2.564)	2.743 (2.591)
$lnta(L)$	0.244*** (0.027 7)	0.281*** (0.061 4)	0.209*** (0.059 6)	0.124*** (0.014 1)	0.146*** (0.031 3)	0.095 6*** (0.028 8)	0.247*** (0.027 5)	0.298*** (0.065 2)	0.250*** (0.058 3)	0.125*** (0.014 0)	0.146*** (0.033 1)	0.119*** (0.028 7)
$BM(L)$	-0.611*** (0.065 0)	-0.550*** (0.128)	-0.692*** (0.134)	-0.296*** (0.032 4)	-0.278*** (0.061 6)	-0.312*** (0.066 4)	-0.608*** (0.065 1)	-0.527*** (0.134)	-0.709*** (0.143)	-0.294*** (0.032 5)	-0.268*** (0.063 5)	-0.306*** (0.071 2)
$Lev(L)$	-0.277*** (0.087 5)	-0.218 (0.180)	-0.430*** (0.158)	-0.142*** (0.043 9)	-0.141 (0.091 1)	-0.217** (0.079 7)	-0.281*** (0.087 1)	-0.246 (0.193)	-0.649*** (0.175)	-0.144*** (0.0437)	-0.155 (0.097 6)	-0.322*** (0.085 4)

（续上表）

变量名称	(1)	(2)	(3)	(4)	(5)	(6)	(7)	(8)	(9)	(10)	(11)	(12)
	全样本	高股利组	低股利组	全样本	高股利组	低股利组	全样本	高股利组	低股利组	全样本	高股利组	低股利组
	NCSKEW			DUVOL			NCSKEW			DUVOL		
Roa (L)	-0.610 ***	-0.808 **	-0.785 **	-0.373 ***	-0.574 ***	-0.439 ***	-0.616 ***	-0.785 **	-0.561	-0.377 ***	-0.553 ***	-0.286 *
	(0.168)	(0.374)	(0.308)	(0.083 0)	(0.191)	(0.154)	(0.170)	(0.355)	(0.353)	(0.083 6)	(0.182)	(0.168)
Opaque (L)	0.002 98	-0.080 3	0.230	-0.007 82	-0.060 5	0.119 *	0.004 44	-0.145	0.154	-0.007 20	-0.095 3	0.074 2
	(0.078 0)	(0.133)	(0.148)	(0.039 4)	(0.067 4)	(0.072 0)	(0.078 1)	(0.139)	(0.159)	(0.039 4)	(0.069 5)	(0.078 1)
NCSKEW (L)	-0.114 ***	-0.128 ***	-0.090 1				-0.113 ***	-0.119 ***	-0.106 ***			
	(0.011 9)	(0.025 5)	(0.024 8)				(0.011 9)	(0.025 6)	(0.026 3)			
DUVOL (L)				-0.114 ***	-0.134 ***	-0.091 9 ***				-0.113 ***	-0.121 ***	-0.105 ***
				(0.011 6)	(0.024 7)	(0.023 4)				(0.011 6)	(0.025 2)	(0.025 2)
Constant	-4.424 ***	-5.254 ***	-3.711 ***	-2.291 ***	-2.785 ***	-1.756 ***	-4.494 ***	-5.685 ***	-4.446 ***	-2.324 ***	-2.807 ***	-2.196 ***
	(0.553)	(1.270)	(1.205)	(0.281)	(0.648)	(0.577)	(0.548)	(1.342)	(1.174)	(0.279)	(0.683)	(0.573)
Year	已控制	已控制	已控制	已控制	已控制	已控制	已控制	已控制	已控制	已控制	已控制	已控制
Stk	已控制	已控制	已控制	已控制	已控制	已控制	已控制	已控制	已控制	已控制	已控制	已控制
Observations	8 824	2 943	2 943	8 824	2 943	2 943	8 824	2 941	2 942	8 824	2 941	2 942
R-squared	0.151	0.163	0.144	0.151	0.168	0.146	0.151	0.166	0.145	0.151	0.171	0.145
Number of Stk	1 643	1 154	1 230	1 643	1 154	1 230	1 643	1 129	1 246	1 643	1 129	1 246

注：(L) 代表滞后一期；括号中的数字为稳健标准误；***、**和*分别代表在1%、5%和10%统计水平上显著。

表 5 - 9 　稳健性检验：实际控制股东现金流权与现金股利支付水平的交互作用

变量名称	(1)	(2)	(3)	(4)	(5)	(6)
	NCSKEW	DUVOL	NCSKEW	DUVOL	NCSKEW	DUVOL
Stddiv(L)	0.439 ***	0.234 ***				
	(0.129)	(0.065 0)				
Stddiv(L) × Cash (L)	− 0.004 55 ***	− 0.002 58 ***				
	(0.001 74)	(0.000 913)				
Div_ps(L)			− 0.071 4	− 0.056 9		
			(0.152)	(0.079 1)		
Div_ps(L) × Cash (L)			0.004 77 *	0.002 85 **		
			(0.002 82)	(0.001 45)		
Div_o(L)					0.843	0.394
					(0.881)	(0.440)
Div_o(L) × Cash (L)					− 0.002 38	− 4.68e − 05
					(0.020 0)	(0.009 97)
Cash (L)	− 0.002 24 **	− 0.001 16 **	− 0.002 58 **	− 0.001 35 **	− 0.002 29 **	− 0.001 20 **
	(0.001 07)	(0.000 523)	(0.001 10)	(0.000 540)	(0.001 14)	(0.000 558)
Dtn(L)	0.000 150	8.51e − 05	0.000 190	0.000 105	0.000 185	0.000 102
	(0.000 282)	(0.000 141)	(0.000 283)	(0.000 141)	(0.000 283)	(0.000 141)
Ret(L)	60.36 *	26.64	55.44	24.10	54.98	23.93
	(36.19)	(18.42)	(36.12)	(18.34)	(36.12)	(18.34)
Sigw(L)	2.469	0.783	2.103	0.594	2.112	0.603
	(2.267)	(1.138)	(2.262)	(1.133)	(2.264)	(1.133)
lnta(L)	0.191 ***	0.096 1 ***	0.202 ***	0.102 ***	0.204 ***	0.103 ***
	(0.025 8)	(0.013 1)	(0.025 9)	(0.013 1)	(0.025 7)	(0.013 0)
BM(L)	− 0.584 ***	− 0.293 ***	− 0.587 ***	− 0.295 ***	− 0.583 ***	− 0.293 ***
	(0.061 0)	(0.030 3)	(0.061 3)	(0.030 4)	(0.061 5)	(0.030 5)
Lev (L)	− 0.158 **	− 0.081 6 **	− 0.183 **	− 0.095 5 **	− 0.178 **	− 0.091 8 **
	(0.078 9)	(0.040 0)	(0.079 0)	(0.040 0)	(0.078 6)	(0.039 8)
Roa (L)	− 0.512 ***	− 0.326 ***	− 0.505 ***	− 0.321 ***	− 0.513 ***	− 0.326 ***
	(0.147)	(0.072 5)	(0.147)	(0.072 3)	(0.147)	(0.072 7)
Opaque(L)	0.036 9	0.012 9	0.030 1	0.009 63	0.030 2	0.009 37
	(0.071 8)	(0.036 1)	(0.071 6)	(0.036 0)	(0.071 8)	(0.036 1)

（续上表）

变量名称	(1) NCSKEW	(2) DUVOL	(3) NCSKEW	(4) DUVOL	(5) NCSKEW	(6) DUVOL
NCSKEW (L)	− 0.114 *** (0.011 0)		− 0.113 *** (0.011 0)		− 0.112 *** (0.011 0)	
DUVOL (L)		− 0.113 *** (0.010 7)		− 0.112 *** (0.010 7)		− 0.112 *** (0.010 7)
Constant	− 3.404 *** (0.513)	− 1.756 *** (0.260)	− 3.637 *** (0.512)	− 1.881 *** (0.259)	− 3.689 *** (0.508)	− 1.903 *** (0.258)
Year	已控制	已控制	已控制	已控制	已控制	已控制
Stk	已控制	已控制	已控制	已控制	已控制	已控制
Observations	9 632	9 632	9 632	9 632	9 632	9 632
R-squared	0.146	0.147	0.144	0.145	0.144	0.145
Number of Stk	1 658	1 658	1 658	1 658	1 658	1 658

注：（L）代表滞后一期；括号中的数字为稳健标准误；***、** 和 * 分别代表在 1%、5% 和 10% 统计水平上显著。

表5 – 10　稳健性检验：实际控制股东控制权和现金流权分离程度与现金股利支付水平当期指标的交互作用

变量名称	(1) NCSKEW	(2) DUVOL	(3) NCSKEW	(4) DUVOL	(5) NCSKEW	(6) DUVOL
Stddiv(L)	0.104 *** (0.025 3)	0.044 5 ** (0.018 1)				
Stddiv(L) × Separate (L)	0.011 9 ** (0.005 78)	0.007 42 ** (0.003 03)				
Div_ps(L)			0.112 * (0.063 2)	0.057 2 * (0.033 3)		
Div_ps(L) × Separate (L)			0.006 97 (0.007 37)	0.003 11 (0.003 89)		
Div_o(L)					0.231 (0.465)	0.125 (0.233)
Div_o(L) × Separate (L)					0.081 1 * (0.041 7)	0.040 9 ** (0.020 8)
Separate (L)	− 0.003 55 * (0.002 15)	− 0.000 907 (0.001 07)	− 0.004 67 ** (0.002 17)	− 0.001 50 (0.001 10)	− 0.005 45 ** (0.002 20)	− 0.001 93 * (0.001 10)

（续上表）

变量名称	（1）NCSKEW	（2）DUVOL	（3）NCSKEW	（4）DUVOL	（5）NCSKEW	（6）DUVOL
$Cash(L)$	− 0.003 30 ***	− 0.001 46 **	− 0.003 40 ***	− 0.001 51 **	− 0.003 44 ***	− 0.001 53 **
	(0.001 23)	(0.000 596)	(0.001 23)	(0.000 595)	(0.001 23)	(0.000 595)
$Dtn(L)$	0.000 170	9.26e − 05	0.000 198	0.000 107	0.000 202	0.000 108
	(0.000 282)	(0.000 141)	(0.000 283)	(0.000 141)	(0.000 283)	(0.000 141)
$Ret(L)$	58.35	25.70	55.03	24.08	53.33	23.21
	(36.09)	(18.36)	(36.11)	(18.35)	(36.07)	(18.33)
$Sigw(L)$	2.327	0.723	2.081	0.598	1.994	0.555
	(2.261)	(1.134)	(2.263)	(1.133)	(2.262)	(1.133)
$lnta(L)$	0.203 ***	0.101 ***	0.207 ***	0.103 ***	0.211 ***	0.105 ***
	(0.025 9)	(0.013 1)	(0.026 1)	(0.013 1)	(0.025 9)	(0.013 0)
$BM(L)$	− 0.580 ***	− 0.292 ***	− 0.580 ***	− 0.293 ***	− 0.579 ***	− 0.292 ***
	(0.061 4)	(0.030 5)	(0.061 5)	(0.030 5)	(0.061 5)	(0.030 5)
$Lev(L)$	− 0.172 **	− 0.088 9 **	− 0.173 **	− 0.089 9 **	− 0.180 **	− 0.092 9 **
	(0.078 2)	(0.039 7)	(0.078 7)	(0.039 9)	(0.078 4)	(0.039 8)
$Roa(L)$	− 0.485 ***	− 0.313 ***	− 0.500 ***	− 0.321 ***	− 0.500 ***	− 0.321 ***
	(0.146)	(0.072 1)	(0.146)	(0.072 1)	(0.147)	(0.072 5)
$Opaque(L)$	0.041 3	0.014 9	0.032 4	0.010 0	0.035 8	0.011 7
	(0.071 9)	(0.036 1)	(0.071 9)	(0.036 1)	(0.071 8)	(0.036 1)
$NCSKEW(L)$	− 0.114 ***		− 0.113 ***		− 0.113 ***	
	(0.011 0)		(0.011 0)		(0.011 0)	
$DUVOL(L)$		− 0.113 ***		− 0.112 ***		− 0.112 ***
		(0.010 7)		(0.010 7)		(0.010 7)
$Constant$	− 3.610 ***	− 1.844 ***	− 3.688 ***	− 1.889 ***	− 3.764 ***	− 1.925 ***
	(0.510)	(0.258)	(0.515)	(0.260)	(0.509)	(0.257)
$Year$	已控制	已控制	已控制	已控制	已控制	已控制
Stk	已控制	已控制	已控制	已控制	已控制	已控制
$Observations$	9 632	9 632	9 632	9 632	9 632	9 632
$R\text{-}squared$	0.146	0.147	0.144	0.145	0.145	0.145
$Number\ of\ Stk$	1 658	1 658	1 658	1 658	1 658	1 658

注：（L）代表滞后一期；括号中的数字为稳健标准误；***、**和*分别代表在1%、5%和10%统计水平上显著。

3. 区分高低两组检验

在主检验的分组中，按照 *Div_ps* 和 *Div_o* 的回归残差将研究样本分为三组，并在最高组和最低组中进行分组回归分析。为了进一步增加稳健性，将其残差等分为高低两组，然后在各个子样本中进行回归，结论基本不变。

5.5　结论与启示

在考察实际控制股东控制权结构的背景之下，本章以 2006—2013 年（滞后一期为 2005—2012 年）我国 A 股上市公司相关数据为基础，研究上市公司现金股利与股价崩盘风险之间的关系。研究结果表明：①过度支付现金股利会显著增加上市公司的股价崩盘风险。②实际控制股东控制权与现金流权的分离程度会加剧现金股利支付水平与股价崩盘风险之间的正向关系。这一结果是现金股利中所蕴含的股东治理效应在资本市场上的体现。

上述结果实证支持了 Jin 和 Myers（2006）模型中关于均衡股利及其对放弃边界影响的论述，说明股东对公司回报的要求越多（表现为现金股利发放越多），那么可供公司支配的现金资源越少，越容易达到放弃边界，公司内部隐藏的亏空或者累积的问题就越容易爆发。特别是在实际控制股东两权分离程度较大的情况下，这种治理上的问题可能更加严重，进而加剧了现金股利与股价崩盘风险之间的正向关系。

本章的研究结论对监管层的政策制定具有一定的借鉴意义：虽然在我国资本市场成熟程度不高的背景下，对上市公司的股利政策做出比较严格的规定有一定的现实必要性，但是要把握好度，因为一方面过度的股利支付本身可能就是公司治理存在问题的一种表现，另一方面过度的股利支付会带来一定的负作用（如增加股价崩盘风险）。可见，单纯地要求提高股利发放额度未必是保护投资者的有效手段，政策监管最终还是要着力于治本，即通过提升公司治理水平，使股利分配真正立足于保护全体股东的利益，而非被个别股东故意操纵。

这一章的局限性主要在于，股利预测模型的准确性还有待更多的经验证据加以检验，本研究很难穷尽影响正常股利的所有主要因素，而且如何准确界定"正常股利"，本身就是一个极富争议的理论和实务问题。

6 行业竞争结构、公司市场势力与股价崩盘风险

6.1 引 言

第 4 章和第 5 章从微观治理结构（股权结构、现金股利）考察了治理效应对股价崩盘风险的影响，也验证了第 3 章的模型扩展结果。然而在第 2 章理论基础中提到公司治理结构只是一种制度安排，是在市场竞争机制下的衍生组织形态和制度体系（林毅夫等，1997）。公司所处行业的外部竞争环境同样会对公司日常经营及其在资本市场上的表现产生重要影响，所以考察公司治理与股价行为的关系不能仅仅从微观层面入手，宏观层面的治理效应同样值得关注，比如实体经济层面的行业竞争环境与上市公司在金融市场上的表现之间的关系如何，监管部门需要从什么角度入手对行业竞争环境进行干预，这些问题也是非常有意义的。国外的研究发现，行业的集中度越高，股票的收益率越低（Hou & Robinson，2006；Sharma，2011）；市场势力越强的公司，或者是处于集中度高的行业中的公司，其股票的异质性波动率越小（Gaspar & Massa，2006）。这些发现表明市场竞争确实会影响到股票风险。同时有研究发现，市场竞争对股票风险的影响渠道之一就是通过信息透明度。如 Peress（2010）发现产品市场竞争可以通过市场势力来影响股票换手率，从而增加股票价格的信息含量，进而减少股票价格的波动。Hart（1983）认为垄断行业的企业信息不对称问题更加严重；Li（2010）发现产品市场竞争通过减弱盈利预测的乐观程度以及增强投资预测的悲观程度提高了信息披露质量。

在上述有关股价崩盘、股价波动、市场竞争和信息透明度等研究成果的基础上，本章将以 2006—2013 年（滞后一期为 2005—2012 年）我国 A 股上市公司为研究样本，从行业竞争结构（行业内参与竞争企业的数量、行业集中度、熵指数）和企业的市场势力（Market Power）两个维度考察沪深 A 股上市公司所面临的市场竞争程度与股价崩盘风险之间的关系，探究如何在充分利用金融市场资源配置作用的同时抑制股价崩盘。研究结果表明：在 2006—2013 年，上市公司所处行业的垄断程度越高，竞争越不平衡，

该行业内的公司就越容易发生股价崩盘，适度竞争有助于缓解股价崩盘风险；在公司层面，企业市场势力对股价崩盘风险的影响与其异常规模（Excess Size，即行业均值调整后的公司规模）有着密切联系：当企业规模小于行业平均水平时，市场势力的增加可以缓解异常规模与股价崩盘风险的正向关系；当企业规模超过行业平均水平时，市场势力的增加会加剧异常规模所导致的股价崩盘风险。这些实证结果的政策含义是，要防范大型企业凭借市场势力加剧垄断，防止竞争失衡，从而形成较为均衡的竞争结构，以利于降低上市公司的股价崩盘风险。

本章的贡献主要体现在以下几个方面：首先，股价崩盘风险是近期公司金融领域的研究热点，本章将竞争程度与股价崩盘风险联系在一起进行研究，拓展了股价崩盘风险的研究领域，而这方面的研究之前尚不多见；其次，本章为行业竞争对上市公司的股价影响提供了除收益率、换手率、波动率外的进一步经验证据；最后，本章的实证研究结果在当前经济结构调整的措施方面具有较强的现实针对性和政策含义。

6.2 文献回顾与假设提出

2006 年以后，产品市场竞争逐步与资本市场的研究相结合。例如，Hou 和 Robinson（2006）做了开创性的研究，他们使用赫芬达尔指数作为产品市场竞争程度的代理变量，研究其与股票收益率之间的关系，发现市场集中度与股票收益率成反比关系；Sharma（2011）同时使用产品市场竞争的多维指标（赫芬达尔指数、勒纳指数、企业所在行业的销售额）作为竞争程度的代理变量，所得出的结论与 Hou 和 Robinson（2006）基本相同。Gaspar 和 Massa（2006）发现行业的市场集中度越高，企业的市场势力越强，上市公司的现金流就越稳定，投资者对公司股价的预期偏差越小，股票收益率的波动也越小。Irvine 和 Pontiff（2009）将现金流所导致的异质性波动率变化归因于整个经济体系内更加激烈的竞争。同时，行业竞争与股价信息含量的结合主要是从如下两个角度展开：

一方面，Peress（2010）研究了企业的市场势力与股票价格波动和股票收益率之间的关系，发现企业的市场势力通过现金流的波动和股票换手率两个渠道影响股票价格波动，即市场势力越大，股票换手率越高，股票价格的信息含量就越高，进而会减少股票价格的波动。国内学者张益明（2011）在 Peress（2010）所做研究的基础上，考察了国内产品市场势力、公司治理与股票价格信息含量之间的关系，发现产品市场势力与合理的公司治理结构安排能够明显提高股票价格的信息含量，并且在提高股票价格的信息含量方面，产品市场势力与不同的公司治理机制之间表现出了一定的替代或互补关系。

另一方面，Hart（1983）认为竞争会减少管理松懈（Managerial Slack），而垄断行业内的企业，信息不对称问题更加严重；Li（2010）从市场竞争的不同维度实证分析了其与公司自愿信息披露（Voluntary Disclosure）之间的关系，发现产品市场竞争可以提高信息披露质量。国内学者伊志宏等（2010）研究了产品市场竞争、公司治理与公司信息披露之间的关系，发现公司治理结构的合理安排能够对信息披露产生促进作用，产品市场竞争对某些公司治理机制产生了互补或替代作用。

上述研究结果表明，市场竞争确实与股票价格风险有关，但是从不同的视角考察，有可能会得出不同的研究结论。一方面，企业的市场势力越大，股票换手率越高，股票价格的信息含量就会越大（Peress，2010；张益明，2011），相应地，股价崩盘风险会降低，而残酷的市场竞争会使企业未来的现金流面临较大风险，更容易发生财务危机及股价崩盘，即垄断降低崩盘风险、竞争诱发崩盘风险；另一方面，垄断企业的信息不对称问题更加严重（Hart，1983），而产品市场竞争可以提高信息披露质量（Li，2010），进而对某些公司治理机制产生了互补或替代作用（伊志宏等，2010），这会使股价崩盘风险降低，即竞争降低崩盘风险、垄断诱发崩盘风险。因此，在上述文献的研究基础上，本研究从不同视角提出如下两个备择假设：

H_{1a}：市场竞争降低股价崩盘风险。

H_{1b}：市场竞争增加股价崩盘风险。

在中国资本市场上，上述两个假设哪个更符合现实情况，需要通过实证检验来加以证实。

Sharma（2011）、Gaspar和Massa（2006）、Peress（2010）等人在研究行业竞争程度与股票市场之间的关系时，从产业组织理论出发，使用了一个企业层面的指标来反映公司的市场势力，即勒纳指数（Lerner Index），并以此作为企业所面临竞争程度的一个代理变量，其实质是企业在既定产品市场上的定价能力：该指标越大，反映企业在产品市场上的定价能力越强，其市场势力和竞争力也就越强，在市场上所面临的来自其他企业的竞争威胁较低。

Gaspar和Massa（2006）指出，公司规模与其市场势力密切相关，因为公司规模能够影响公司的议价能力（Bargaining Leverage）。他们发现市场势力与异常规模的交乘项能够显著削弱公司股价的异质性波动率（Idiosyncratic Volatility）。而Jin和Myers（2006）则通过模型和实证指出，透明度（Transparency）的缺乏导致了股票价格波动同步性（R^2）的增加，而且有较高价格波动同步性的不透明的股票更容易崩盘。沿着Jin和Myers（2006）关于价格波动同步性和股价崩盘风险的逻辑，结合Gaspar和Massa（2006）的实证结论，笔者认为，行业中规模越大且有着较大定价权的公司，会进一步巩固其垄断地位，从而增加股价崩盘风险，即异常规模与市场势力的交互作用会增加股价崩盘风险。据此，本章提出如下假设：

H_2：异常规模与市场势力在对股价崩盘风险的影响方面存在着交互作用，且二者之间的交乘项会显著增加股价崩盘风险。

6.3 研究设计与样本数据

6.3.1 样本选择

本研究的样本为 2006—2013 年（滞后一期为 2005—2012 年）全部 A 股上市公司，数据来源为 Wind 数据库和 CSMAR 数据库。之所以选择 2006 年（滞后一期为 2005 年）作为研究起点，是为了避免股权分置改革事件对公司信息披露及股票价格信息含量的影响（张学勇、廖理，2010；余宇新、杨大楷，2010）。同时为了保持结果的稳健性，本研究在进一步检验中也对全样本（2003—2013 年，滞后一期为 2002—2012 年）和股权分置改革前样本（2003—2005 年，滞后一期为 2002—2004 年）进行了考察，并考察了股权分置改革对行业集中度、公司市场势力与股价崩盘风险之间关系的影响。

6.3.2 变量的定义和度量

1. 股价崩盘风险

为了确保实证研究结果的稳健性，参照 Chen 等（2001）及 Kim 等（2011a，2011b，2011c）的方法，本研究使用两个变量分别作为股价崩盘风险的代理变量：①负收益偏态系数：$NCSKEW_{it}$，②收益波动比率：$DUVOL_{it}$。具体计算过程详见第 4 章。

2. 竞争程度的代理变量

本研究所使用的竞争程度代理变量，主要是从行业竞争结构和公司市场势力两个维度进行考察。

（1）行业竞争结构的代理变量（Ind_hhi 和 Ind_num）：根据证监会 2001 年制定的《上市公司行业分类指引》，本研究将上市公司按照行业门类划分为 13 个类别，其中制造业又被进一步细分为 10 个次类，最终笔者将全样本分别归属于 22 个行业类别，剔除金融业后，共有 21 个行业类别纳入考察。

参照 Hou 和 Robinson（2006）、Sharma（2011）、Gaspar 和 Massa（2006）以及 Li（2010）等人的做法，本研究主要使用行业内上市公司销售收入的赫芬达尔指数（Ind_hhi）作为衡量上市公司所面临的行业竞争结构的代理变量，此外也考察了行业内上市公司数量（Ind_num）对股价崩盘风险的影响。

赫芬达尔指数的计算公式列示如下：

$$Ind\_hhi = \sum_{i=1}^{N} \left(\frac{x_{i,t}}{X_{j,t}}\right)^2 = \sum_{i=1}^{N} S_{i,j}^2 \qquad (6-1)$$

其中，$S_{i,j}$ 表示上市公司 i 占行业 j 内所有上市公司的销售份额，$x_{i,t}$ 表示公司 i 在年度 t 的营业收入，$X_{j,t}$ 表示行业 j 在年度 t 的行业总营业收入。

一般来说，行业内参与竞争的企业越多，则竞争程度越高，竞争越残酷。赫芬达尔指数可以反映出行业集中度，该数值越大，说明行业集中度越高。在对行业内上市公司数量加以控制的情况下，赫芬达尔指数还可以反映出行业竞争的均衡程度，该数值越大，说明行业内的竞争越不均衡。

（2）公司市场势力的代理变量（Lerner）：本研究使用经过行业调整的勒纳指数（Lerner，1934）作为公司层面企业竞争程度的代理变量。在产业组织理论中，勒纳指数（Lerner Index）通常代表公司的市场势力，它表示产品价格（Price）高于其边际成本（Cost Margin）的程度，计算方法为：

$$Lerner\ Index = (Price - Cost\ Margin) / Price \qquad (6-2)$$

由于边际成本在现实中无法观测，本研究使用公司的销售毛利率来替代勒纳指数，即使用营业收入替代 Price，使用营业成本替代 Cost Margin。参考 Gaspar 和 Massa（2006）、Sharma（2011）、Peress（2010）及张益明（2011）的做法，本研究对公司的销售毛利率进行了行业层面的调整，即用公司的销售毛利率减去行业销售毛利率的算术平均值，以消除行业特征的影响，并反映出公司在行业中的竞争地位。公式如下：

$$Lerner_{i,j,t} = Lerner\ Index_{i,j,t} - IND\_L_{j,t} \qquad (6-3)$$

其中，$Lerner_{i,j,t}$ 指的是企业 i 在行业 j 中 t 年的市场势力，$Lerner\ Index_{i,j,t}$ 指的是企业 i 在行业 j 中 t 年的勒纳指数，$IND\_L_{j,t}$ 指的是行业 j 在 t 年的整个行业勒纳指数的算术平均值。Lerner 指标越大，说明企业的市场势力越强，其在产品市场上的竞争力也就越强。

3. 主要控制变量

借鉴 Chen 等（2001）、Hutton 等（2009）、Kim 等（2011a，2011b）、许年行等（2012、2013）的做法，结合本研究问题的实际情况，需要控制其他变量对股价崩盘风险的影响，详见表 6-1：

表 6 - 1   主要控制变量定义表

主要控制变量	定义
Dtn_{t-1}	滞后一期的年度月均换手率的差分
Lev_{t-1}	滞后一期的资产负债率
$lnta_{t-1}$	滞后一期的公司规模，其中 lnta 为上市公司总资产的自然对数
BM_{t-1}	滞后一期的"期末总资产/市场价值"，其中市场价值为股权市值与净债务市值之和，非流通股权市值用净资产代替计算
Ret_{t-1}	滞后一期的公司年度周特有收益率的算术平均值
$Sigw_{t-1}$	滞后一期的公司年度周特有收益率的标准差
Roa_{t-1}	滞后一期的总资产收益率，即用 t 年的营业利润除以 $t-1$ 年的公司总资产
$Opaque_{t-1}$	滞后一期的公司透明度，使用过去三年可操纵应计项目的绝对值之和作为透明度的代理变量（Hutton et al.，2009；Kim et al.，2011a），该数值越大表明公司的透明度越低
$NCSKEW_{t-1}$ ($DUVOL_{t-1}$)	滞后一期的股价崩盘风险
$State\_Ownership$	考虑到国有企业和民营企业在竞争环境、公司政策等方面的不同，本研究根据其实际控制人的性质将样本公司分为国有企业和民营企业，并作为一个控制变量，其中 $State\_Ownership=1$ 代表国有企业，$State\_Ownership=0$ 代表民营企业

4. 其他变量

（1）Ex_size_{t-1}：异常规模（Excess Size）用于反映企业总资产超出行业平均总资产的规模。为了降低其数量级，笔者对原始指标进行了标准化处理。在本研究中，会考察公司市场势力与异常规模之间的交互作用（即 $Lerner_{t-1}$ 与 Ex_size_{t-1} 的交乘项）对股价崩盘风险的影响。

（2）Ind_hhi3_{t-1}：过去三年的赫芬达尔指数均值（Ind_hhi3），参照 Hou 和 Robinson（2006）的做法，用这一指标对行业内上市公司销售收入的赫芬达尔指数（Ind_hhi）进行稳健性检验。

（3）Ei_{t-1}：参考赵玉林和魏芳（2008）的做法，用熵指数（Ei）来度量公司所在行业的集聚度，其计算公式为：

$$Ei = \sum_{i=1}^{N} S_i \log \frac{1}{S_i} \tag{6-4}$$

其中，Ei 为熵指数，N 是行业内上市公司的数量，S_i 是所研究上市公司占行业内上市公司销售收入份额。熵指数越大，说明行业内的竞争越均衡。本研究使用这一指标对竞争均衡性与股价崩盘风险之间的关系作稳健性检验。

（4）*Lerner_a*：参考 Sharma（2011）的做法，本研究使用单个上市公司的勒纳指数减去行业内销售份额加权平均勒纳指数作为调整后的勒纳指数，用于勒纳指数的稳健性检验。

（5）*Lerner_b*：单个上市公司未作任何调整的勒纳指数，即用企业自身的销售毛利率对勒纳指数作进一步的稳健性检验。

对于初始数据的处理：①参照 Jin 和 Myers（2006）的做法，剔除每年交易周数小于30的样本。②剔除金融类上市公司。③剔除异常值[1]。④剔除数据缺失的样本。最终形成一个非平衡面板数据，共计1 680家公司、10 005个公司年度观测值。

主要变量的描述性统计见表6－2：

表6－2 主要变量的描述性统计[2]

变量名称	样本量	均值	标准差	最小值	中位数	最大值
NCSKEW	10 005	－0.209	0.691	－3.803	－0.179	4.330
DUVOL	10 005	－0.154	0.338	－1.342	－0.155	1.580
Ind_hhi(L)	10 005	0.073	0.083	0.018	0.047	0.831
Ind_hhi3(L)	10 005	0.075	0.091	0.019	0.047	0.829
Ind_num(L)	10 005	139.327	101.547	4.000	117.000	479.000
Ei(L)	10 005	3.622	0.731	0.573	3.765	4.735
Lerner(L)	10 005	－0.012	0.147	－1.665	－0.025	0.731
Lerner_a(L)	10 005	0.036	0.152	－1.674	0.015	0.713
Lerner_b(L)	10 005	0.242	0.169	－1.506	0.204	0.966
Ex_size(L)	10 005	－0.033	0.120	－0.253	－0.039	5.294
Dtn(L)	10 005	－1.678	37.425	－227.819	－2.173	177.320
Lev(L)	10 005	0.508	0.190	0.007	0.521	0.996
lnta(L)	10 005	21.773	1.232	15.729	21.645	28.405
BM(L)	10 005	0.717	0.290	0.006	0.720	2.383
Ret(L)	10 005	－0.002	0.005	－0.531	－0.001	0.000
Sigw(L)	10 005	0.051	0.021	0.009	0.049	1.002
Roa	10 005	0.043	0.076	－0.610	0.033	0.989
Opaque(L)	10 005	0.208	0.159	0.005	0.167	1.614
State_Ownership	10 005	0.633	0.482	0.000	1.000	1.000

注：（L）代表滞后一期。

① 剔除的异常值包括 *BM* 为0的值、*Lev* 大于1的值、*Roa* 小于－1或者大于1的值。透明度指标在计算时已经对异常值进行了处理。

② 本章使用的数据和前两章略有不同的原因在于为了区分国有企业和民营企业在竞争市场上的差异，而使用了国有/民营（*State_Ownership*）变量。如果在控制变量中也控制现金流权（*Cash*），最终样本数量和前两章并无大的差异，而且对本研究的实证结果和结论并无影响。

6.3.3 研究模型

为了控制自变量和因变量受公司异质性及时间趋势的影响，本研究运用静态面板方法进行回归。研究竞争程度与股价崩盘风险的模型如下：

$$CrashRisk_{i,t} = \alpha_i + \beta \times Competition_{i,t-1} + \gamma \times ControlVariables_{i,t-1} + Year_{i,t} + \varepsilon_{i,t}$$

$$(6-5)$$

其中，$Competition_{i,t-1}$ 为行业竞争结构和/或公司市场势力代理变量，本研究使用行业内销售收入的赫芬达尔指数（Ind_hhi3）、行业内上市公司数量（Ind_num）以及反映公司市场势力的勒纳指数（$Lerner$）。除上文所述控制变量之外，还通过加入年度虚拟变量控制时间趋势。研究公司市场势力与异常规模之间交互作用的模型如下：

$$CrashRisk_{i,t} = \alpha_i + \beta_1 \times Lerner_{i,t-1} + \beta_2 \times Ex\_size + \beta_3 \times Lerner \times Lx\_size + \gamma \times ControlVariables_{i,t-1} + Year_{i,t} + \varepsilon_{i,t}$$

$$(6-6)$$

6.4 实证检验与结果分析

6.4.1 行业竞争结构与股价崩盘风险

表6－3列示了行业竞争结构对股价崩盘风险影响的实证检验结果。其中，第（1）、（2）列报告了赫芬达尔指数对股价崩盘风险的影响，运用 $NCSKEW$ 和 $DUVOL$ 两个指标衡量股价崩盘风险，Ind_hhi 在1%或5%的显著性水平上与股价崩盘风险正相关。由于赫芬达尔指数数值越大，表明市场集中度越高，因此第（1）、（2）列的结果显示行业集中度的提高（即垄断程度的提高）会增加股价崩盘风险，而产品市场竞争程度的提高会降低股价崩盘风险，这似乎与假设 H_{1a} 相一致。

表6－3第（3）、（4）列报告了行业内上市公司的数量（Ind_num）与股价崩盘风险的关系，运用 $NCSKEW$ 和 $DUVOL$ 两个指标衡量风险，Ind_num 均在5%的显著性水平上与股价崩盘风险正相关。这似乎说明行业内参与竞争的企业越多，股价崩盘风险越会增加，这在一定程度上与假设 H_{1a} 相悖。

表 6-3 行业竞争结构与股价崩盘风险

变量名称	(1) NCSKEW	(2) DUVOL	(3) NCSKEW	(4) DUVOL	(5) NCSKEW	(6) DUVOL
$Ind\_hhi(L)$	0.593 1*** (0.227 1)	0.286 8** (0.116 5)			0.524 3** (0.227 8)	0.257 1** (0.117 0)
$Ind\_num(L)$			0.000 6** (0.000 2)	0.000 3** (0.000 1)	0.000 5** (0.000 2)	0.000 2* (0.000 1)
$NCSKEW(L)$	−0.113 5*** (0.011 0)		−0.113 4*** (0.011 0)		−0.114 4*** (0.011 0)	
$DUVOL(L)$		−0.108 2*** (0.010 4)		−0.107 9*** (0.010 4)		−0.109 0*** (0.010 4)
$Dtn(L)$	0.000 2 (0.000 3)	0.000 1 (0.000 1)	0.000 2 (0.000 3)	0.000 1 (0.000 1)	0.000 2 (0.000 3)	0.000 1 (0.000 1)
$Lev(L)$	−0.256 6*** (0.082 6)	−0.119 6*** (0.040 8)	−0.253 4*** (0.082 3)	−0.117 9*** (0.040 5)	−0.258 4*** (0.082 5)	−0.120 4*** (0.040 7)
$lnta(L)$	0.227 3*** (0.025 4)	0.113 6*** (0.012 5)	0.224 3*** (0.025 2)	0.112 2*** (0.012 3)	0.227 3*** (0.025 4)	0.113 6*** (0.012 5)
$BM(L)$	−0.620 5*** (0.064 9)	−0.306 6*** (0.030 9)	−0.613 3*** (0.064 8)	−0.303 3*** (0.030 9)	−0.615 7*** (0.064 9)	−0.304 5*** (0.030 9)
$Ret(L)$	−2.699 0** (1.303 3)	−1.836 8*** (0.647 8)	−2.635 8** (1.302 7)	−1.807 8*** (0.648 5)	−2.658 7** (1.305 9)	−1.819 2*** (0.649 8)
$Sigw(L)$	−1.151 9 (0.745 2)	−0.791 9** (0.377 3)	−1.122 1 (0.743 2)	−0.778 2** (0.376 6)	−1.129 4 (0.745 4)	−0.782 6** (0.377 6)
Roa	−0.441 1*** (0.143 0)	−0.258 6*** (0.066 2)	−0.430 7*** (0.143 9)	−0.254 1*** (0.066 4)	−0.430 2*** (0.143 1)	−0.253 9*** (0.066 0)
$Opaque(L)$	0.004 0 (0.070 7)	−0.005 1 (0.034 8)	0.005 4 (0.070 4)	−0.004 6 (0.034 7)	0.007 1 (0.070 4)	−0.003 8 (0.034 6)
$State\_Ownership$	−0.051 2 (0.053 4)	−0.032 7 (0.026 9)	−0.048 3 (0.053 2)	−0.031 3 (0.026 9)	−0.050 4 (0.053 3)	−0.032 4 (0.026 9)
$Constant$	−4.111 5*** (0.507 3)	−2.107 0*** (0.251 1)	−4.068 7*** (0.501 2)	−2.083 0*** (0.247 2)	−4.163 0*** (0.506 8)	−2.129 2*** (0.250 2)
$Year$	已控制	已控制	已控制	已控制	已控制	已控制
Stk	已控制	已控制	已控制	已控制	已控制	已控制
$Observations$	10 005	10 005	10 005	10 005	10 005	10 005
$R\text{-}squared$	0.139	0.142	0.139	0.142	0.140	0.143
$Number\ of\ Stk$	1 680	1 680	1 680	1 680	1 680	1 680

注：（L）代表滞后一期；括号中的数字为稳健标准误；***、** 和 * 分别代表在 1%、5% 和 10% 统计水平上显著。

为了进一步厘清行业竞争程度与股价崩盘风险之间的关系，以下继续探讨赫芬达尔指数与行业内上市公司数量之间的关系。由赫芬达尔指数的计算公式（式 6-1）可以看到，该指数的决定因素包括两个方面：一个是行业内公司的数目（N），另一个是公司在行业内的销售份额（$x_{i,t}/X_{j,t}$）。此时，如果不同行业内的公司数量相同，则不同行业内公司之间的销售份额分布差异会对赫芬达尔指数产生重要影响，销售份额的分布差异越大，赫芬达尔指数也就越大。因此，在控制公司数量影响效果的情况下，赫芬达尔指数是行业内竞争结构不平衡性的体现，该数值越大，说明行业内的竞争结构越不平衡。基于上述分析，本研究在控制住行业内上市公司数量（Ind_num）的情况下，对 Ind_hhi 进行回归，表 6-3 第（5）、（6）列报告了回归结果。此时，对 $NCSKEW$ 和 $DUVOL$ 两个股价崩盘风险指标来说，即使在控制行业内公司数量的情况下，Ind_hhi 与 Ind_num 均在 5% 或 10% 的显著性水平上与股价崩盘风险正相关。据此，笔者认为，行业内竞争结构的不平衡性会显著增加股价崩盘风险，过度集中（Ind_hhi）或过度竞争（Ind_num）均会增加股价崩盘风险。

综合上述结果，可从两个维度来解释表 6-3：

结论一：我国上市公司的行业集中度与股价崩盘风险正相关，即行业内的垄断程度越高，行业内公司所面临的股价崩盘风险就越大，这也验证了假设 H_{1a}。

结论二：我国上市公司行业内竞争的不平衡性与股价崩盘风险正相关，即行业内竞争越不平衡，行业内的公司所面临的股价崩盘风险就越大。

上述实证结果告诉我们：①在实体经济层面，继续推进市场化改革，加大行业内的竞争程度，打破垄断，有助于缓解公司在股票市场上的股价崩盘风险；②优化行业内的竞争结构，保持合理的竞争水平，避免行业内形成一家或几家独大的局面，有助于缓解股价崩盘风险。

6.4.2　公司市场势力与股价崩盘风险

本研究使用经过行业算术平均调整的勒纳指数作为市场势力的代理变量。表 6-4 第（1）、（2）列展示了勒纳指数与股价崩盘风险之间的关系。根据回归结果可以看到，在样本中，尽管勒纳指数能够降低股价崩盘风险（系数为负），但是这一关系并不显著，假设 H_{1b} 无法得到显著支持。然而，由于公司规模常常与公司市场势力相关（Gaspar & Massa, 2006），公司规模可以影响其议价能力，故需要控制异常规模再进行回归（为了降低异常规模的数量级，本研究对其进行了标准化处理）。表 6-4 第（3）、（4）列报告了回归结果：勒纳指数与股价崩盘风险之间的关系仍然不显著，而异常规模与股价崩盘风险之间的关系在 1% 和 5% 统计水平上显著正相关。

为了进一步验证这一结果，参照 Gaspar 和 Massa（2006）的做法，根据式（6-6），本研究引入勒纳指数与异常规模的交乘项，表 6-4 第（5）、（6）列报告了回归结果。

可以发现，异常规模在1%统计水平上保持正向显著，而勒纳指数与异常规模的交乘项均在1%统计水平上与股价崩盘风险显著正相关，实证结果验证了假设 H₂。这些实证结果表明，在2006—2012年内，市场势力并未对股价崩盘风险产生显著作用，但市场势力与企业异常规模的交乘项显著增加了股价崩盘风险，它们具有显著的交互效应，笔者对这种交互作用的解读为①：尽管市场势力自身没有显著降低股价崩盘风险，但是它通过异常规模（Ex_size）对股价崩盘风险产生显著影响。当企业规模超过行业平均水平时，市场势力会加剧其与股价崩盘风险的正向关系；当企业规模小于行业平均水平时，市场势力会削弱其与股价崩盘风险的正向关系。

这种交互作用说明，企业市场势力对股价崩盘风险的影响并不是单一的，其在不同类型的企业中所发挥的作用并不相同：对超出行业均值的企业来说，市场势力越大，越有可能加剧其股价崩盘风险；对小于行业均值的企业来说，较强的市场势力有助于缓解其股价崩盘风险。

表6-4 异常规模和市场势力对股价崩盘风险的交互作用

变量名称	(1)	(2)	(3)	(4)	(5)	(6)
	NCSKEW	*DUVOL*	*NCSKEW*	*DUVOL*	*NCSKEW*	*DUVOL*
Lerner (L)	− 0.000 3	− 0.002 0	0.000 7	− 0.001 6	0.034 7 **	0.012 9
	(0.014 0)	(0.006 9)	(0.013 9)	(0.006 8)	(0.016 2)	(0.008 1)
Ex_ size(L)			0.624 9 ***	0.282 7 **	1.208 1 ***	0.531 9 ***
			(0.237 7)	(0.135 7)	(0.295 8)	(0.148 1)
Lerner × Ex_ size(L)					0.724 7 ***	0.309 7 ***
					(0.190 1)	(0.091 9)
NCSKEW(L)	− 0.112 2 ***		− 0.112 9 ***		− 0.113 1 ***	
	(0.011 0)		(0.011 0)		(0.011 0)	
DUVOL(L)		− 0.106 9 ***		− 0.107 5 ***		− 0.107 9 ***
		(0.010 4)		(0.010 4)		(0.010 4)
Dtn(L)	0.000 2	0.000 1	0.000 2	0.000 1	0.000 2	0.000 1
	(0.000 3)	(0.000 1)	(0.000 3)	(0.000 1)	(0.000 3)	(0.000 1)

① 参照詹姆斯·杰卡德，罗伯特·图里西. 多元回归中的交互作用［M］.上海：格致出版社，2012.

（续上表）

变量名称	(1) NCSKEW	(2) DUVOL	(3) NCSKEW	(4) DUVOL	(5) NCSKEW	(6) DUVOL
$Lev(L)$	− 0.250 9***	− 0.118 5***	− 0.258 1***	− 0.121 8***	− 0.268 1***	− 0.126 1***
	(0.083 2)	(0.041 0)	(0.083 3)	(0.041 1)	(0.083 3)	(0.041 1)
$lnta(L)$	0.223 9***	0.112 3***	0.216 4***	0.108 9***	0.210 6***	0.106 5***
	(0.025 3)	(0.012 4)	(0.025 4)	(0.012 5)	(0.025 4)	(0.012 5)
$BM(L)$	− 0.618 6***	− 0.306 1***	− 0.625 6***	− 0.309 3***	− 0.622 9***	− 0.308 1***
	(0.065 0)	(0.030 9)	(0.065 0)	(0.030 9)	(0.064 9)	(0.030 9)
$Ret(L)$	− 2.679 0**	− 1.827 8***	− 2.631 3**	− 1.806 3***	− 2.608 7**	− 1.797 5***
	(1.299 6)	(0.646 3)	(1.299 0)	(0.645 7)	(1.296 3)	(0.644 7)
$Sigw(L)$	− 1.147 0	− 0.789 9**	− 1.133 5	− 0.784 1**	− 1.121 8	− 0.779 8**
	(0.743 0)	(0.376 2)	(0.743 4)	(0.376 6)	(0.742 3)	(0.376 2)
Roa	− 0.443 0***	− 0.257 9***	− 0.440 9***	− 0.256 9***	− 0.438 2***	− 0.255 8***
	(0.144 4)	(0.066 8)	(0.144 2)	(0.066 6)	(0.144 1)	(0.066 5)
$Opaque(L)$	0.001 6	− 0.006 0	0.007 9	− 0.003 2	0.010 5	− 0.002 1
	(0.070 8)	(0.034 8)	(0.070 7)	(0.034 8)	(0.070 8)	(0.034 8)
$State\_Ownership$	− 0.048 9	− 0.032 0	− 0.049 1	− 0.032 1	− 0.050 8	− 0.032 8
	(0.053 3)	(0.026 9)	(0.053 2)	(0.026 9)	(0.053 1)	(0.026 8)
$Constant$	− 3.996 1***	− 2.056 0***	− 3.806 5***	− 1.970 2***	− 3.663 0***	− 1.908 9***
	(0.502 8)	(0.248 4)	(0.505 1)	(0.250 3)	(0.507 0)	(0.250 1)
$Year$	已控制	已控制	已控制	已控制	已控制	已控制
Stk	已控制	已控制	已控制	已控制	已控制	已控制
$Observations$	10 005	10 005	10 005	10 005	10 005	10 005
$R\text{-}squared$	0.138	0.142	0.141	0.140	0.139	0.143
$Number\ of\ Stk$	1 680	1 680	1 680	1 680	1 680	1 680

注：（L）代表滞后一期；括号中的数字为稳健标准误；***、**和*分别代表在1%、5%和10%统计水平上显著。

综合上述实证结果，笔者尝试对表6-4第（5）、（6）列中的交乘项给予进一步解读：对于行业内超大规模的企业，当其定价权越大（市场势力越大），越会加剧其垄断效应，对坏消息的隐藏越容易。可以想象，拥有定价权且规模超大的企业，其在社会、政治领域的话语权都会相对较强，这种强势地位促进了其与监管层讨价还价的能力，增加了其对内部坏消息的封锁、掩盖能力，一旦坏消息集中释放，将会形成较严重的股价崩盘。

对于竞争型小规模企业来说，那些拥有定价权的企业往往处于行业内的领先地位，一般代表着先进的生产力，是创新、高端、新兴力量的代表。首先这些企业容易引起投资者的关注，加剧外界对其信息的挖掘，推动其信息透明度的提高。其次，这种小规模且具有定价权的企业，由于尚未成长为规模庞大的业内巨擘，缺少与投资者、银行、监管层议价的实力，也在一定程度上促进了其各种消息的及时释放。最后，对于这些正处于初期的高利润小企业，投资者更关注其未来发展，往往忽视了其当前存在的一些问题，在股票价格上更多体现的是投资者的乐观情绪，企业发展过程中的问题往往被掩盖，或者在高速发展中被消化，从而缓解了当前的股价崩盘风险。

因此，对于不同类型的企业，监管层的着力点也应不同。对于监管层来说，要特别加强对大型垄断企业的监控，防范其凭借市场势力进一步加剧垄断，促使其提高信息披露的透明度，及时化解潜在的股价崩盘风险。对于具有较大定价权的中小型企业（如处于产业链高端的新兴产业、创新型企业），要适当扶持，规范治理，避免企业发展初期的问题积累到后期，导致集中爆发。

6.5　进一步检验

上述结论是基于股权分置改革之后，即 2006—2013 年（滞后一期为 2005—2012 年）全部 A 股上市公司的数据得出的。为了检验公司所处行业的竞争结构、公司市场势力与股价崩盘风险之间的关系在股权分置改革前、后以及全样本期间是否发生变化，本研究分别在 2003—2013 年、2003—2005 年、2006—2013 年三个不同的样本期间内对上述结论进行检验。其中全样本期间（2003—2013 年，滞后一期为 2002—2012 年）有 12 715 个公司年度观测值；股权分置改革前（2003—2005 年，滞后一期为 2002—2004 年）有 2 710 个公司年度观测值；股权分置改革后（2006—2013 年，滞后一期为 2005—2012 年）有 10 005 个公司年度观测值。

6.5.1　行业竞争结构与股价崩盘风险的进一步检验

1. 行业竞争结构与股价崩盘风险的分期间检验

表 6-5 列示了在三个期间内行业集中度（*Ind_hhi*）和行业内公司数量（*Ind_num*）对股价崩盘风险（*NCSKEW*、*DUVOL*）的影响。可以看到，在全样本期间［2003—2013 年，第（1）、（2）列］和股权分置改革后［2006—2013 年，第（5）、（6）列］的结果是相同的，即行业集中度（*Ind_hhi*）和行业内公司数量（*Ind_num*）均显著增加了股价崩盘风险。而在股权分置改革前［2003—2005 年，第（3）、（4）列］这一结果并不明显。

表 6 – 5　分期间检验：行业竞争结构与股价崩盘风险

变量名称	(1) 全样本期间 (2003—2013 年)	(2)	(3) 股权分置改革前 (2003—2005 年)	(4)	(5) 股权分置改革后 (2006—2013 年)	(6)
	NCSKEW	DUVOL	NCSKEW	DUVOL	NCSKEW	DUVOL
$Ind\_hhi(L)$	0.369 6 ** (0.172 3)	0.178 9 ** (0.082 3)	− 1.988 3 (2.053 1)	− 1.719 6 * (0.970 3)	0.524 3 ** (0.227 8)	0.257 1 ** (0.117 0)
$Ind\_num(L)$	0.000 5 ** (0.000 2)	0.000 2 ** (0.000 1)	− 0.005 2 (0.004 0)	− 0.001 5 (0.001 9)	0.000 5 ** (0.000 2)	0.000 2 * (0.000 1)
$NCSKEW(L)$	− 0.091 4 *** (0.010 1)		− 0.299 5 *** (0.024 0)		− 0.114 4 *** (0.011 0)	
$DUVOL(L)$		− 0.084 9 *** (0.009 2)		− 0.281 5 *** (0.021 5)		− 0.109 0 *** (0.010 4)
$Dtn(L)$	0.000 2 (0.000 3)	0.000 2 (0.000 1)	− 0.001 4 (0.001 7)	− 0.000 7 (0.000 8)	0.000 2 (0.000 3)	0.000 1 (0.000 1)
$Lev(L)$	− 0.106 2 (0.067 8)	− 0.059 7 * (0.033 0)	− 0.065 6 (0.328 6)	− 0.052 0 (0.153 0)	− 0.258 4 *** (0.082 5)	− 0.120 4 *** (0.040 7)
$lnta(L)$	0.184 1 *** (0.020 1)	0.091 8 *** (0.009 7)	0.346 0 ** (0.134 2)	0.214 2 *** (0.064 5)	0.227 3 *** (0.025 4)	0.113 6 *** (0.012 5)
$BM(L)$	− 0.685 6 *** (0.057 0)	− 0.333 8 *** (0.026 2)	− 2.210 3 *** (0.253 5)	− 1.181 1 *** (0.118 4)	− 0.615 7 *** (0.064 9)	− 0.304 5 *** (0.030 9)
$Ret(L)$	− 3.164 1 ** (1.242 4)	− 2.137 0 *** (0.599 1)	− 264.841 2 (206.491 2)	− 123.520 5 (99.310 6)	− 2.658 7 ** (1.305 9)	− 1.819 2 *** (0.649 8)
$Sigw(L)$	− 1.327 1 * (0.699 4)	− 0.920 5 *** (0.344 7)	− 9.530 9 (9.037 1)	− 4.238 8 (4.160 6)	− 1.129 4 (0.745 4)	− 0.782 6 ** (0.377 6)
Roa	− 0.658 2 *** (0.116 6)	− 0.375 2 *** (0.055 1)	− 1.663 5 *** (0.353 8)	− 0.844 6 *** (0.170 4)	− 0.430 2 *** (0.143 1)	− 0.253 9 *** (0.066 0)
$Opaque(L)$	0.025 2 (0.056 9)	− 0.002 1 (0.027 7)	− 0.039 3 (0.224 3)	− 0.070 8 (0.105 6)	0.007 1 (0.070 4)	− 0.003 8 (0.034 6)
$State\_Ownership$	− 0.016 4 (0.036 5)	− 0.010 0 (0.017 7)	0.187 5 * (0.113 2)	0.111 7 ** (0.056 1)	− 0.050 4 (0.053 3)	− 0.032 4 (0.026 9)
$Constant$	− 3.138 2 *** (0.404 2)	− 1.578 2 *** (0.195 7)	− 4.717 1 * (2.790 3)	− 3.255 7 ** (1.341 7)	− 4.163 0 *** (0.506 8)	− 2.129 2 *** (0.250 2)
$Year$	已控制	已控制	已控制	已控制	已控制	已控制
Stk	已控制	已控制	已控制	已控制	已控制	已控制
$Observations$	12 715	12 715	2 710	2 710	10 005	10 005
$R\text{-}squared$	0.132	0.147	0.193	0.206	0.140	0.143
$Number\ of\ Stk$	1 696	1 696	1 029	1 029	1 680	1 680

注：(L) 代表滞后一期；括号中的数字为稳健标准误；*** 、** 和 * 分别代表在 1%、5% 和 10% 统计水平上显著。

2. 股权分置改革对行业集中度与股价崩盘风险之间正向关系的影响

在表6-5中可以看到，股权分置改革前、后，行业集中度与股价崩盘风险之间的关系是不同的。这是否意味着"股权分置改革"这一事件对该关系产生了结构性影响呢？

为了进一步厘清股权分置改革在这一关系中的作用，本研究引入代表实施股权分置改革的虚拟变量 Split：Split = 1 代表已经实施股权分置改革的 2006—2013 年度，Split = 0 代表还未实施股权分置改革的 2003—2005 年度。

在全样本期间（2003—2013 年），将股权分置改革（Split）及其与行业集中度（Ind_hhi）的交乘项 Ind_hhi × Split 逐步放入回归中，具体结果如表6-6所示。

可以看到，Split 在第（1）～（4）列均在1%的显著性水平上与股价崩盘风险负相关，说明股权分置改革后，明显提升了上市公司股价的信息含量，降低了股价崩盘风险，这与张学勇和廖理（2010）、余宇新和杨大楷（2010）的结论在逻辑上是相符的。这同样也说明，股权分置改革后，随着股价中信息含量的提高，行业集中度（Ind_hhi）与股价崩盘风险之间的关系得到更加显著的体现。第（3）、（4）列显示交乘项Ind_hhi × Split 系数虽然为负，但并不显著，说明股权分置改革后能够削弱行业集中度（Ind_hhi）与股价崩盘风险之间的正向关系，然而这一作用并不显著。

根据表6-5和表6-6的结果，笔者认为，尽管股权分置改革前（2003—2005 年）和股权分置改革后（2006—2013 年）行业集中度与股价崩盘风险的回归结果不同，但这两个时期并未发生根本性的结构变化，在股权分置改革后（2006—2013 年）得到了相同且更加稳健和明显的结果。

表6-6 交乘项检验：股权分置改革对行业集中度与股价崩盘风险之间关系的影响

变量名称	（1）NCSKEW	（2）DUVOL	（3）NCSKEW	（4）DUVOL
Ind_hhi(L)	0.369 6 ** (0.172 3)	0.178 9 ** (0.082 3)	0.362 0 ** (0.171 1)	0.173 4 ** (0.081 7)
Split(L)	− 0.617 6 *** (0.046 7)	− 0.362 3 *** (0.022 7)	− 0.610 3 *** (0.047 5)	− 0.357 0 *** (0.023 3)
Ind_hhi × Split(L)			− 0.103 1 (0.135 2)	− 0.074 6 (0.069 1)
Ind_num(L)	0.000 5 ** (0.000 2)	0.000 2 ** (0.000 1)	0.000 5 ** (0.000 2)	0.000 2 ** (0.000 1)
NCSKEW(L)	− 0.091 4 *** (0.010 1)		− 0.091 4 *** (0.010 1)	

（续上表）

变量名称	（1） NCSKEW	（2） DUVOL	（3） NCSKEW	（4） DUVOL
DUVOL(L)		− 0.084 9 *** (0.009 2)		− 0.084 9 *** (0.009 2)
Dtn(L)	0.000 2 (0.000 3)	0.000 2 (0.000 1)	0.000 2 (0.000 3)	0.000 2 (0.000 1)
Lev(L)	− 0.106 2 (0.067 8)	− 0.059 7 * (0.033 0)	− 0.106 1 (0.067 8)	− 0.059 6 * (0.032 9)
lnta(L)	0.184 1 *** (0.020 1)	0.091 8 *** (0.009 7)	0.183 8 *** (0.020 1)	0.091 6 *** (0.009 7)
BM(L)	− 0.685 6 *** (0.057 0)	− 0.333 8 *** (0.026 2)	− 0.685 1 *** (0.057 0)	− 0.333 4 *** (0.026 2)
Ret(L)	− 3.164 1 ** (1.242 4)	− 2.137 0 *** (0.599 1)	− 3.159 5 ** (1.242 0)	− 2.133 6 *** (0.598 9)
Sigw(L)	− 1.327 1 * (0.699 4)	− 0.920 5 *** (0.344 7)	− 1.326 2 * (0.699 1)	− 0.919 8 *** (0.344 5)
Roa	− 0.658 2 *** (0.116 6)	− 0.375 2 *** (0.055 1)	− 0.656 3 *** (0.116 6)	− 0.373 8 *** (0.055 1)
Opaque(L)	0.025 2 (0.056 9)	− 0.002 1 (0.027 7)	0.024 7 (0.056 9)	− 0.002 5 (0.027 7)
State_ Ownership	− 0.016 4 (0.036 5)	− 0.010 0 (0.017 7)	− 0.016 2 (0.036 5)	− 0.009 9 (0.017 7)
Constant	− 3.138 2 *** (0.404 2)	− 1.578 2 *** (0.195 7)	− 3.131 6 *** (0.404 6)	− 1.573 4 *** (0.196 0)
Year	已控制	已控制	已控制	已控制
Stk	已控制	已控制	已控制	已控制
Observations	12 715	12 715	12 715	12 715
R-squared	0.132	0.147	0.132	0.147
Number of Stk	1 696	1 696	1 696	1 696

注：（L）代表滞后一期；括号中的数字为稳健标准误；***、**和 * 分别代表在 1%、5% 和 10% 统计水平上显著。

6.5.2 公司市场势力与股价崩盘风险的进一步检验

1. 勒纳指数和股价崩盘风险的分期间检验

前文中，表 6-4 的第（1）、（2）列显示出公司市场势力并未显著降低股价崩盘风险，那么在全样本期间（2003—2013 年）和股权分置改革前（2003—2005 年）是否也是如此呢？表 6-7 列示了在三个期间内公司市场势力（Lerner）对股价崩盘风险（NC-SKEW、DUVOL）的影响。

表 6-7 的第（1）、（2）列显示，在全样本期间（2003—2013 年），公司市场势力对股价崩盘风险的影响并不显著。表 6-7 的第（3）、（4）列显示，在股权分置改革前（2003—2005 年），公司市场势力（Lerner）能够在 5% 的显著性水平上降低股价崩盘风险指标 NCSKEW，但是对于股价崩盘风险指标 DUVOL 来说则并不显著。表 6-7 的第（5）、（6）列则表明，在股权分置改革后（2006—2013 年），尽管市场势力能够降低股价崩盘风险，但是这一关系并不显著。

表 6-7 分期间检验：市场势力与股价崩盘风险之间的关系

变量名称	(1)	(2)	(3)	(4)	(5)	(6)
	全样本期间（2003—2013 年）		股权分置改革前（2003—2005 年）		股权分置改革后（2006—2013 年）	
	NCSKEW	DUVOL	NCSKEW	DUVOL	NCSKEW	DUVOL
Lerner(L)	0.002 6	−0.001 7	−0.493 6 **	−0.174 0	−0.002 1	−0.012 8
	(0.077 1)	(0.037 1)	(0.239 3)	(0.119 1)	(0.088 1)	(0.043 3)
NCSKEW(L)	−0.090 2 ***		−0.302 4 ***		−0.112 2 ***	
	(0.010 1)		(0.024 1)		(0.011 0)	
DUVOL(L)		−0.083 7 ***		−0.284 1 ***		−0.106 9 ***
		(0.009 3)		(0.021 5)		(0.010 4)
Dtn(L)	0.000 2	0.000 2	−0.001 4	−0.000 7	0.000 2	0.000 1
	(0.000 3)	(0.000 1)	(0.001 7)	(0.000 8)	(0.000 3)	(0.000 1)
Lev(L)	−0.095 1	−0.055 0	−0.152 6	−0.075 1	−0.250 9 ***	−0.118 5 ***
	(0.069 1)	(0.033 6)	(0.338 1)	(0.157 4)	(0.083 2)	(0.041 0)
lnta(L)	0.182 0 ***	0.090 9 ***	0.371 6 ***	0.225 8 ***	0.223 9 ***	0.112 3 ***
	(0.020 0)	(0.009 7)	(0.136 5)	(0.065 6)	(0.025 3)	(0.012 4)
BM(L)	−0.690 2 ***	−0.335 9 ***	−2.232 9 ***	−1.188 8 ***	−0.618 6 ***	−0.306 1 ***
	(0.057 1)	(0.026 2)	(0.255 6)	(0.119 8)	(0.065 0)	(0.030 9)
Ret(L)	−3.226 2 ***	−2.166 1 ***	−274.445 3	−128.375 0	−2.679 0 **	−1.827 8 ***
	(1.240 2)	(0.597 7)	(208.429 3)	(100.522 9)	(1.299 6)	(0.646 3)
Sigw(L)	−1.359 7 *	−0.935 1 ***	−10.211 9	−4.656 9	−1.147 0	−0.789 9 **
	(0.698 4)	(0.344 1)	(9.048 9)	(4.186 8)	(0.743 0)	(0.376 2)

（续上表）

变量名称	(1)	(2)	(3)	(4)	(5)	(6)
	全样本期间(2003—2013 年)		股权分置改革前(2003—2005 年)		股权分置改革后(2006—2013 年)	
	NCSKEW	DUVOL	NCSKEW	DUVOL	NCSKEW	DUVOL
Roa	− 0.675 7 ***	− 0.382 5 ***	− 1.654 7 ***	− 0.838 5 ***	− 0.443 0 ***	− 0.257 9 ***
	(0.118 0)	(0.055 8)	(0.355 3)	(0.170 6)	(0.144 4)	(0.066 8)
Opaque(L)	0.018 8	− 0.005 0	− 0.046 9	− 0.072 0	0.001 6	− 0.006 0
	(0.057 2)	(0.027 8)	(0.223 9)	(0.105 4)	(0.070 8)	(0.034 8)
State_ Ownership	− 0.013 3	− 0.008 7	0.185 2	0.111 3 *	− 0.048 9	− 0.032 0
	(0.036 5)	(0.017 7)	(0.114 6)	(0.057 1)	(0.053 3)	(0.026 9)
Constant	− 3.025 4 ***	− 1.527 2 ***	− 5.786 7 **	− 3.729 2 ***	− 3.99 61 ***	− 2.056 0 ***
	(0.402 0)	(0.194 9)	(2.791 9)	(1.340 3)	(0.502 8)	(0.248 4)
Year	已控制	已控制	已控制	已控制	已控制	已控制
Stk	已控制	已控制	已控制	已控制	已控制	已控制
Observations	12 715	12 715	2 710	2 710	10 005	10 005
R-squared	0.131	0.146	0.193	0.205	0.138	0.141
Number of Stk	1 696	1 696	1 029	1 029	1 680	1 680

注：（L）代表滞后一期；括号中的数字为稳健标准误；*** 、** 和 * 分别代表在1%、5%和10%统计水平上显著。

2. 股权分置改革对公司市场势力与股价崩盘风险之间关系的影响

在表6-7中可以看到，股权分置改革前、后，公司市场势力与股价崩盘风险的关系均不显著。为了厘清股权分置改革是否对这一关系产生显著影响，本研究也考察了股权分置改革（Split）与公司市场势力（Lerner）的交乘项 Lerner × Split 对股价崩盘风险的回归结果，其结果如表6-8所示。

同样，可以看到 Split 在表6-8第（1）~（4）列均在1%的显著性水平上与股价崩盘风险负相关，这与表6-6的结果一致，说明股权分置改革提升了上市公司的透明度，降低了股价崩盘风险。但是其交乘项 Lerner × Split 并不显著，说明股权分置改革后，公司市场势力与股价崩盘风险之间的关系并没有显著改变。

表6－8　交乘项检验：股权分置改革对公司市场势力与股价崩盘风险之间关系的影响

变量名称	（1）	（2）	（3）	（4）
	NCSKEW	DUVOL	NCSKEW	DUVOL
Lerner(L)	0.002 6	－ 0.001 7	－ 0.018 4	0.005 0
	(0.077 1)	(0.037 1)	(0.111 1)	(0.055 1)
Split(L)	－ 0.603 5 ***	－ 0.356 2 ***	－ 0.603 5 ***	－ 0.356 2 ***
	(0.046 2)	(0.022 5)	(0.046 2)	(0.022 5)
Lerner × Split (L)			0.031 4	－ 0.010 0
			(0.109 7)	(0.054 2)
NCSKEW(L)	－ 0.090 2 ***		－ 0.090 2 ***	
	(0.010 1)		(0.010 1)	
DUVOL(L)		－ 0.083 7 ***		－ 0.083 7 ***
		(0.009 3)		(0.009 3)
Dtn(L)	0.000 2	0.000 2	0.000 2	0.000 2
	(0.000 3)	(0.000 1)	(0.000 3)	(0.000 1)
Lev(L)	－ 0.095 1	－ 0.055 0	－ 0.094 4	－ 0.055 2
	(0.069 1)	(0.033 6)	(0.069 1)	(0.033 5)
lnta(L)	0.182 0 ***	0.090 9 ***	0.181 6 ***	0.091 1 ***
	(0.020 0)	(0.009 7)	(0.020 0)	(0.009 7)
BM(L)	－ 0.690 2 ***	－ 0.335 9 ***	－ 0.689 2 ***	－ 0.336 2 ***
	(0.057 1)	(0.026 2)	(0.057 1)	(0.026 3)
Ret(L)	－ 3.226 2 ***	－ 2.166 1 ***	－ 3.232 7 ***	－ 2.164 1 ***
	(1.240 2)	(0.597 7)	(1.242 5)	(0.598 5)
Sigw(L)	－ 1.359 7 *	－ 0.935 1 ***	－ 1.360 3 *	－ 0.934 9 ***
	(0.698 4)	(0.344 1)	(0.698 7)	(0.344 2)
Roa	－ 0.675 7 ***	－ 0.382 5 ***	－ 0.675 9 ***	－ 0.382 4 ***
	(0.118 0)	(0.055 8)	(0.117 9)	(0.055 8)
Opaque(L)	0.018 8	－ 0.005 0	0.018 6	－ 0.004 9
	(0.057 2)	(0.027 8)	(0.057 2)	(0.027 8)
State_Ownership	－ 0.013 3	－ 0.008 7	－ 0.013 2	－ 0.008 8
	(0.036 5)	(0.017 7)	(0.036 5)	(0.017 7)
Constant	－ 3.025 4 ***	－ 1.527 2 ***	－ 3.016 6 ***	－ 1.530 0 ***
	(0.402 0)	(0.194 9)	(0.402 3)	(0.195 2)
Year	已控制	已控制	已控制	已控制
Stk	已控制	已控制	已控制	已控制

（续上表）

变量名称	(1) NCSKEW	(2) DUVOL	(3) NCSKEW	(4) DUVOL
Observations	12 715	12 715	12 715	12 715
R-squared	0.131	0.146	0.131	0.146
Number of Stk	1 696	1 696	1 696	1 696

注：（L）代表滞后一期；括号中的数字为稳健标准误；***、**和*分别代表在1%、5%和10%统计水平上显著。

3. 异常规模和市场势力对股价崩盘风险的交互作用分期间检验

前文表6-4的第（5）、（6）列展示了公司异常规模与市场势力之间显著的交互效应，那么在全样本期间（2003—2013年）和股权分置改革前（2003—2005年）的情况又如何？表6-9列示了在三个期间内这种交互效应的情况。

表6-9的结果说明，在股权分置改革前［2003—2005年，第（3）、（4）列］，异常规模与市场势力之间的交互作用并不明显。但是在全样本期间［2003—2013年，第（1）、（2）列］、股权分置改革后［2006—2013年，第（5）、（6）列］，这种交互效应是显著的。据此，笔者认为随着股权分置改革的实施，公司股票价格的信息含量逐步提高，因而公司异常规模与市场势力之间的交互效应在股权分置改革后能够得到显著而稳健的体现。

表6-9 分期间检验：异常规模和市场势力对股价崩盘风险的交互作用

变量名称	(1) 全样本期间（2003—2013年） NCSKEW	(2) DUVOL	(3) 股权分置改革前（2003—2005年） NCSKEW	(4) DUVOL	(5) 股权分置改革后（2006—2013年） NCSKEW	(6) DUVOL
Lerner(L)	0.034 6 ** (0.015 5)	0.015 6 ** (0.007 5)	− 0.109 7 (0.113 8)	− 0.036 7 (0.055 7)	0.034 7 ** (0.016 2)	0.012 9 (0.008 1)
Ex_size(L)	0.909 6 *** (0.341 2)	0.410 0 ** (0.166 7)	5.411 0 (8.750 1)	3.793 6 (4.315 2)	1.208 1 *** (0.295 8)	0.531 9 *** (0.148 1)
Lerner × Ex_size(L)	0.728 1 *** (0.202 7)	0.338 4 *** (0.098 1)	− 0.813 0 (2.798 5)	− 0.232 4 (1.366 2)	0.724 7 *** (0.190 1)	0.309 7 *** (0.091 9)
NCSKEW(L)	− 0.091 0 *** (0.010 1)		− 0.303 3 *** (0.024 0)		− 0.113 1 *** (0.011 0)	
DUVOL(L)		− 0.084 6 *** (0.009 3)		− 0.285 8 *** (0.021 4)		− 0.107 9 *** (0.010 4)

（续上表）

变量名称	（1）	（2）	（3）	（4）	（5）	（6）
	全样本期间（2003—2013年）		股权分置改革前（2003—2005年）		股权分置改革后（2006—2013年）	
	NCSKEW	DUVOL	NCSKEW	DUVOL	NCSKEW	DUVOL
$Dtn(L)$	0.000 2	0.000 2	− 0.001 3	− 0.000 6	0.000 2	0.000 1
	(0.000 3)	(0.000 1)	(0.001 7)	(0.000 8)	(0.000 3)	(0.000 1)
$Lev(L)$	− 0.109 9	− 0.061 7 *	− 0.149 4	− 0.073 0	− 0.268 1 ***	− 0.126 1 ***
	(0.069 1)	(0.033 5)	(0.338 6)	(0.157 7)	(0.083 3)	(0.041 1)
$lnta(L)$	0.170 7 ***	0.085 8 ***	0.327 1 **	0.194 6 ***	0.210 6 ***	0.106 5 ***
	(0.020 1)	(0.009 7)	(0.152 4)	(0.074 1)	(0.025 4)	(0.012 5)
$BM(L)$	− 0.684 5 ***	− 0.333 2 ***	− 2.201 4 ***	− 1.166 4 ***	− 0.622 9 ***	− 0.308 1 ***
	(0.056 9)	(0.026 1)	(0.255 6)	(0.119 7)	(0.064 9)	(0.030 9)
$Ret(L)$	− 3.114 8 **	− 2.118 0 ***	− 272.265 1	− 127.248 9	− 2.608 7 **	− 1.797 5 ***
	(1.237 9)	(0.596 6)	(208.525 0)	(100.414 2)	(1.296 3)	(0.644 7)
$Sigw(L)$	− 1.319 9 *	− 0.918 8 ***	− 10.197 4	− 4.666 1	− 1.121 8	− 0.779 8 **
	(0.697 5)	(0.343 8)	(9.056 3)	(4.186 1)	(0.742 3)	(0.376 2)
Roa	− 0.662 9 ***	− 0.376 7 ***	− 1.654 5 ***	− 0.839 5 ***	− 0.438 2 ***	− 0.255 8 ***
	(0.117 6)	(0.055 6)	(0.355 4)	(0.170 7)	(0.144 1)	(0.066 5)
$Opaque(L)$	0.028 5	− 0.000 6	− 0.049 3	− 0.073 8	0.010 5	− 0.002 1
	(0.057 3)	(0.027 8)	(0.224 4)	(0.105 7)	(0.070 8)	(0.034 8)
$State\_Ownership$	− 0.016 0	− 0.009 9	0.187 3	0.113 4 **	− 0.050 8	− 0.032 8
	(0.036 3)	(0.017 6)	(0.113 9)	(0.056 6)	(0.053 1)	(0.026 8)
$Constant$	− 2.755 6 ***	− 1.406 1 ***	− 4.684 1	− 2.957 7 *	− 3.663 0 ***	− 1.908 9 ***
	(0.404 9)	(0.195 4)	(3.281 7)	(1.601 8)	(0.507 0)	(0.250 1)
$Year$	已控制	已控制	已控制	已控制	已控制	已控制
Stk	已控制	已控制	已控制	已控制	已控制	已控制
$Observations$	12 715	12 715	2 710	2 710	10 005	10 005
$R\text{-}squared$	0.133	0.147	0.194	0.205	0.140	0.143
$Number\ of\ Stk$	1 696	1 696	1 029	1 029	1 680	1 680

注：（L）代表滞后一期；括号中的数字为稳健标准误；*** 、** 和 * 分别代表在1%、5%和10%统计水平上显著。

从表6−5至表6−9可以看到，随着股权分置改革的实施，股票价格的信息含量得以提升，行业竞争结构、公司市场势力与股价崩盘风险之间的关系得到更加显著的体现。本章的研究结论虽然在股权分置改革后（2006—2013年）样本期和全样本期

（2003—2013 年）均得到了体现，但是未在股权分置改革前（2003—2005 年）样本期内得到验证。不过这并非意味着"股权分置改革"这一事件对本章研究结论产生了结构性的影响，因为在回归中加入股权分置改革事件虚拟变量（Split）及其分别与行业集中度（Ind_hhi）和公司市场势力（Lerner）的交乘项进行回归后发现，虽然股权分置改革事件虚拟变量（Split）本身与股价崩盘风险负相关，却并不影响行业集中度（Ind_hhi）及公司市场势力（Lerner）与股价崩盘风险之间的关系。所以尽管股权分置改革前（2003—2005 年）和股权分置改革后（2006—2013 年）行业集中度与股价崩盘风险的回归结果不同，但这两个时期并未发生根本性的结构变化，在股权分置改革后（2006—2013 年）可以得到相同且更加稳健和明显的结果。因此，本研究选择股权分置改革后（2006—2013 年）作为样本区间，并在此基础上进行稳健性检验。

6.6 稳健性检验

6.6.1 行业竞争结构与股价崩盘风险之间关系的稳健性检验

1. 赫芬达尔指数窗口期的改变

在上文分析行业竞争程度与股价崩盘风险之间关系的实证研究中，使用了当期赫芬达尔指数（Ind_hhi）作为行业竞争程度的代理变量。为了尽量减少潜在数据错误对指标的影响，现参照 Hou 和 Robinson（2006）的做法，使用过去三年的赫芬达尔指数均值（Ind_hhi3）来衡量行业竞争程度，结果如表 6 – 10 所示。其中，第（1）、（2）列为分别采用 NCSKEW 和 DUVOL 作为风险衡量变量时，Ind_hhi3 与股价崩盘风险之间的关系；第（3）、（4）列为在控制行业内公司数量的情况下，Ind_hhi3 与股价崩盘风险的关系。虽然第（4）列的 Ind_hhi3 系数并不显著，但仍然保持与股价崩盘风险的正相关，整体上其结论与表 6 – 3 基本一致。

表 6 – 10   稳健性检验：行业竞争结构与股价崩盘风险

变量名称	(1)	(2)	(3)	(4)
	NCSKEW	DUVOL	NCSKEW	DUVOL
Ind_hhi3(L)	0.576 2 **	0.230 7 *	0.497 3 **	0.195 5
	(0.235 8)	(0.119 8)	(0.237 7)	(0.121 0)
Ind_num(L)			0.000 5 **	0.000 2 **
			(0.000 2)	(0.000 1)

（续上表）

变量名称	(1)	(2)	(3)	(4)
	NCSKEW	*DUVOL*	*NCSKEW*	*DUVOL*
NCSKEW(L)	− 0.113 4 ***		− 0.114 3 ***	
	(0.011 0)		(0.011 0)	
DUVOL(L)		− 0.107 7 ***		− 0.108 5 ***
		(0.010 4)		(0.010 4)
Dtn(L)	0.000 2	0.000 1	0.000 2	0.000 1
	(0.000 3)	(0.000 1)	(0.000 3)	(0.000 1)
Lev(L)	− 0.258 3 ***	− 0.119 7 ***	− 0.259 7 ***	− 0.120 4 ***
	(0.082 6)	(0.040 7)	(0.082 6)	(0.040 7)
lnta(L)	0.228 7 ***	0.113 9 ***	0.228 4 ***	0.113 8 ***
	(0.025 5)	(0.012 6)	(0.025 5)	(0.012 5)
BM(L)	− 0.623 5 ***	− 0.307 6 ***	− 0.618 3 ***	− 0.305 3 ***
	(0.064 9)	(0.030 9)	(0.065 0)	(0.030 9)
Ret(L)	− 2.728 3 **	− 1.846 0 ***	− 2.683 7 **	− 1.826 1 ***
	(1.301 4)	(0.646 8)	(1.304 1)	(0.648 9)
Sigw(L)	− 1.163 6	− 0.795 5 **	− 1.139 6	− 0.785 2 **
	(0.743 6)	(0.376 4)	(0.744 0)	(0.376 8)
Roa	− 0.447 8 ***	− 0.261 4 ***	− 0.436 1 ***	− 0.256 2 ***
	(0.143 1)	(0.066 3)	(0.143 2)	(0.066 2)
Opaque(L)	0.002 9	− 0.005 8	0.006 1	− 0.004 4
	(0.070 7)	(0.034 8)	(0.070 3)	(0.034 6)
State_ Ownership	− 0.051 3	− 0.032 6	− 0.050 5	− 0.032 2
	(0.053 4)	(0.026 9)	(0.053 3)	(0.026 9)
Constant	− 4.135 2 ***	− 2.106 8 ***	− 4.180 7 ***	− 2.126 9 ***
	(0.511 2)	(0.253 2)	(0.510 4)	(0.252 2)
Year	已控制	已控制	已控制	已控制
Stk	已控制	已控制	已控制	已控制
Observations	10 005	10 005	10 005	10 005
R-squared	0.139	0.142	0.140	0.142
Number of Stk	1 680	1 680	1 680	1 680

注：（L）代表滞后一期；括号中的数字为稳健标准误；***、** 和 * 分别代表在 1%、5% 和 10% 统计水平上显著。

2. 行业竞争均衡性指标熵指数（Ei）与股价崩盘风险之间的关系

在上述的分析中，笔者发现行业集中度（Ind_hhi）以及行业内公司数量（Ind_num）与股价崩盘风险呈现显著正相关，因此认为过度集中或者过度竞争都会导致股价崩盘风险。为了能够直接说明竞争的不平衡性（或者说适度竞争）与股价崩盘风险之间的关系，以下使用熵指数（Ei）直接进行稳健性检验。

表 6 - 11 的结果显示，熵指数（Ei）在 10% 的显著性水平上与股价崩盘风险负相关，即行业内竞争越均衡，则股价崩盘风险越低。这再一次证明了上文中行业内竞争不平衡会增加股价崩盘风险的结论。

表 6 - 11　稳健性检验：行业竞争结构熵指数与股价崩盘风险

变量名称	（1）NCSKEW	（2）DUVOL
$Ei(L)$	- 0.084 8 *	- 0.045 1 *
	(0.050 4)	(0.024 8)
$NCSKEW(L)$	- 0.112 5 ***	
	(0.011 0)	
$DUVOL(L)$		- 0.107 2 ***
		(0.010 4)
$Dtn(L)$	- 0.000 2	0.000 1
	(0.000 3)	(0.000 1)
$Lev(L)$	- 0.251 9 ***	- 0.117 4 ***
	(0.082 5)	(0.040 7)
$lnta(L)$	- 0.221 5 ***	0.110 7 ***
	(0.025 3)	(0.012 4)
$BM(L)$	- 0.619 2 ***	- 0.306 0 ***
	(0.065 0)	(0.030 9)
$Ret(L)$	- 2.628 4 **	- 1.800 2 ***
	(1.301 2)	(0.646 8)
$Sigw(L)$	- 1.126 0	- 0.777 8 **
	(0.743 8)	(0.376 5)
Roa	- 0.453 5 ***	- 0.265 1 ***
	(0.143 9)	(0.066 6)
$Opaque(L)$	- 0.005 3	- 0.004 3
	(0.070 7)	(0.034 8)

（续上表）

变量名称	（1）	（2）
	NCSKEW	*DUVOL*
State_ Ownership	− 0.050 1	− 0.032 3
	(0.053 6)	(0.027 0)
Constant	− 3.646***	− 1.865***
	(0.540)	(0.265)
Year	已控制	已控制
Stk	已控制	已控制
Observations	10 005	10 005
R-squared	0.138	0.142
Number of Stk	1 680	1 680

注：（*L*）代表滞后一期；括号中的数字为稳健标准误；***、**和*分别代表在1%、5%和10%统计水平上显著。

考虑到行业竞争程度受到个体公司的影响较小，相对个体公司特征来说更具有外生性，所以笔者使用当期的行业竞争指标进行回归检验，与本研究结论基本一致。限于篇幅，不再赘述。

6.6.2　公司市场势力与股价崩盘风险之间关系的稳健性检验

Sharma（2011）使用单个上市公司的勒纳指数减去行业内销售份额加权平均勒纳指数进行调整（*Lerner_a*），以此调整后的勒纳指数作为企业市场势力的代理变量。为了保证实证结果的稳健性，笔者使用同样的计算方式对企业勒纳指数进行行业层面的调整，然后再次进行回归，并未改变本研究结论（见表6－12）。此外，笔者还使用企业自身的勒纳指数（*Lerner_b*）进行回归，也没有改变本研究结论（见表6－13）。表6－12和表6－13进一步验证了假设 H_2，即异常规模与市场势力的交乘项对股价崩盘风险存在显著影响，异常规模越大的公司，随着市场势力的增强，越可能加剧股价崩盘风险。

表 6-12 稳健性检验：异常规模和市场势力 *Lerner_a* 对股价崩盘风险的交互作用

变量名称	(1)	(2)	(3)	(4)	(5)	(6)
	NCSKEW	DUVOL	NCSKEW	DUVOL	NCSKEW	DUVOL
Lerner_a(L)	− 0.001 2	− 0.002 7	− 0.000 7	− 0.002 5	0.039 7 **	0.013 3
	(0.014 1)	(0.007 0)	(0.014 1)	(0.007 0)	(0.018 2)	(0.009 0)
Ex_size(L)			0.624 5 ***	0.282 9 **	0.902 9 ***	0.392 2 ***
			(0.237 7)	(0.135 8)	(0.254 9)	(0.140 4)
Lerner_a × Ex_size(L)					0.826 4 ***	0.324 4 ***
					(0.260 1)	(0.124 5)
NCSKEW(L)	− 0.112 2 ***		− 0.112 9 ***		− 0.113 6 ***	
	(0.011 0)		(0.011 0)		(0.011 0)	
DUVOL(L)		− 0.106 9 ***		− 0.107 5 ***		− 0.108 2 ***
		(0.010 4)		(0.010 4)		(0.010 4)
Dtn(L)	0.000 2	0.000 1	0.000 2	0.000 1	0.000 2	0.000 1
	(0.000 3)	(0.000 1)	(0.000 3)	(0.000 1)	(0.000 3)	(0.000 1)
Lev(L)	− 0.251 6 ***	− 0.119 1 ***	− 0.259 3 ***	− 0.122 6 ***	− 0.268 8 ***	− 0.126 3 ***
	(0.083 3)	(0.041 0)	(0.083 3)	(0.041 0)	(0.083 3)	(0.041 1)
lnta(L)	0.224 0 ***	0.112 4 ***	0.216 6 ***	0.109 1 ***	0.215 7 ***	0.108 7 ***
	(0.025 3)	(0.012 4)	(0.025 4)	(0.012 5)	(0.025 5)	(0.012 5)
BM(L)	− 0.618 8 ***	− 0.306 4 ***	− 0.625 9 ***	− 0.309 6 ***	− 0.623 3 ***	− 0.308 6 ***
	(0.065 1)	(0.031 0)	(0.065 1)	(0.031 0)	(0.065 0)	(0.030 9)
Ret(L)	− 2.680 2 **	− 1.830 2 ***	− 2.632 4 **	− 1.808 6 ***	− 2.637 3 **	− 1.810 8 ***
	(1.300 0)	(0.646 5)	(1.299 4)	(0.646 0)	(1.295 9)	(0.644 6)
Sigw(L)	− 1.147 9	− 0.791 1 **	− 1.134 5	− 0.785 4 **	− 1.133 7	− 0.785 7 **
	(0.743 2)	(0.376 4)	(0.743 6)	(0.376 7)	(0.741 9)	(0.376 0)
Roa	− 0.442 4 ***	− 0.257 5 ***	− 0.439 8 ***	− 0.256 3 ***	− 0.438 5 ***	− 0.255 8 ***
	(0.144 1)	(0.066 7)	(0.143 9)	(0.066 6)	(0.143 8)	(0.066 5)
Opaque(L)	0.001 7	− 0.006 0	0.008 1	− 0.003 1	0.005 9	− 0.004 0
	(0.070 8)	(0.034 8)	(0.070 7)	(0.034 8)	(0.070 8)	(0.034 8)
State_Ownership	− 0.049 0	− 0.032 1	− 0.049 4	− 0.032 2	− 0.051 7	− 0.033 2
	(0.053 2)	(0.026 9)	(0.053 2)	(0.026 9)	(0.053 1)	(0.026 8)
Constant	− 3.998 3 ***	− 2.057 9 ***	− 3.810 1 ***	− 1.972 7 ***	− 3.776 4 ***	− 1.959 4 ***
	(0.502 9)	(0.248 6)	(0.505 2)	(0.250 5)	(0.507 6)	(0.250 8)
Year	已控制	已控制	已控制	已控制	已控制	已控制
Stk	已控制	已控制	已控制	已控制	已控制	已控制

（续上表）

变量名称	（1） NCSKEW	（2） DUVOL	（3） NCSKEW	（4） DUVOL	（5） NCSKEW	（6） DUVOL
Observations	10 005	10 005	10 005	10 005	10 005	10 005
R-squared	0.138	0.141	0.139	0.142	0.140	0.143
Number of Stk	1 680	1 680	1 680	1 680	1 680	1 680

注：（L）代表滞后一期；括号中的数字为稳健标准误；***、** 和 * 分别代表在1%、5%和10%统计水平上显著。

表6-13　稳健性检验：异常规模和市场势力 Lerner_b 对股价崩盘风险的交互作用

变量名称	（1） NCSKEW	（2） DUVOL	（3） NCSKEW	（4） DUVOL	（5） NCSKEW	（6） DUVOL
Lerner_b(L)	0.024 2 (0.015 3)	0.009 8 (0.007 6)	0.025 1 (0.015 3)	0.010 2 (0.007 6)	0.079 0 *** (0.018 6)	0.034 9 *** (0.009 1)
Ex_size(L)			0.631 6 *** (0.239 4)	0.286 1 ** (0.136 8)	1.016 0 *** (0.274 2)	0.462 5 *** (0.141 1)
Lerner_b × Ex_size(L)					1.147 3 *** (0.250 9)	0.526 5 *** (0.115 8)
NCSKEW(L)	-0.112 1 *** (0.011 0)		-0.112 7 *** (0.011 0)		-0.113 6 *** (0.011 0)	
DUVOL(L)		-0.106 6 *** (0.010 4)		-0.107 2 *** (0.010 4)		-0.108 1 *** (0.010 4)
Dtn(L)	0.000 2 (0.000 3)	0.000 1 (0.000 1)	0.000 2 (0.000 3)	0.000 1 (0.000 1)	0.000 2 (0.000 3)	0.000 1 (0.000 1)
Lev(L)	-0.226 9 *** (0.083 4)	-0.107 1 *** (0.041 1)	-0.234 2 *** (0.083 5)	-0.110 4 *** (0.041 1)	-0.244 1 *** (0.083 5)	-0.115 0 *** (0.041 2)
lnta(L)	0.219 5 *** (0.025 4)	0.110 2 *** (0.012 5)	0.211 9 *** (0.025 5)	0.106 8 *** (0.012 6)	0.208 2 *** (0.025 5)	0.105 1 *** (0.012 5)
BM(L)	-0.611 7 *** (0.064 8)	-0.302 9 *** (0.030 9)	-0.618 8 *** (0.064 8)	-0.306 1 *** (0.030 9)	-0.617 2 *** (0.064 7)	-0.305 4 *** (0.030 8)
Ret(L)	-2.673 3 ** (1.298 9)	-1.824 3 *** (0.645 9)	-2.625 3 ** (1.298 2)	-1.802 6 *** (0.645 3)	-2.662 5 ** (1.294 1)	-1.819 6 *** (0.643 7)
Sigw(L)	-1.130 3 (0.742 5)	-0.781 6 ** (0.376 0)	-1.116 6 (0.743 0)	-0.775 7 ** (0.376 4)	-1.127 8 (0.740 5)	-0.781 4 ** (0.375 2)

（续上表）

变量名称	(1)	(2)	(3)	(4)	(5)	(6)
	NCSKEW	DUVOL	NCSKEW	DUVOL	NCSKEW	DUVOL
Roa	− 0.464 8 ***	− 0.268 3 ***	− 0.462 6 ***	− 0.267 3 ***	− 0.468 5 ***	− 0.270 0 ***
	(0.144 8)	(0.067 0)	(0.144 6)	(0.066 9)	(0.144 6)	(0.066 8)
Opaque(L)	− 0.002 4	− 0.007 9	0.004 0	− 0.005 0	0.002 4	− 0.005 7
	(0.070 8)	(0.034 8)	(0.070 7)	(0.034 8)	(0.070 7)	(0.034 7)
State_Ownership	− 0.044 8	− 0.030 0	− 0.045 1	− 0.030 1	− 0.047 9	− 0.031 4
	(0.053 3)	(0.026 9)	(0.053 3)	(0.026 8)	(0.053 2)	(0.026 8)
Constant	− 3.921 0 ***	− 2.020 8 ***	− 3.729 2 ***	− 1.933 9 ***	− 3.628 1 ***	− 1.887 4 ***
	(0.505 2)	(0.249 9)	(0.507 6)	(0.251 9)	(0.508 5)	(0.251 6)
Year	已控制	已控制	已控制	已控制	已控制	已控制
Stk	已控制	已控制	已控制	已控制	已控制	已控制
Observations	10 005	10 005	10 005	10 005	10 005	10 005
R-squared	0.138	0.141	0.139	0.142	0.142	0.145
Number of Stk	1 680	1 680	1 680	1 680	1 680	1 680

注：（L）代表滞后一期；括号中的数字为稳健标准误；***、** 和 * 分别代表在1%、5%和10%统计水平上显著。

6.7 结论与启示

本章以2006—2013年（滞后一期为2005—2012年）全部A股上市公司为样本，分别从行业层面和企业层面研究竞争程度对上市公司股价崩盘风险的影响，以探讨实体经济层面与股票市场之间的相互作用，为产业经济结构的调整寻找切入点。笔者分别采用多种方式进行实证检验，其结论基本一致，故认为本章的实证结果是比较稳健的。

研究发现，假设 H$_{1a}$ 和 H$_2$ 得到验证，其主要结论有：①从行业层面来看，行业内的集中度越高，垄断性越强，则该行业内企业所面临的股价崩盘风险就越大。在控制企业数量影响的情况下，行业内竞争越不平衡，两极分化越严重，则该行业内企业就更容易面临股价崩盘风险；行业内竞争的均衡性能够缓解股价崩盘风险。②从企业层面来看，公司的市场势力和异常规模对股价崩盘风险的影响存在着交互效应：当企业的规模小于行业平均水平时，市场势力的增加可以减弱异常规模与股价崩盘风险的正向关系；当企业规模超过行业平均水平时，市场势力的增加会加剧异常规模所导致的股价崩盘风险。

上述结论从竞争的内在维度分析了竞争程度与股价崩盘风险之间的关系，从本质上来说，它们共同验证了一个命题：无论是行业层面还是企业层面，适度竞争有利于降低企业的股价崩盘风险。首先，从垄断的角度来看，垄断程度过高的行业，股价崩盘风险会增加，即假设 H_{1a}。其次，集中度指标除了反映垄断的情况之外，还反映了行业内竞争的不平衡性，在控制企业数量因素的情况下，市场份额两极分化行业内的企业股价崩盘风险更高，这一结论本章用熵指数也予以了验证。最后，从企业自身的市场势力来看，其对股价崩盘风险的影响并不明显。不同规模的企业，其市场势力对股价崩盘风险的影响不同：对超出行业均值的企业来说，市场势力越大，越可能增加股价崩盘风险；对小于行业均值的企业来说，较大的市场势力则在一定程度上有助于缓解其股价崩盘风险。

上述结论有着较强的现实针对性及政策含义。在当前经济结构调整和转型升级的大环境下，决策层对实体经济层面的调整并不能简单地着眼于企业数量多少，而应该在打破垄断的前提下，重点关注产业内的竞争结构，避免两极分化情形的出现。要培育适度竞争的产业规模，既要避免垄断，也要避免过度竞争，最好是在行业内部形成相互制衡又相互合作的竞合格局，一方面形成行业内企业之间的相互竞争意识，另一方面避免企业陷于岌岌可危的恶性竞争边缘，从而维持实体经济的稳定、持续、健康发展。从监管层的角度来看，要特别加强对大型垄断企业的监控，防范其凭借市场势力进一步加剧垄断，关注其信息披露的透明度，及时化解潜在的股价崩盘风险。

7 股价崩盘风险预期与公司债务契约特征

7.1 引 言

现有的财务学文献已经证明了构成公司借贷成本的各种风险指标和代理成本来源。本章将验证一个新的、尚未被证明的债务成本决定因素——股价崩盘风险。本书前述章节已经表明，个股收益分布的负偏态（Chen et al.，2001）能够模拟股价崩盘风险。在代理框架下，股价崩盘风险是极端信息不对称下坏消息累积的结果。管理者和外部投资者之间的利益冲突有可能导致管理者持有亏损项目（Bleck & Liu，2007；Benmelech et al.，2010），承担过度风险（Dang T. L. et al.，2019），以牺牲外部股东的利益为代价隐瞒经营不善以使自己受益。在信息不对称的情况下，管理者一直隐瞒负面信息，直至其爆出，从而导致股价崩盘（Jin & Myers，2006）。这一结果直接缩小了企业的破产边界，增加破产风险。考虑到银行具有强大的信息获取能力（Chen，2016），能够对企业潜在的坏消息和崩盘风险敏锐感知，债权银行对企业股价的下行风险极为敏感，并能够为债务契约中的崩盘风险定价，因此，笔者预期股价崩盘风险与公司的借贷成本正相关。

本章以2003—2014年沪深A股上市公司数据为样本，得到了一个重要发现：保持其他因素不变，预期崩盘风险增加一个标准差会使贷款利差至少增加50个基点。而在整个样本期间，合同的平均利差仅为106.4个基点，这一结果说明公司潜在的崩盘风险对合同利差产生了重要的经济影响。当然，这中间可能存在一定的内生性问题，因此笔者实施了工具变量估计、反向因果关系检查和遗漏变量分析等稳健性检验，测试结果表明股价崩盘风险与银行贷款利差之间确实存在因果关系。

股价崩盘风险对公司借款的影响可能呈现出状态依存的特征。已有文献表明，政府银行与政治获取和资源分配不当有关（La Porta et al.，2002；Sapienza，2004；Claessens et al.，2008；Carvalho，2014）。有鉴于此，本章结合银行的国家影响力、企业的政治关联和制度环境等因素，分析了崩盘风险对银行贷款成本的影响。

研究表明，相较于更市场化的银行，大型国有银行①的贷款定价对崩盘风险相对不敏感，较好的制度环境对大型国有银行更有利。具体而言，在市场化程度较高的地区，大型国有银行强化了崩盘风险与利差的正相关关系；而在市场化程度较低的地区，大型国有银行会削弱这一关系。由于大型国有银行肩负着国家行政的重任，因此该发现对社会主义制度下的中国尤为重要。

笔者还发现，在有政治关联的公司中，银行对股价崩盘风险定价能力较弱，这与现有文献发现的政治关联有助于获得银行贷款的情况一致（Leuz & Oberholzer - Gee，2006；Faccio et al.，2006；Claessens et al.，2008；Infante & Piazza，2014）。进一步的研究表明，只有在市场化程度较低的地区，当公司面临崩盘风险时，政治关联有助于降低公司的贷款成本。因此可以认为，在正式和非正式制度的相互影响下，市场化的债务市场初具雏形。此外，笔者还发现公司的崩盘风险与债务期限呈负相关。总而言之，银行在发放贷款时使用价格条款来获取风险溢价，同时使用非价格条款来控制信用风险。

本章的贡献主要体现在如下几个方面：

其一，当前关于股价崩盘的文献主要集中于股价崩盘风险决定因素的研究（有关评论请参见 Habib et al.，2018）。然而，迄今为止，很少有学者研究股价崩盘的后果。Hackenbrack 等（2014）发现公司价格暴跌前客户审计费用会增加2%；An 等（2015）的研究表明，具有较高崩盘风险的公司会缓慢调整财务杠杆以实现其目标。本章的研究结果与上述发现在逻辑上保持一致，丰富了股价崩盘后果的研究。

其二，基于具有较高违约风险的公司更有可能发布极端负面消息的直觉，Habib 等（2018）预期杠杆率与崩盘风险呈正相关。然而，关于股价崩盘风险的研究已经证明杠杆率和崩盘风险之间存在负相关关系（Hutton et al.，2009；Kim et al.，2011a）。本章的研究为上述矛盾提供了一个调和，即银行可以事先为股价崩盘风险定价，存在高崩盘风险的公司更难获得贷款，这在一定程度上解释了杠杆率和崩盘风险之间的负相关关系。实际上，本章的结果也与违约结构模型具有相通性，该模型认为有高风险和高破产成本的公司杠杆率应该相对更低（Merton，1974；Black & Cox，1976；Leland，1994）。

其三，本章的研究结果为股票和信贷市场之间的风险传导机制研究提供了新的视角。Black 和 Scholes（1973）、Merton（1974）在其著作中构建了公司股票收益和债券利差之间的负相关关系。Keim 和 Stambaugh（1986）、Campbell（1987）、Campbell 和 Ammer（1993）使用股票总收益和债券利差来检验这种关系。Kwan（1996）也发现公司的股票收益与其债务利差之间存在联系。本章则进一步证明了极端负收益如何影响银

---

① 本书根据贷款银行的类型，将六大国有银行和三家国家政策性银行列为大型国有银行，统称九大国有控股银行。这些银行包括中国工商银行（ICBC）、中国银行（BOC）、中国农业银行（ABC）、中国建设银行（CBC）、交通银行（BC）、中国邮政储蓄银行（PSBC）、中国开发银行（CDB）、中国进出口银行（EXIMBC）和中国农业发展银行（ADBC）。

行贷款利差，并为股票收益与私人债务利差之间的关系提供了新的证据。

其四，本章丰富了正式和非正式制度相互作用的研究。Williamson（2000）制定了四个层面的制度：非正式制度（如社会规范，习俗和传统）；制度环境；治理；资源分配和就业。从该角度看，政府对银行的所有权可以视为一种特殊治理机制，而政治关联则代表着一种非正式制度。本章的研究结果表明，非正式制度和特殊治理机制降低了企业的借贷成本，同时削弱了银行的贷款定价能力。相反，正式制度可以纠正非正式制度和特殊治理机制的不利影响。

7.2　文献回顾与假设推导

7.2.1　公司信贷成本的决定因素

Merton（1974）指出公司债务、杠杆以及资产经营风险的成熟度都是影响信贷利差的关键因素。Black 和 Cox（1976）以及 Leland（1994）也发现利用资本结构模型所估计的破产概率将会对债务成本造成影响。此外，当股东与债权人存在利益冲突时，管理者代为行使股东权利期间，容易产生擅自分配、未征得债权人同意就发行新债的债权稀释行为，以及资产置换和投资不足（过度）等行为，这些行为将对公司未偿还债务方面产生负面的影响（Jensen & Meckling，1976；Myers，1977；Smith Jr. & Warner，1979）。

首先，根据债务契约的代理理论，降低代理成本可以减少公司债务成本。现有的实证研究证实了这一假设，并指出完善的公司治理制度和健全的内部控制机制能够有效降低债务融资成本（Dhaliwal et al.，2011；Kim et al.，2011b；Lin et al.，2011；Valta，2012）。其次，提高公司透明度可以减少信息不对称和代理问题，从而提高借款的透明度以及降低借款费用（Sengupta，1998；Graham et al.，2008）。再次，由于抵押担保可以缓解贷款中事前的逆向选择以及贷后的道德风险问题，因此有形资产和资产清算价值与债务成本相关（Bester，1985；Boot et al.，1991；Benmelech et al.，2005）。最后，正式和非正式制度因素可以通过改善信息不对称的情况，提高借款双方的信任来影响企业债务成本（Chen et al.，2016；Chui et al.，2016）。综上所述，信贷利差是由公司经营、资产价值、代理问题、制度等多种风险因素决定的。

7.2.2　崩盘风险与债务成本

公司的股价暴跌并不罕见。Kim 等（2011a）指出，在 1995—2008 年的大量美国公司样本中，有 16.1% 的公司平均每年至少经历一次崩盘事件。关于崩盘风险最流行的理论是坏消息囤积（Jin & Myers，2006）。在信息不对称的情况下，管理者与股东之间的利益冲突促使管理者长期隐瞒负面信息，以实现薪酬最大化、保住自己的职位，或减少诉讼问题。内部人员蓄意掩饰负面信息，加快利好消息的发布，导致内部和外部投资者信息不对称，进而形成"信息壁垒"（Graham et al.，2005；Ball，2009；LaFond & Watts，2008；Khan & Watts，2009；Kothari et al.，2009）。当累积的坏消息达到顶点时，它会立即全部释放。由于坏消息的集中爆出以及投资者信念的异质性和波动性反馈的影响，股价会产生负偏差（Hong & Stein，2003；Hutton et al.，2009）。

在中国，股价崩盘情况同样也不少见。例如，Han 和 Liang（2017）的研究表明，2015 年市场崩盘期间，近一半的上市公司市值损失超过股灾前市值的 50%，其中最大的损失超过 70%。目前普遍的观点认为，市场对崩盘风险的敏感性首先归因于财务报告的不透明。Piotroski 和 Wong（2012）认为，财务报告不透明的动机是可抵消的。Xu 等（2014）从代理的角度发现，有的国有企业高管为了享受额外的津贴而长期隐瞒坏消息，提高了股价崩盘的风险。因此，约束代理的机制能够降低股价崩盘风险，如更严格的内部控制或对投资者更好的保护（Chen et al.，2017；Zhang et al.，2017）。政治激励也会抑制坏消息的发布。根据债务契约理论，股价崩盘风险与不透明的信息环境和严重的代理冲突有关，从而会导致债务成本提高。信息不透明会产生信息风险，而且随着信息不对称程度的提高，债权人面临债务人违约的风险是递增的（Duffie & Lando，2001；Easley & O'Hara，2004；Lambert et al.，2007）。相反，信息高度透明则能够有效降低借贷成本（Sengupta，1998；Francis et al.，2005；Bharath et al.，2008；Yu，2005）。根据债务契约的代理理论，代理冲突的程度与信贷价差呈正相关。崩盘风险水平反映了该公司信息不透明度和代理冲突的程度。银行会避免向崩盘风险高的公司发放贷款，或在向这些公司发放贷款时约定更严格的合同条款。因此，笔者预计崩盘风险水平与企业借款成本呈正相关。股价崩盘也会增加破产风险。债务定价的结构模型表明，债务和股票价值是同时确定的（Merton，1974；Black & Cox，1976；Leland，1994）。由于股价下跌会缩小破产边界，继而增加破产风险，因此债权人对潜在的崩盘风险极为敏感。Collin - Dufresne 等（2001）的研究证实，公司价值下降的概率变化与信贷利差的变化是正相关关系。由于私人债务通常不进行交易，股价下跌的影响无法立即体现在买卖价格上。因此，银行只能在签订贷款合同的过程中，把股价崩盘风险视为公司破产风险的重要指标，并通过契约条款来进行风险定价。股票价格崩盘风险引发破产的一个真实例子是辉山乳业控股有限公司，2016 年 12 月，"浑水研究"发表了两篇关于在香港交易所上市的辉山乳业控股有限公司的报道。该报道称辉山乳业控股有限公司涉嫌虚假报告和资产转移，该公司杠杆率过高，濒临破产。辉山公司试图反驳这些负面报道，从 2016 年 12 月到 2017 年 3 月 24 日，其股价稳定在 2.70 港元至 3.00 港元之间。其后，随着市场对公司不信任程度的上升，其股价下跌 85%，收于 0.42 港元。该公司的股票随后被停牌清算，以致 20 多家银行无法得到全额赔偿，造成了重大损失。这个经典案例和其他类似案例都提醒银行贷款时要尽可能避开股价极具下行风险的公司。综上所述，股价崩盘风险与信息不对称、代理冲突和破产风险等相关，这些因素都会导致债务成本上升。因此，本章提出以下假设：

H_1：在其他条件相同的情况下，崩盘风险较高的公司在获得银行贷款时需要支付较高利差。

7.2.3　国家对银行控制的影响

债权人在借债时会表现出不同的信息获取能力和风险偏好。根据不完全契约理论，小规模银行基于"软信息"进行贷款更有优势，而大银行基于"硬信息"进行贷款更有优势（Berger et al.，2005）。其他银行特征也会影响银行的经营行为。Canales 和 Nanda（2012）发现分行经理在贷款决策上享有更大的自主权，其会向小公司以及拥有"软信息"的公司提供更大额的贷款。Hollander 和 Verriest（2016）表明，当企业向地理距离较远的贷款人寻求贷款时，债务合同条款通常会更加严苛。Carey 等（1998）的研究表明，与银行相比，金融公司的服务风险更大，尤其当给杠杆率高的企业提供贷款时，这种风险更加明显。

另一个被广泛讨论的银行特征是银行所有权，特别是国有银行。自 1979 年以来，中国银行业的权力下放促进了转型初期经济的蓬勃发展。Cull 和 Xu（2003）发现，从 1980 年到 1994 年，银行向盈利可观的国有企业提供了更多的银行信贷。然而在 20 世纪 90 年代，四大银行遭遇了严重的坏账损失，进而影响到国有企业的经营。为此，Berger 等（2009）认为，1994—2003 年中国四大国有银行的贷款效率是最低的。2004 年，中国开始进行银行体系的多元化发展，这使得银行业竞争和贷款效率提高。随后的研究表明，国有银行的问题与政治部署、资源分配不当有关（La Porta et al.，2002；Sapienza，2004；Claessens et al.，2008；Carvalho，2014）。

截至 2014 年底，我国已建立了国有控股银行、政策性银行、股份制商业银行、城市商业银行、乡镇商业银行和外资银行相互竞争的多层次银行体系。然而，国有控股银行和政策性银行还深受政府的影响，在发放贷款时缺乏市场导向，对崩盘风险的评估能力有限。基于对不同类型银行的借贷行为和政府影响的分析，笔者设想大型国有银行（包括国有控股银行和政策性银行）在发放贷款时不太可能完全根据公司实际风险定价，由此提出以下假设：

H_2：在其他条件相同的情况下，大型国有银行的崩盘风险与信贷利差的正相关关系并不那么显著。

7.2.4　政治关联的影响

从公司层面来看，全球各地企业在发展中都存在政治关联现象（Faccio，2006），而成长中的企业和新兴市场中的公司尤其受益于政治关联（Fisman，2001；Faccio，2006），其中一个重大收益就是获取外部融资。Khwaja 和 Mian（2005）发现，在巴基斯坦，那些有着政治关联的公司能够获得更多银行贷款，但是这些公司同样也有着更高的违约率。Claessens 等（2008）发现，每次选举后，向（当选的）联邦议员捐款的巴西公司相对于其他公司而言能够获得更多的银行融资。Leuz 和 Oberholzer‐Gee（2006）指出，有政治关联的公司通常能够从国有银行获得低息贷款，无须进军海外资本市场。Faccio 等（2006）的研究表明，贷款人愿意向有政治关联的公司提供更多贷款，因为其能够合理地预测未来不良贷款，并且更有可能获得紧急救助。Infante 和 Piazza（2014）调查了意大利企业受本国政治关联的影响，并找到了有力的证据表明当公司与地方政府有政治关联时，其会受益于更低的贷款利率，而且这种效应在腐败发生率较高的地区更为显著。Houston 等（2014）发现，在 2003—2008 年期间，如果标准普尔 500 指数公司有董事会成员具有政治关联，该公司获得银行贷款的成本会低得多。

在相对薄弱的正式制度环境下，社交网络在经济转型中尤为重要。而这种社会网络对经济组织的好处不仅包括更大程度地获取资源（Shane & Cable，2002；Uzzi，1996），而且包括降低交易成本（Gulati，1995）。当自然资源和金融资源的获取受到国家严格控制时，公司董事有可能通过其与政府官员的社会网络所建立的政治关联帮助公司获得包括银行贷款在内的财务资源。从另一个角度来看，政治关联实际上削弱了银行自主的风险评估能力。因此，本章提出以下假设：

H_3：在其他条件相同的情况下，有政治关联的公司的崩盘风险与信贷利差的正相关关系并不那么显著。

7.2.5　制度环境与债务契约

制度环境是指决定不同国家法律环境的一套正式规则，如宪法、法律和财产权（Williamson，2000）。有跨国研究表明，良好的制度环境与丰富的融资渠道、高速的经济增长和更高效的资源配置有关（Demirgüç‐Kunt & Maksimovic，1998；Beck & Levine，2002）。中国被认为是一个快速增长的经济体（Allen et al.，2005）。在不同省份，其体制环境和经济自由度有着巨大的差异（樊纲等，2011；王小鲁等，2017）。基于中国省际面板数据，Hasan 等（2009）发现金融市场的发展、法律环境的完善、知识产权意识提高和政治多元化都与高速的经济增长有关。

以市场化指数衡量的制度环境在中国金融市场具有重要调节作用。例如，Feng 和 Johansson（2014）证实了政治参与增加了企业的现金持有水平，但随着市场化程度的提高，这种效应逐渐减弱。Helmke 和 Levitsky（2004）的研究表明，正式制度和非正式制度可以相互替代。据此，本章提出以下假设：

H_4：在制度环境完善的地区，国家影响力和政治关联对经济增长的影响较弱。

7.3　研究设计

7.3.1　数据和样本

本研究基于 2003—2014 年中国 A 股上市公司的数据进行了实证检验。研究的样本数据主要来自于以下几种渠道：首先，从 CSMAR 数据库下载上市公司的银行贷款数据组成初始研究样本，然后从数据文本中提取利率、借款日期、到期日、借款金额、借款类型（即信贷、抵押品、担保）和其他贷款合同信息；对于缺失值，通过查找公司年报予以尽可能的补充，最终获得 996 笔有效借款合同数据。随后将每份合约的利率与央行基准借款利率相匹配，从而获得借款利差。其他财务报表和股票价格数据来源于 CSMAR 数据库，市场化指数取自 2011 年中国省份报告（樊纲等，2011）的 NERI 指数和中国省份 2016 年 NERI 报告市场化指数（王小鲁等，2017）；上市公司所有权性质以及政治关联数据则从公司年报中逐一识别。

7.3.2　股价崩盘风险的衡量

本研究使用期望的负偏态系数（Expected Negative Skewness）代表潜在未来股价崩盘可能性。对于预期的崩盘风险一般有两种方法予以衡量：一种是使用"隐含波动率微笑"（Implied Volatility Smirk）。根据期权定价理论，"隐含波动率微笑"除了代表投资者对崩盘风险的厌恶程度，还能表示其对公司股票价格崩盘概率和规模的事前评估。Kim 和 Zhang（2014）发现财务报告的信息不透明度水平与"隐含波动率微笑"的陡峭程度呈正相关。但是，计算隐含波动率所需的期权价格并非在每个市场都可获得，因此，可采用估算崩盘风险的另一种方法：使用崩盘风险的拟合值（An et al.，2015）。由于在中国内地没有针对个别股票的期权报价，故本研究使用了崩盘风险的拟合值，具体估计程序如下：

第一步，计算股价崩盘风险。

首先，测算单个股票收益受市场收益影响的程度，无法解释的部分为个股的公司特质收益。[①]

$$r_{i,t} = \alpha_i + \beta_{1,i} \times r_{m,t-2} + \beta_{2,i} \times r_{m,t-1} + \beta_{3,i} \times r_{m,t} + \beta_{4,i} \times r_{m,t+1} + \beta_{5,i} \times r_{m,t+2} + \varepsilon_{i,t}$$

$$(7-1)$$

其中，$r_{i,t}$ 是股票 i 第 t 周的收益率（考虑了现金红利再投资），$r_{m,t}$ 是市场收益率。

其次，计算股票 i 在第 t 周的公司特质收益率：

$$W_{i,t} = \ln(1 + \varepsilon_{i,t})$$

$$(7-2)$$

其中，$\varepsilon_{i,t}$ 为式（7-1）的残差。

公司周特质收益率的负偏态系数计算公式为：

$$NCSKEW_{i,t} = -\left[n(n-1)^{\frac{3}{2}} \sum W_{i,t}^3\right] / \left[(n-1)(n-2)\left(\sum W_{i,t}^2\right)^{\frac{3}{2}}\right] \quad (7-3)$$

该式中的 n 是公司股票年度交易周数，该指标越大，说明公司股票价格崩盘风险越大。

公司特质收益波动比率的计算公式为：

$$DUVOL_{i,t} = \log\left\{\left[(n_u - 1) \sum_{down} W_{i,t}^2\right] / \left[(n_d - 1) \sum_{up} W_{i,t}^2\right]\right\} \quad (7-4)$$

该式中的 n_u 代表公司股票在每年度内周特质收益率 $W_{i,t}$ 大于年度均值的周的个数，n_d 代表公司股票在每年度内周特质收益率 $W_{i,t}$ 小于年度均值的周的个数。该指标越大，说明公司股价崩盘风险越大。

第二步，用公司股价崩盘风险对其决定因素进行回归。

$$CR_{i,t} = \alpha + \delta Z_{i,t-1} + \chi Ind + \gamma Year + e_{i,t}$$

$$(7-5)$$

其中，$CR \in \{NCSKEW, DUVOL\}$，$Z_{i,t-1}$ 代表公司层面的滞后一期变量，包括偏态

[①] 与 Jin 和 Myers（2006）的研究保持一致，若特定年份的每周股票回报少于 30 个，则予以删除。

系数（$NCSKEW_{i,t-1}$），去趋势换手率（$Dtn_{i,t-1}$），市值账面比率（$Mtb\_e_{i,t-1}$），借款比率（$Ld_{i,t-1}$），公司周特质收益率均值（$Rw_{i,t-1}$）、标准差（$Sigw_{i,t-1}$），公司市值规模（$Size\_e_{i,t-1}$），资产收益率（$Roa_{i,t-1}$），公司盈余透明度（$Opaque_{i,t-1}$）；Ind 和 $Year$ 分别代表行业固定效应和年度效应。

第三步，股价崩盘风险指标的拟合。

根据式（7-5）回归得到的系数，使用线性模型对 $CR \in \{NCSKEW, DUVOL\}$ 进行拟合：

$$\widehat{CR}_{i,t} = \hat{\alpha} + \hat{\beta}Z_{i,t-1} + Ind\_dummy + Year\_dummy \qquad (7-6)$$

由式（7-6）分别得到 $NCSKEW$ 和 $DUVOL$ 的拟合值 $NCSKEW\_h$ 和 $DUVOL\_h$，并以此作为外部人对公司崩盘的风险预期度量。其中，$\widehat{CR}_{i,t} \in \{NCSKEW\_h_{i,t}, DUVOL\_h_{i,t}\}$，为 $t-1$ 期崩盘风险影响因素的拟合值，代表公司 i 根据 $t-1$ 年的信息对 t 年的预期值。

有关上述变量的定义和描述性统计在表7-1中予以了说明。该表显示了式（7-5）中使用的因变量的变量定义和描述性统计。样本期为2003—2015年（滞后一期为2002—2014年），涵盖了CSMAR数据库的全部样本，所有变量都在1%统计水平上进行了缩尾处理。

表7-1 股价崩盘风险预期的计算说明

Panel A：变量定义	
变量名称	变量定义和构建
$NCSKEW$	公司特定周收益率的负偏态系数
Dtn	去趋势换手率；本年度月均营业额减去上一年度月均营业额
$Sigw$	公司特定周收益率的标准差
Rw	公司特定周收益率的年度平均值
$Size$	公司股票市值的自然对数
Mtb	市值账面比率
Lev	资产负债率
Roa	资产收益率
$Opaque$	根据修正的琼斯模型计算的年度可自由支配应计项目绝对值的过去三年之和

（续上表）

				Panel B：描述性统计				
变量名称	*N*	*mean*	*sd*	*min*	*p25*	*p50*	*p75*	*max*
NCSKEW	17 630	− 0. 222	0. 724	− 3. 973	− 0. 598	− 0. 194	0. 186	4. 834
Dtn	17 630	− 0. 091	38. 475	− 266. 574	− 18. 942	− 0. 591	18. 631	279. 243
Sigw	17 630	0. 046	0. 021	0. 004	0. 033	0. 043	0. 055	1. 083
Rw	17 630	− 0. 001	0. 004	− 0. 491	− 0. 002	− 0. 001	− 0. 001	0
Size	17 630	21. 966	1. 052	19. 675	21. 246	21. 853	22. 571	25. 392
Mtb	17 630	1. 782	1. 657	0. 165	0. 748	1. 29	2. 182	11. 313
Lev	17 630	0. 506	0. 22	0. 05	0. 355	0. 508	0. 645	1. 492
Roa	17 630	0. 036	0. 077	− 0. 267	0. 009	0. 031	0. 065	0. 351
Opaque	17 630	0. 22	0. 182	0. 028	0. 104	0. 17	0. 271	1. 169

7.3.3 回归模型

本研究对借款成本的预期崩盘风险的基线回归模型设定如下：

$$Spread_{i,t} = \alpha + \beta_0 \widehat{CR}_{i,t} + \beta_1 Term_{i,t} + \beta_2 lnamount_{i,t} + \beta_3 Coll_{i,t} + \beta_4 Gua_{i,t} + \beta_5 Owner_{i,t} + \beta_6 lnta_{i,t-1} + \beta_7 Lev_{i,t-1} + \beta_8 Roa_{i,t-1} + \beta_9 Fixass_{i,t-1} + \beta_{10} Inventory_{i,t-1} + \beta_{11} Cfov_{i,t-1} + \beta_{12} Growth_{i,t-1} + \beta_{13} Big4_{i,t-1} + \beta_{14} Age_{i,t-1} + \beta_{15} Cfo_{i,t-1} + \beta_{16} Icov_{i,t-1} + \lambda \sum Ind + \gamma \sum Year + \varepsilon_{i,t}$$

$$(7 - 7)$$

该模型中的因变量 *Spread* 为合同利差，是按照贷款利率（*IR*）减去中央银行在同一时期设定的基准利率（*Prime*）的差值。解释变量 $\widehat{CR}_{i,t} \in \{NCSKEW\_h_{i,t}, DUVOL\_h_{i,t}\}$ 是公司 *i* 在 *t* 年的预期股价崩盘风险，以 *NCSKEW* 或 *DUVOL* 的拟合值计算。控制变量包括贷款合同特征和借款公司特征，它们代表了贷款的潜在风险因素。具体来说，贷款合同特征包括贷款到期日（*Term*）、借款金额（lnamount）、贷款是否抵押（*Coll*）以及贷款是否有保证（*Gua*）。借款公司特征包括公司规模（lnta）、杠杆率（*Lev*）、盈利能力（*Roa*）、有形资产比率（*Fixass*）、存货（*Inventory*）、经营现金流波动率（*Cfov*）、公司增长率（*Growth*）、审计质量（*Big*4）、公司上市年限（*Age*）、经营现金流量（*Cfo*）和现金流量利息保障倍数（*Icov*）。考虑到中国的二元经济特征，相比于国有企业，私营企业获得银行贷款的难度更大，所以本研究根据借款人的实际控制人性质来区分其所有权性质（*Owner*），并予以控制。最后，还控制了行业和年度固定效应。为了避免极端值的影响，本研究对所有连续变量均在第 1 和第 99 百分位数上进行了缩尾处理。

上述变量的基础定义如表 7-2 所示：

表 7-2 变量定义表

变量名称	变量定义和结构
IR	合同利率
Prime	中国人民银行、中央银行发行的基准利率
Spread	合约利率减去基准利率
Term	贷款期限
lnamount	借款金额的自然对数
Coll	如果借款被抵押，则为 1，否则为 0
Gua	如果借款有担保，则为 1，否则为 0
NCSKEW_h	预期的崩盘风险 1（NCSKEW 的拟合值）
DUVOL_h	预期的崩盘风险 2（DUVOL 的拟合值）
NCSKEW	公司年度特定周回报的负偏差
DUVOL	一年内前后两周公司特定回报的标准差的自然对数
Owner	国家控制，如果借款公司由国家控制，则为 1，否则为 0
lnta	滞后年份资产的自然对数
Lev	杠杆率，计算为滞后年份的负债总额与总资产的比率
Roa	滞后年份的资产回报率
Fixass	滞后年份固定资产占总资产的比例
Inventory	滞后年份库存占总资产的比例
Cfov	以过去三个财政年度总资产规模的经营季度现金流量的标准差计算的现金流量波动率
Growth	在一个滞后年份的销售增长率
Big4	如果借款人的审计员是四大会计师事务所人员，则指标变量等于 1，否则为 0（在滞后年份）
Age	公司在 CSMAR 数据库中有数据年数的自然对数（在一个滞后年份）
Cfo	经营活动产生的现金流量除以滞后年份总资产
Icov	在一个滞后年份中获得的时间利息
Pc	如果公司董事（当前或过去）有在政府机构中工作的经验，则虚拟变量等于 1，否则为 0
Banktype	如果贷方是九大国有控股银行之一，则虚拟变量等于 1，否则为 0
Mindex	中国各省的市场化指数（樊纲等，2011；王小鲁等，2017）

7.4 实证结果

7.4.1 描述性统计和相关性

表 7 - 3 给出了主要回归中所用变量的描述性统计。样本周期为 2003—2014 年。

在表 7 - 3 中，银行贷款的平均信贷利差（*Spread*）为 1.064%，其范围在 - 3% 到 8.13% 之间，可以看出商业银行在贷款市场存在差别定价。样本公司在 2003—2014 年的平均借款合同利率（*IR*）为 6.951%，同期央行规定的基准贷款利率（*Prime*）为 5.878%，其中一年期限的贷款占大多数，最长的借款期限可长达 20 年，这与 Diamond（1991，1993）的观点保持一致，即银行为了控制信贷风险会缩短平均贷款期限，并通过短期贷款实现频繁地重新定价。从贷款的细化分析来看，抵押贷款占贷款总额的 17.7%，担保贷款占 42.3%，大型国有银行发行 29% 的贷款。

表 7 - 3 主要变量描述性统计

变量名称	N	mean	sd	min	p25	p50	p75	max
IR	996	6.951	2.418	3.000	5.310	6.035	7.602	15.000
Prime	996	5.878	0.540	4.860	5.355	6.000	6.150	7.830
Spread	996	1.064	2.240	- 3.000	- 0.150	0.000	1.565	8.130
NCSKEW_ h	996	- 0.283	0.230	- 0.756	- 0.467	- 0.343	- 0.084	0.441
DUVOL_ h	996	- 0.319	0.227	- 0.818	- 0.486	- 0.378	- 0.121	0.359
NCSKEW	996	- 0.274	0.919	- 3.470	- 0.770	- 0.225	0.219	3.791
DUVOL	996	- 0.289	0.854	- 2.701	- 0.853	- 0.285	0.145	2.556
Term	996	1.598	1.481	0.083	1.000	1.000	2.000	20.000
Coll	996	0.177	0.382	0.000	0.000	0.000	0.000	1.000
Gua	996	0.423	0.494	0.000	0.000	0.000	1.000	1.000
lnamount	996	18.227	1.285	15.425	17.217	18.258	19.114	21.060
lnta	996	22.154	1.372	18.806	21.105	22.060	23.171	26.091
Lev	996	0.625	0.184	0.087	0.516	0.621	0.749	1.492
Roa	996	0.030	0.069	-0.267	0.008	0.032	0.052	0.351

（续上表）

变量名称	N	mean	sd	min	p25	p50	p75	max
Fixass	996	0.269	0.234	0.001	0.036	0.224	0.447	0.754
Inventory	996	0.274	0.260	0.000	0.059	0.156	0.562	0.731
Cfov	996	13.742	4.987	4.979	9.052	14.002	18.587	22.465
Growth	996	0.278	0.713	-0.736	-0.041	0.136	0.355	4.124
Mtb	996	1.163	1.103	0.165	0.438	0.804	1.486	8.530
Big4	996	0.026	0.160	0.000	0.000	0.000	0.000	1.000
Age	996	2.396	0.514	1.099	2.079	2.485	2.773	3.296
Opaque	996	0.299	0.262	0.028	0.136	0.209	0.355	1.169
Cfo	996	0.018	0.092	-0.217	-0.036	0.031	0.073	0.270
Icov	996	-2.648	52.167	-289.732	-2.365	1.667	5.228	309.118
Owner	996	0.739	0.439	0.000	0.000	1.000	1.000	1.000
Banktype	996	0.290	0.454	0.000	0.000	0.000	1.000	1.000
Pc	996	0.618	0.486	0.000	0.000	1.000	1.000	1.000
Mindex	996	7.233	1.684	2.530	5.960	7.270	8.670	10.920

表7-4报告了主要变量之间的相关性。崩盘风险预期（NCSKEW_h和DUVOL_h）与利差（Spread）呈负相关，这与本章的假设相违背。但是，合同利率对各种贷款和公司层面的变量都较为敏感。例如，短期贷款的信贷利差通常低于长期贷款的信贷利差。因此，只有控制了贷款和公司层面的特征之后，才能确定预期的崩盘风险和借贷成本之间的真实相关性。政治关联（Pc）与利差（Spread）呈负相关，意味着有政治关联的公司更容易获得较低成本的贷款。银行种类也与利差呈负相关，表明大型国有银行发行的贷款利息较低。此外，银行种类（Banktype）与企业所有权（Owner）呈正相关，支持国有企业更有可能从国有银行贷款的观点。同时，现金流（Cfo）、利息覆盖率（Icov）和有形资产（Fixass）的水平越高，违约风险越低，借贷成本越低。然而，较高水平的现金流波动率（Cfov）、杠杆率（Lev）和库存（Inventory）表明存在较高的业务风险，从而导致信息不对称和较高的贷款成本。由于受其他贷款因素的影响，公司规模（lnta）和公司上市年限（Age）与利差呈正相关。

表7-4　主要变量相关矩阵

| | Spread | NCSKEW_h | DUVOL_h | Term | lnamount | Call | Gua | Owner | lnta | Lev | Roa | Fixass | Inventory | Cfov | Growth | Big4 | Age | Cfo | Icov | Pc | Banktype | Mindex |
	(1)	(2)	(3)	(4)	(5)	(6)	(7)	(8)	(9)	(10)	(11)	(12)	(13)	(14)	(15)	(16)	(17)	(18)	(19)	(20)	(21)	(22)
(1)	1																					
(2)	-0.260***	1																				
(3)	-0.248***	0.994***	1																			
(4)	0.013	-0.185***	-0.183***	1																		
(5)	0.187***	-0.394***	-0.385***	0.328***	1																	
(6)	0.272***	-0.008	-0.007	0.161***	0.149***	1																
(7)	0.155***	-0.058*	-0.062*	0.096***	-0.023	0.280***	1															
(8)	-0.213***	-0.006	0.008	0.006	-0.031	-0.294***	-0.186***	1														
(9)	0.261***	-0.603***	-0.585***	0.189***	0.538***	-0.014	-0.027	0.081**	1													
(10)	0.315***	-0.213***	-0.200***	0.039	0.164***	0.055*	0.118***	-0.049	0.291***	1												
(11)	-0.034	-0.021	-0.045	0.067*	0.056*	-0.021	0.121***	-0.137***	0.098***	-0.285***	1											
(12)	-0.480***	0.064**	0.064*	0.071***	-0.129***	-0.186***	-0.097***	0.318***	-0.168***	-0.243***	-0.147***	1										
(13)	0.615***	-0.279***	-0.279***	0.007	0.255***	0.249***	0.217***	-0.248***	0.342***	0.411***	0.085***	-0.750***	1									
(14)	0.402***	-0.552***	-0.517***	0.074**	0.377***	0.118***	-0.046	-0.012	0.470***	0.381***	-0.203***	-0.354***	0.444***	1								
(15)	0.001	0.026	0.014	0.001	0.038	-0.032	0.071**	-0.060*	-0.012	0.112***	0.397***	-0.084**	0.033	-0.043	1							
(16)	-0.006	-0.043	-0.051	0.035	0.124***	-0.026	0.026	-0.017	0.115***	-0.062*	0.034	-0.088***	0.055*	0.032	0.033	1						
(17)	0.355***	-0.338***	-0.321***	0.017	0.314***	0.158***	-0.013	-0.115***	0.301***	0.371***	-0.153***	-0.462***	0.492***	0.888***	-0.009	0.057*	1					
(18)	-0.341***	0.189***	0.184***	0.029	-0.118***	-0.158***	-0.084***	0.158***	-0.100***	-0.263***	0.119***	0.373***	-0.412***	-0.294***	-0.068**	0.006	-0.284***	1				
(19)	-0.146***	0.088***	0.084***	-0.033	-0.122***	-0.085**	-0.070**	0.094***	-0.107***	-0.097***	-0.151***	0.163***	-0.164***	-0.118***	-0.119***	0.066**	-0.094***	0.355***	1			
(20)	-0.084***	-0.173***	-0.167***	0.119***	0.103***	0.012	0.082**	-0.039	0.087***	-0.013	0.157***	0.090***	-0.032	0.006	0.02	-0.001	-0.066**	0.066**	-0.024	1		
(21)	-0.245***	0.233***	0.225***	0.02	-0.209***	0.011	0.107***	0.103***	-0.255***	-0.208***	0.078***	0.279***	-0.242***	-0.402***	0.01	-0.063**	-0.386***	0.141***	0.006	0.060*	1	
(22)	0.165***	-0.132***	-0.113***	-0.049	0.050	-0.070**	0.025	0.035	0.076**	0.145***	-0.036	-0.274***	0.298***	0.224***	-0.055*	0.046	0.221***	-0.170***	-0.020	-0.035	-0.118***	1

注：＊＊＊、＊＊和＊分别表示系数在1%、5%和10%统计水平上与0显著不同。

7.4.2 单变量分析

表 7-5 比较了不同组别之间企业贷款条款的差异。本研究进行分组的依据分别是"公司潜在崩盘风险的高低""公司是否具有政治关联""借款银行的国有背景"。Panel A 分析比较了高预期与低预期崩盘风险公司的借款合同条款差异，其中预期崩盘风险低于公司年度中位数的公司被归类为低崩盘风险，其余公司被归类为高崩盘风险。比较结果表明，具有高崩盘风险的公司会支付更高的利差以获得期限较短的小额贷款。Panel B 比较了有政治关联和没有政治关联公司的贷款条件，其结论是有政治关联的公司以较低的成本和较长的期限获得了更多的贷款。Panel C 根据贷方种类对样本进行分组，贷方分为大型国有背景或政策性银行和市场化导向型银行两组。通过实证发现，大型国有银行发行的贷款规模较小，利差较低，期限较长，该结论与本章的假设相一致。

表 7-5 单变量分析

Panel A							
变量名称	Low crash risk			High crash risk			Mean difference	Median difference
	N	Mean	Median	N	Mean	Median		
Spread	492	0.969	0	504	1.157	0	-0.188	-0.000**
Loan size	492	195.448	100	504	161.597	60	33.851***	40***
Term	492	1.755	1	504	1.445	1	0.311***	0.000***

Panel B							
变量名称	Firms with political connections			Firms without political connections			Mean difference	Median difference
	N	Mean	Median	N	Mean	Median		
Spread	380	1.303	0.336	616	0.916	0	0.387***	0.336***
Loan size	380	159.535	62.5	616	189.905	100	-30.371*	-37.500***
Term	380	1.374	1	616	1.737	1	-0.363***	-0.000***

Panel C							
变量名称	Market-oriented banks			Major state-owned banks			Mean difference	Median difference
	N	Mean	Median	N	Mean	Median		
Spread	707	1.415	0.309	289	0.207	0	1.208***	0.309***
Loan size	707	203.443	100	289	116.853	45	86.590***	55.000***
Term	707	1.579	1	289	1.645	1	-0.066	-0.309***

注：***、**和*分别表示系数在1%、5%和10%统计水平上与0显著不同。

7.4.3　回归结果

表 7-6 报告了控制贷款和借款人的相关变量后，公司借款利差（Spread）对未来预期崩盘风险（NCSKEW_h 和 DUVOL_h）的回归结果。如表 7-6 所示，预期崩盘风险（NCSKEW_h 和 DUVOL_h）的系数为正，并在 5% 统计水平上显著。实证结果表明，具有较高崩盘风险预期的公司具有更高的贷款成本。在其他条件相同的情况下，当股价预期崩盘风险（NCSKEW_h 和 DUVOL_h）分别增加一个标准差时，利差分别扩大 0.515（2.238×0.230）和 0.538（2.370×0.227）。考虑到样本平均利差为 106 个基点，那么预期崩盘风险所带来的 51.5 和 53.8 个基点的利差变化则具有实质性的经济意义。其他控制变量的回归结果与理论预期基本一致，较高利率的抵押贷款（Coll）适用于较高风险的借款人；杠杆率（Lev）、现金流波动率（Cfov）越高，库存（Inventory）越多，其借款利率越高；具有更多有形资产（Fixass）和更长上市年限（Age）的公司，其享有较低的借贷利率。

表 7-6　股价崩盘风险与银行贷款定价

Dependent Variable：Spread	（1）	（2）
NCSKEW_h	2.238 **	
	（0.015）	
DUVOL_h		2.370 **
		（0.017）
Loan Characteristics		
Term	-0.017	-0.017
	（0.585）	（0.584）
lnamount	-0.041	-0.040
	（0.477）	（0.482）
Coll	0.630 ***	0.629 ***
	（0.001）	（0.001）
Gua	0.119	0.122
	（0.344）	（0.335）
Borrower Characteristics		
Owner	-0.240	-0.242
	（0.156）	（0.154）
lnta	-0.072	-0.067
	（0.310）	（0.343）

（续上表）

Dependent Variable: *Spread*	(1)	(2)
Borrower Characteristics		
Lev	0.762 **	0.776 **
	(0.039)	(0.035)
Roa	− 1.455	− 1.380
	(0.156)	(0.179)
Fixass	− 0.751 *	− 0.763 *
	(0.097)	(0.092)
Inventory	2.760 ***	2.760 ***
	(0.000)	(0.000)
Cfov	0.242 ***	0.242 ***
	(0.000)	(0.000)
Growth	− 0.037	− 0.039
	(0.707)	(0.692)
*Big*4	− 0.265	− 0.263
	(0.495)	(0.498)
Age	− 2.049 ***	− 2.051 ***
	(0.000)	(0.000)
Cfo	− 1.126	− 1.117
	(0.165)	(0.167)
Icov	− 0.000	− 0.000
	(0.903)	(0.901)
Constant	3.295 *	3.316 *
	(0.066)	(0.064)
Year	已控制	已控制
Industry	已控制	已控制
Observations	996	996
Adjusted R^2	0.505	0.505

注：回归中使用稳健标准误，括号中为 p 值；*** 、** 和 * 分别表示系数在1%、5%和10%统计水平上与0显著不同。

表7-6的结果表明，银行能够识别并发现企业潜在的崩盘风险，并事前调整其贷款定价。本研究根据贷款发放银行的国有背景对样本进行分类，根据式（7-7）分别对大型国有银行和市场化银行进行估计。表7-7的结果显示，市场化导向的银行在发

放贷款时［第（3）、（4）列］能够更好地对崩盘风险定价，崩盘风险系数在1%统计水平上具有显著性；而大型国有银行则没有表现出风险定价能力［第（1）、（2）列］。两组之间的系数差异测试表明，二者的风险定价能力具有显著的差异性［第（5）列］①。

表7-7　股价崩盘风险、银行贷款定价和贷款人类型

Dependent Variable:	（1）	（2）	（3）	（4）	（5）
Spread	*Banktype* =1		*Banktype* =0		*Coefficient Difference*
NCSKEW_ h	− 1.251		3.107 ***		4.358 *
	(0.579)		(0.005)		(0.062)
DUVOL_ h		− 1.252		3.261 ***	4.513 *
		(0.595)		(0.007)	(0.066)
Loan Characteristics					
Term	− 0.045	− 0.045	− 0.019	− 0.019	
	(0.380)	(0.378)	(0.679)	(0.671)	
ln*amount*	0.127	0.127	− 0.075	− 0.075	
	(0.220)	(0.219)	(0.267)	(0.270)	
Coll	0.674 **	0.673 **	0.718 ***	0.717 ***	
	(0.014)	(0.014)	(0.006)	(0.006)	
Gua	− 0.336	− 0.338	0.332 **	0.334 **	
	(0.150)	(0.149)	(0.049)	(0.048)	
Borrower Characteristics					
Owner	− 0.386	− 0.386	− 0.064	− 0.067	
	(0.299)	(0.299)	(0.776)	(0.766)	
ln*ta*	− 0.194	− 0.195	− 0.120	− 0.114	
	(0.391)	(0.392)	(0.132)	(0.153)	
Lev	− 0.058	− 0.067	1.129 **	1.150 **	
	(0.959)	(0.953)	(0.012)	(0.010)	
Roa	− 4.719	− 4.737	0.248	0.346	
	(0.144)	(0.143)	(0.827)	(0.762)	

---

①　出于稳健性考虑，笔者还使用了交乘项进行回归，结果完全相同。

（续上表）

Dependent Variable:	(1)	(2)	(3)	(4)	(5)
Spread	Banktype = 1		Banktype = 0		Coefficient Difference
Borrower Characteristics					
Fixass	−0.319	−0.304	−0.800	−0.817	
	(0.802)	(0.811)	(0.124)	(0.117)	
Inventory	1.448	1.455	2.826***	2.827***	
	(0.124)	(0.122)	(0.000)	(0.000)	
Cfov	0.146	0.146	0.239***	0.238***	
	(0.273)	(0.275)	(0.000)	(0.000)	
Growth	−0.054	−0.054	−0.120	−0.122	
	(0.801)	(0.802)	(0.267)	(0.261)	
Big4	−1.317**	−1.321**	−0.120	−0.119	
	(0.034)	(0.034)	(0.776)	(0.778)	
Age	−1.454*	−1.447*	−2.021***	−2.021***	
	(0.068)	(0.069)	(0.000)	(0.000)	
Cfo	−2.269	−2.280	−0.741	−0.733	
	(0.157)	(0.155)	(0.424)	(0.428)	
Icov	−0.001	−0.001	0.000	0.000	
	(0.611)	(0.611)	(0.910)	(0.911)	
Constant	3.392	3.320	3.949**	3.988**	
	(0.514)	(0.518)	(0.046)	(0.044)	
Year	已控制	已控制	已控制	已控制	
Industry	已控制	已控制	已控制	已控制	
Observations	289	289	707	707	
Adjusted R^2	0.222	0.222	0.543	0.543	

注：回归中使用稳健标准误，括号中为 p 值；***、**和*分别表示系数在1%、5%和10%统计水平上与0显著不同。

表7-8进一步从公司背景角度对式（7-7）进行分析，分别在有政治关联和没有政治关联的公司样本中予以检验。最后一栏报告了两组之间崩盘风险系数差异的显著性。

表7-8 股价崩盘风险、银行贷款定价以及政治关联

Dependent Variable:	(1)	(2)	(3)	(4)	(5)
Spread	*Pc* = 1		*Pc* = 0		*Coefficient Difference*
NCSKEW_h	- 0.489		5.610***		6.099***
	(0.699)		(0.000)		(0.002)
DUVOL_h		- 0.408		5.822***	6.23***
		(0.762)		(0.000)	(0.006)
Loan Characteristics					
Term	- 0.014	- 0.014	- 0.123	- 0.125	
	(0.705)	(0.711)	(0.203)	(0.196)	
l*namount*	0.079	0.079	- 0.183*	- 0.182*	
	(0.271)	(0.273)	(0.073)	(0.075)	
Coll	0.757***	0.756***	0.593*	0.598*	
	(0.001)	(0.001)	(0.057)	(0.055)	
Gua	0.170	0.169	0.002	- 0.002	
	(0.277)	(0.279)	(0.993)	(0.995)	
Borrower Characteristics					
Owner	- 0.036	- 0.034	- 0.601*	- 0.599*	
	(0.874)	(0.881)	(0.061)	(0.063)	
l*nta*	- 0.209**	- 0.207**	0.248**	0.256**	
	(0.027)	(0.030)	(0.045)	(0.040)	
Lev	0.513	0.507	0.829	0.905	
	(0.274)	(0.280)	(0.243)	(0.202)	
Roa	- 0.936	- 0.955	- 1.400	- 1.198	
	(0.518)	(0.510)	(0.341)	(0.416)	
Fixass	- 0.543	- 0.536	- 1.392	- 1.439	
	(0.327)	(0.331)	(0.153)	(0.141)	
Inventory	2.453***	2.454***	3.134***	3.115***	
	(0.000)	(0.000)	(0.001)	(0.001)	
Cfov	0.181***	0.181***	0.230***	0.225***	
	(0.001)	(0.001)	(0.008)	(0.009)	
Growth	0.043	0.042	- 0.081	- 0.092	
	(0.766)	(0.769)	(0.638)	(0.594)	
*Big*4	0.158	0.159	- 1.582***	- 1.557***	
	(0.764)	(0.764)	(0.004)	(0.005)	

（续上表）

Dependent Variable：Spread	(1)	(2)	(3)	(4)	(5)
	Pc = 1		*Pc* = 0		*Coefficient Difference*
Borrower Characteristics					
Age	− 1.832 ***	− 1.832 ***	− 1.819 **	− 1.808 **	
	(0.000)	(0.000)	(0.013)	(0.014)	
Cfo	− 0.225	− 0.231	− 1.563	− 1.547	
	(0.814)	(0.809)	(0.302)	(0.307)	
Icov	− 0.004 ***	− 0.004 ***	0.006 *	0.006 *	
	(0.002)	(0.002)	(0.067)	(0.068)	
Constant	3.064	2.995	1.413	1.568	
	(0.171)	(0.178)	(0.676)	(0.643)	
Year	已控制	已控制	已控制	已控制	
Industry	已控制	已控制	已控制	已控制	
Observations	616	616	380	380	
Adjusted R²	0.518	0.518	0.560	0.559	

注：回归中使用稳健标准误，括号中为 *p* 值；***、** 和 * 分别表示系数在 1%、5% 和 10% 统计水平上与 0 显著不同。

以前的研究已经表明政治关联有助于获得贷款。因此，笔者在评估贷款时会检验政治关联是否凌驾于银行的专业判断之上。本研究将样本按照公司背景分为有无政治关联，并在每个子样本中按照式（7-7）进行回归。表 7-8 的结果表明，银行对崩盘风险的有效定价仅在没有政治关联的公司样本中具有良好的表现［第（3）、（4）列］。两个子样本（有政治关联公司和无政治关联公司）的预期崩盘风险（*NCSKEW_h* 和 *DUVOL_h*）的差异具有统计显著性［第（5）列］。行文至此，本章的研究假设 H₁ ~ H₃ 都得到了验证。

尽管政府的介入（如国家控制）和社会资源（如政治关联）阻碍了银行在发放贷款时的风险定价能力，但正式制度并非不起作用，而是与各种非正式制度共同影响着金融市场定价行为。樊纲等（2011）和王小鲁等（2017）公布了 1997—2014 年中国各省市场化指数。在一定程度上，市场化指数正成为中国各省制度规范性的代理变量。为了考察正式和非正式制度在银行贷款市场中的相互作用，笔者根据樊纲等（2011）和王小鲁等（2017）的市场化指数对样本进行分组。市场化指数高于年度中位数的各省公司被归类为高市场化群体，反之则归类为低市场化群体。本研究首先测试银行的国有背景和市场化指数之间的相互作用。具体的检验结果如表 7-9 所示，银行种类（*Bank-type*）和股价预期崩盘风险（*NCSKEW_h* 和 *DUVOL_h*）的交乘项是本研究关心的主要变量，反映出在不同市场化条件下的交互作用。表7-9的第（3）、（4）列表明，在市场化程度低的地区，交乘项 $NCSKEW\_h \times Banktype$ 和 $DUVOL\_h \times Banktype$ 的系数显著为负，说明银行的国有背景显著削弱了银行对崩盘风险的定价能力；而这一结果在市场化程度高的地区并没有被观测到。一个可能的解释是：为了支持陷入财务危机的企业，在外部力量的干涉下，大型国有银行可能会逆转预期崩盘风险的定价行为；而在市场化程度高的地区，银行能够为崩盘风险更好地定价，此时大型国有银行的风险定价能力能够表现更好［如表7-9第（1）、（2）列所示］。

表 7-9　制度环境对银行类型的影响

Dependent Variable： Spread	（1）	（2）	（3）	（4）	（5）
	High Marketization		Low Marketization		Coefficient Difference
NCSKEW_ h	3. 316 *** (0. 004)		2. 459 (0. 155)		
DUVOL_ h		3. 467 *** (0. 005)		2. 546 (0. 175)	
NCSKEW_ h × Banktype	1. 291 ** (0. 035)		− 2. 871 * (0. 050)		− 4. 162 *** (0. 002)
DUVOL_ h × Banktype		1. 295 ** (0. 042)		− 2. 748 * (0. 074)	− 4. 043 *** (0. 003)
Banktype	− 0. 127 (0. 433)	− 0. 077 (0. 662)	− 0. 212 (0. 436)	− 0. 292 (0. 332)	
Loan Characteristics					
Term	− 0. 030 (0. 455)	− 0. 030 (0. 455)	− 0. 015 (0. 803)	− 0. 017 (0. 782)	
lnamount	− 0. 073 (0. 285)	− 0. 073 (0. 286)	0. 031 (0. 806)	0. 029 (0. 820)	
Coll	0. 694 *** (0. 003)	0. 697 *** (0. 002)	0. 807 ** (0. 028)	0. 805 ** (0. 029)	
Gua	0. 096 (0. 516)	0. 097 (0. 508)	0. 401 (0. 173)	0. 400 (0. 176)	

（续上表）

Dependent Variable: Spread	(1)	(2)	(3)	(4)	(5)
	High Marketization		Low Marketization		Coefficient Difference
Borrower Characteristics					
Owner	− 0.195	− 0.199	0.348	0.331	
	(0.316)	(0.305)	(0.525)	(0.547)	
lnta	− 0.026	− 0.021	− 0.193	− 0.186	
	(0.762)	(0.807)	(0.197)	(0.212)	
Lev	0.570	0.594	0.400	0.377	
	(0.227)	(0.207)	(0.655)	(0.673)	
Roa	− 0.374	− 0.252	− 12.511***	− 12.412***	
	(0.768)	(0.843)	(0.003)	(0.003)	
Fixass	− 0.718	− 0.737	− 1.252	− 1.265	
	(0.254)	(0.241)	(0.185)	(0.190)	
Inventory	3.122***	3.128***	1.052	0.979	
	(0.000)	(0.000)	(0.490)	(0.520)	
Cfov	0.247***	0.245***	0.186	0.178	
	(0.000)	(0.000)	(0.310)	(0.332)	
Growth	− 0.074	− 0.077	0.514	0.502	
	(0.495)	(0.478)	(0.208)	(0.219)	
Big4	− 0.546	− 0.539	0.320	0.300	
	(0.169)	(0.173)	(0.788)	(0.803)	
Age	− 2.189***	− 2.184***	− 0.858	− 0.786	
	(0.000)	(0.000)	(0.558)	(0.593)	
Cfo	− 1.579*	− 1.556*	0.372	0.375	
	(0.089)	(0.094)	(0.859)	(0.859)	
Icov	− 0.000	− 0.000	0.000	0.000	
	(0.915)	(0.912)	(0.936)	(0.946)	
Constant	4.060**	4.107**	4.161	4.092	
	(0.041)	(0.038)	(0.230)	(0.239)	
Year	已控制	已控制	已控制	已控制	
Industry	已控制	已控制	已控制	已控制	
Observations	811	811	185	185	
Adjusted R^2	0.532	0.532	0.387	0.383	

注：回归中使用稳健标准误，括号中为 p 值；***、**和*分别表示系数在1%、5%和10%统计水平上与0显著不同。

类似地，表 7 - 10 测试了政治关联和市场化指数的相互作用。表 7 - 10 第 （1）、（2）列的结果显示，交乘项 $NCSKEW\_h \times Pc$ 和 $DUVOL\_h \times Pc$ 并不显著。这表明在市场化程度高的地区，崩盘风险能够被合理定价，政治关联并没有对银行的定价能力产生削弱作用；更进一步的理解在于，在市场规律能够充分发挥作用的地方，政治关联并不能缓解银行对预期崩盘风险的担忧。相比之下，在市场化程度较低的地区 ［如表 7 - 10 第 （3）、（4）列所示］，银行对崩盘风险的定价能力不高，如 $NCSKEW\_h$ 的系数不显著 ［第 （3）列］以及 $DUVOL\_h$ 呈现非常微弱的显著性 ［第 （4）列］。而交乘项 $NCSKEW\_h \times Pc$ 和 $DUVOL\_h \times Pc$ 具有负显著性，说明在正式制度薄弱的地区，政治关联有助于高风险公司获得低价贷款，削弱了银行贷款的风险定价能力。

表 7 - 10　制度环境对政治关联的影响

Dependent Variable: *Spread*	（1）	（2）	（3）	（4）	（5）
	High Marketization		*Low Marketization*		*Coefficient Difference*
$NCSKEW\_h$	3. 767 *** (0. 002)		2. 590 (0. 109)		
$DUVOL\_h$		3. 857 *** (0. 003)		2. 921 * (0. 090)	
$NCSKEW\_h \times Pc$	− 0. 684 (0. 297)		− 3. 282 ** (0. 030)		− 2. 598 * (0. 074)
$DUVOL\_h \times Pc$		− 0. 625 (0. 352)		− 3. 277 ** (0. 038)	− 2. 652 * (0. 079)
Pc	− 0. 611 *** (0. 001)	− 0. 621 *** (0. 002)	− 0. 882 * (0. 059)	− 0. 975 * (0. 058)	
Loan Characteristics					
Term	− 0. 024 (0. 559)	− 0. 024 (0. 550)	− 0. 035 (0. 594)	− 0. 031 (0. 639)	
lnamount	− 0. 059 (0. 376)	− 0. 058 (0. 387)	0. 058 (0. 630)	0. 053 (0. 664)	
Coll	0. 637 *** (0. 006)	0. 639 *** (0. 006)	0. 773 ** (0. 043)	0. 762 ** (0. 046)	
Gua	0. 104 (0. 476)	0. 107 (0. 463)	0. 531 * (0. 081)	0. 544 * (0. 075)	

（续上表）

Dependent Variable:	(1)	(2)	(3)	(4)	(5)
Spread	*High Marketization*		*Low Marketization*		*Coefficient Difference*
Borrower Characteristics					
Owner	− 0.208	− 0.214	0.349	0.342	
	(0.282)	(0.268)	(0.484)	(0.489)	
lnta	− 0.039	− 0.032	− 0.322 **	− 0.304 *	
	(0.652)	(0.709)	(0.041)	(0.051)	
Lev	0.661	0.684	0.482	0.406	
	(0.146)	(0.132)	(0.567)	(0.624)	
Roa	0.082	0.206	− 11.308 **	− 11.432 **	
	(0.949)	(0.875)	(0.011)	(0.010)	
Fixass	− 0.625	− 0.648	− 1.192	− 1.168	
	(0.305)	(0.287)	(0.202)	(0.209)	
Inventory	2.936 ***	2.924 ***	0.871	0.905	
	(0.000)	(0.000)	(0.562)	(0.547)	
Cfov	0.249 ***	0.248 ***	0.174	0.175	
	(0.000)	(0.000)	(0.315)	(0.311)	
Growth	− 0.090	− 0.092	0.557	0.560	
	(0.420)	(0.414)	(0.166)	(0.166)	
Big4	− 0.521	− 0.506	0.543	0.531	
	(0.210)	(0.221)	(0.644)	(0.651)	
Age	− 2.217 ***	− 2.210 ***	− 0.731	− 0.736	
	(0.000)	(0.000)	(0.593)	(0.590)	
Cfo	− 1.345	− 1.325	0.470	0.490	
	(0.152)	(0.157)	(0.815)	(0.807)	
Icov	− 0.000	− 0.000	0.000	0.000	
	(0.878)	(0.873)	(0.958)	(0.981)	
Constant	4.185 **	4.175 **	6.423	6.285	
	(0.036)	(0.038)	(0.121)	(0.127)	
Year	已控制	已控制	已控制	已控制	
Industry	已控制	已控制	已控制	已控制	
Observations	811	811	185	185	
Adjusted R^2	0.532	0.532	0.381	0.379	

注：回归中使用稳健标准误，括号中为 p 值；***、**和*分别表示系数在1%、5%和10%统计水平上与0显著不同。

综上所述，本章的实证结果具有较强的现实意义，银行可以通过附加更高的利差来为贷款的崩盘风险定价，风险定价具有经济意义和统计意义。同时，政府影响力和政治关联会削弱银行的风险定价能力。然而，完善的正式市场制度可以减轻甚至消除政府影响和政治联系的负面影响。

7.5　稳健性检验

7.5.1　内生性问题

现有文献记录了各种决定公司层面股价崩盘风险的变量，故股价崩盘风险可能由公司层面的因素决定，而崩盘风险也将决定企业的借贷成本，即崩盘风险对借贷利差的影响是内生性问题导致的。为了解决潜在的内生性问题，本研究使用工具变量来预测崩盘风险，并使用两阶段最小二乘法（2SLS）进行回归分析。本研究使用的第一个工具变量是不包括目标公司的同行业平均去趋势换手率（$Peer\_dtn$）。Hong 和 Stein（2003）认为投资者异质性是回归不对称的关键。鉴于回报的负偏度在交易繁重时期最为明显，可以用交易量来代表投资者的意见分歧。Chen 等（2001）证明了去趋势交易和崩盘风险（条件偏度）之间的正相关关系。因为同行业公司中并没有包括公司自身，故同行业公司的换手率交易不太可能影响公司自身的债务成本。

表 7 – 11 报告了使用工具变量后，合同利差对股价崩盘风险的 2SLS 回归。在第一阶段，预期崩盘风险（$NCSKEW\_h$ 和 $DUVOL\_h$）是由同行业公司的换手率（$Peer\_dtn$）进行拟合，其中不包括公司自身的去趋势换手率。在第二阶段，用合同利差对使用工具变量拟合的预期崩盘风险进行回归。在表 7 – 11 第（1）、（3）列中，第一阶段回归的结果显示，同行业公司的去趋势换手率（$Peer\_dtn$）的系数在 1% 统计水平上为正显著。这表明，同行业公司的去趋势换手率与公司自己的预期崩盘风险呈正相关。表 7 – 11 底部 F 检验的 p 值接近 0，说明整体回归结果具有高度的显著性，能够拒绝弱工具变量。在 表 7 – 11 第（2）、（4）列中，按照工具变量拟合后的预期崩盘风险（$INCSKEW\_h$ 和 $IDUVOL\_h$）在 5% 统计水平上为正显著，表明预期崩盘风险与合同利差之间具有正相关关系。

表 7 - 11　使用行业趋势转换作为工具变量的 2SLS 回归

Dependent Variable	（1）	（2）	（3）	（4）
	First Stage	Second Stage	First Stage	Second Stage
	NCSKEW_ h	*Spread*	*DUVOL_ h*	*Spread*
INCSKEW_ h		31.211 **		
		（0.011）		
IDUVOL_ h				32.521 **
				（0.011）
Peer_ dtn	0.001 ***		0.001 ***	
	（0.002）		（0.002）	
Loan Characteristics				
Term	− 0.003 ***	0.060	− 0.003 ***	0.052
	（0.003）	（0.252）	（0.006）	（0.301）
ln*amount*	− 0.000	− 0.036	− 0.000	− 0.033
	（0.971）	（0.597）	（0.906）	（0.633）
Coll	− 0.000	0.643 ***	− 0.001	0.659 ***
	（0.985）	（0.003）	（0.873）	（0.003）
Gua	− 0.006	0.297 *	− 0.006 *	0.305 *
	（0.102）	（0.092）	（0.090）	（0.088）
Borrower Characteristics				
Owner	− 0.004	− 0.112	− 0.005	− 0.073
	（0.383）	（0.598）	（0.263）	（0.739）
ln*ta*	− 0.021 ***	0.519 *	− 0.021 ***	0.572 *
	（0.000）	（0.065）	（0.000）	（0.058）
Lev	0.006	0.740	− 0.002	0.964
	（0.758）	（0.243）	（0.911）	（0.138）
Roa	− 0.122 ***	2.792	− 0.145 ***	3.628
	（0.006）	（0.242）	（0.001）	（0.177）
Fixass	− 0.038 **	0.328	− 0.029 *	0.079
	（0.016）	（0.695）	（0.061）	（0.921）
Inventory	− 0.014	2.829 ***	− 0.006	2.596 ***
	（0.460）	（0.000）	（0.769）	（0.000）
Cfov	− 0.001	0.246 ***	− 0.002	0.265 ***
	（0.443）	（0.000）	（0.249）	（0.000）

（续上表）

Dependent Variable	（1）	（2）	（3）	（4）
	First Stage	Second Stage	First Stage	Second Stage
	NCSKEW_h	*Spread*	*DUVOL_h*	*Spread*
Borrower Characteristics				
Growth	0.015 ***	− 0.496 **	0.016 ***	− 0.534 **
	(0.000)	(0.031)	(0.000)	(0.030)
Big4	0.022	− 0.874	0.021	− 0.887
	(0.137)	(0.197)	(0.115)	(0.178)
Age	0.003	− 1.971 ***	0.008	− 2.158 ***
	(0.761)	(0.000)	(0.389)	(0.000)
Cfo	− 0.075 ***	1.131	− 0.076 ***	1.252
	(0.004)	(0.397)	(0.003)	(0.360)
Icov	0.000 ***	− 0.005 *	0.000 ***	− 0.005 **
	(0.004)	(0.052)	(0.004)	(0.048)
NCSKEW(*lag*)	0.043 ***	− 1.388 ***		
	(0.000)	(0.009)		
DUVOL(*lag*)			0.043 ***	− 1.394 **
			(0.000)	(0.011)
Constant	0.443 ***	− 8.741	0.409 ***	− 8.221
	(0.000)	(0.145)	(0.000)	(0.159)
Year	已控制	已控制	已控制	已控制
Industry	已控制	已控制	已控制	已控制
Observations	996	996	996	996
Adjusted R^2	0.955	0.151	0.957	0.139
F	844.5		884.5	

注：回归中使用稳健标准误，括号中为 *p* 值；*** 、** 和 * 分别表示系数在1%、5%和10%统计水平上与0显著不同。

为了进一步解决内生性问题，本研究将股权分置改革视为一种外源性冲击，其改变了股东经理隐瞒坏消息的动机。在股权分置改革之前，创始人的股票无法在证券交易所上市交易，因此转让非流通股只能在证券交易所之外的地方进行协商，而协商转让的价格通常基于每股账面价值，但远低于每股市场股票价格。所以，股票价格在当时不能作为有效的业绩指标和治理组成部分。中国自2005年开始实施股权分置改革后，便可以将非流通股转变为流通股。其主要做法是，通过让控股股东（非流通）向少数股东

（可交易）支付费用的方式换取在交易所的股票交易权来实现改革，而股东与债权人之间的关系保持相对不变。改革后，股票的市场化定价有效激励了管理者，同时减少了控股股东与少数股东之间的代理问题，从而降低了股价崩盘风险（Sun et al.，2017）。因此笔者估计股权分置改革会对崩盘风险产生外源性影响，而对借贷成本则不会产生影响。考虑到股权分置改革于 2006 年完成，为了将改革冲击作为外生工具，本研究选取 2003 年至 2010 年为样本期（即 2006 年左右的 8 年）进行两阶段最小二乘法分析。将股权分置改革定义为一个虚拟变量（*Reform*），2007 年至 2010 年观察值为 1，2003 年至 2006 年观察值为 0，结果如表 7 - 12 所示。

表 7 - 12　使用股权分置改革作为外生冲击的 2SLS 回归

Dependent Variable	(1) First Stage *NCSKEW_h*	(2) Second Stage *Spread*	(3) First Stage *DUVOL_h*	(4) Second Stage *Spread*
INCSKEW_h		8.912 ** (0.031)		
IDUVOL_h				10.052 ** (0.031)
Reform	− 0.143 *** (0.000)		− 0.127 *** (0.000)	
Loan Characteristics				
Term	− 0.004 (0.106)	0.011 (0.824)	− 0.004 (0.100)	0.014 (0.780)
lnamount	0.004 (0.262)	− 0.040 (0.607)	0.004 (0.266)	− 0.041 (0.593)
Coll	0.009 (0.325)	0.272 (0.275)	0.009 (0.270)	0.257 (0.307)
Gua	− 0.019 *** (0.006)	0.029 (0.812)	− 0.019 *** (0.004)	0.050 (0.687)
Borrower Characteristics				
Owner	0.004 (0.641)	− 0.534 ** (0.020)	0.003 (0.688)	− 0.531 ** (0.020)
lnta	− 0.021 *** (0.000)	0.127 (0.458)	− 0.022 *** (0.000)	0.160 (0.385)
Lev	− 0.010 (0.648)	− 0.502 (0.292)	− 0.016 (0.442)	− 0.432 (0.360)

（续上表）

Dependent Variable	(1)	(2)	(3)	(4)
	First Stage	Second Stage	First Stage	Seccnd Stage
	NCSKEW_h	*Spread*	*DUVOL_h*	*Spread*
Borrower Characteristics				
Roa	− 0.001	− 3.432 ***	− 0.023	− 3.212 **
	(0.989)	(0.008)	(0.697)	(0.013)
Fixass	− 0.067 **	1.002	− 0.059 **	0.998
	(0.012)	(0.132)	(0.018)	(0.134)
Inventory	− 0.052 *	2.944 ***	− 0.047 *	2.957 ***
	(0.062)	(0.000)	(0.070)	(0.000)
Cfov	0.001	0.391 ***	0.001	0.390 ***
	(0.883)	(0.000)	(0.869)	(0.000)
Growth	0.014 **	0.172	0.014 **	0.154
	(0.018)	(0.270)	(0.011)	(0.334)
Big4	0.042 **	− 1.379 ***	0.036 *	− 1.365 ***
	0.033)	(0.001)	(0.053)	(0.001)
Age	0.008	− 1.948 ***	0.009	− 1.966 ***
	(0.689)	(0.000)	(0.633)	(0.000)
Cfo	− 0.003	− 1.622 **	− 0.005	− 1.601 **
	(0.940)	(0.031)	(0.894)	(0.032)
Icov	0.000	− 0.000	0.000	− 0.000
	(0.153)	(0.725)	(0.198)	(0.744)
Year	已控制	已控制	已控制	已控制
Industry	已控制	已控制	已控制	已控制
Observations	437	437	437	437
Adjusted R^2	0.948	0.270	0.958	0.270
F	198.883		251.136	

注：回归中使用稳健标准误，括号中为 *p* 值；***、** 和 * 分别表示系数在1%、5%和10%统计水平上与0显著不同。

表 7 − 12 第（1）、（3）列表明，*Reform* 系数为负，且在1%统计水平上显著，这表明股权分置改革是对股价崩盘风险的重要外生冲击。表格底部 *F* 检验表明工具变量与预期崩盘风险高度相关，因此排除了弱工具变量问题。在表 7 − 12 的第（2）、（4）列中，工具化崩盘风险系数 *INCSKEW_h* 和 *IDUVOL_h* 在5%统计水平上具有正的显著性，表

明工具化的预期崩盘风险与合同利差具有正相关性。表 7-12 中的结果进一步支持了本章的研究结论，即崩盘风险越高，借贷成本越高。

7.5.2 反向因果的可能性分析

引起内生性问题的另一个担忧是反向因果关系的可能性。为了支持本章前述实证结果的因果性，以下使用超前—滞后（Lead-lag）设计来分析崩盘风险的定价问题。具体而言，用合同利差同时对远期、当前和滞后的预期崩盘风险以及其他控制变量进行回归。表 7-13 中的结果表明，只有当期对未来一期的预期崩盘风险与银行贷款利差具有显著正向关系。这一发现与股票、债券市场之间风险传导以及债务定价结构模型的文献结论一致（Black & Scholes, 1973; Merton, 1974; Kwan, 1996）。

表 7-13　反向因果关系和 Lead-lag 设计

Dependent Variable: $Spread$	（1）	（2）
$NCSKEW\_h_{t+1}$	1.521 (0.287)	
$NCSKEW\_h_{t}$	4.853*** (0.006)	
$NCSKEW\_h_{t-1}$	-1.606 (0.295)	
$DUVOL\_h_{t+1}$		2.050 (0.178)
$DUVOL\_h_{t}$		4.269** (0.021)
$DUVOL\_h_{t-1}$		-1.373 (0.407)
Loan Characteristics		
$Term$	-0.009 (0.792)	-0.011 (0.766)
ln$amount$	-0.047 (0.511)	-0.050 (0.482)
$Coll$	0.648** (0.013)	0.655** (0.012)
Gua	0.111 (0.496)	0.107 (0.513)

（续上表）

Dependent Variable：Spread	（1）	（2）
Borrower Characteristics		
Owner	− 0.548 **	− 0.540 **
	(0.013)	(0.014)
lnta	− 0.097	− 0.083
	(0.247)	(0.332)
Lev	0.494	0.476
	(0.350)	(0.365)
Roa	− 0.066	− 0.081
	(0.963)	(0.955)
Fixass	− 0.236	− 0.283
	(0.715)	(0.660)
Inventory	2.361 ***	2.422 ***
	(0.002)	(0.001)
Cfov	0.287 ***	0.291 ***
	(0.000)	(0.000)
Growth	0.052	0.051
	(0.744)	(0.754)
Big4	− 0.479	− 0.476
	(0.298)	(0.301)
Age	− 2.129 ***	− 2.169 ***
	(0.000)	(0.000)
Cfo	− 1.103	− 1.098
	(0.317)	(0.319)
Icov	− 0.002	− 0.002
	(0.353)	(0.350)
NCSKEW	− 0.242 **	
	(0.020)	
DUVOL		− 0.182
		(0.102)
Constant	5.067 **	5.107 **
	(0.010)	(0.010)
Year fix − effect	已控制	已控制
Industry fix − effect	已控制	已控制
Observations	705	705
Adjusted R^2	0.476	0.474

注：回归中使用稳健标准误，括号中为 p 值；***、** 和 * 分别表示系数在 1%、5% 和 10% 统计水平上异于 0。

7.5.3　可能的遗漏变量

在坏消息累积的代理框架下，代理问题和财务报告的不透明性增加了崩盘风险（Jin & Myers，2006；Hutton et al.，2009；Kothari et al.，2009；Dang T. L. et al.，2019）。然而，代理问题和财务报告的不透明性也增加了企业借贷成本（Sengupta，1998；Francis et al.，2005；Bharath et al.，2008；Yu，2005）。除此之外，破产风险与股价崩盘风险密切相关，是决定企业借贷成本的一个关键因素。为了验证股价崩盘风险除了受信息不对称、代理成本和破产风险的影响之外，是否还有其他方面来解释更高的借贷成本，笔者通过控制这些会影响银行贷款定价的因素进行深入分析。本研究的回归中包含了信息不对称、代理成本和破产风险的影响。

首先，使用 Hutton 等（2009）计算的 *Opaque* 来衡量信息不对称的程度（具体计算过程见附录三）。其次，使用行业平均调整后的管理费用比率（*Agc*），即行政费用与销售额的比率来衡量代理成本的程度。最后，使用 Altman 的 Z – score（*Zscore*）[①] 来衡量破产风险。表 7 – 14 中的结果表明，在控制信息不对称、代理成本和破产风险之后，预期的股价崩盘风险与利差显著正相关。而在另外三个解释变量中，只有管理费用比率具有统计学意义。因此，代理成本是三个因素中最能解释银行贷款利差的因素。另外，表 7 – 14 中的结果表明，股价崩盘风险在借贷成本方面有与银行其他因素有关的额外解释。

表 7 – 14　增加控制变量的回归结果

Dependent Variable：*Spread*	（1）	（2）	（3）	（4）	（5）	（6）
NCSKEW_ h	2. 852 ***	2. 905 ***	2. 465 **			
	(0. 008)	(0. 006)	(0. 027)			
DUVOL_ h				3. 021 ***	3. 062 ***	2. 583 **
				(0. 008)	(0. 007)	(0. 032)
Potential Omitted Variables						
Opaque	0. 395	0. 437	0. 429	0. 408	0. 449	0. 440
	(0. 238)	(0. 191)	(0. 199)	(0. 222)	(0. 177)	(0. 186)
Agc		0. 094 ***	0. 089 ***		0. 093 ***	0. 089 ***
		(0. 001)	(0. 002)		(0. 001)	(0. 002)
Zscore			– 0. 133			– 0. 127
			(0. 316)			(0. 346)

[①]　本研究遵循 Altman（1968）的标准公式计算 *Zscore*：0. 12（营运资本/总资产） + 0. 14（保留收益/总资产） + 0. 33（息税前利润/总资产） + 0. 06（权益市场价值/总债务的账面价值） + 0. 999（销售/总资产）。

（续上表）

Dependent Variable：Spread	（1）	（2）	（3）	（4）	（5）	（6）
Loan Characteristics						
Term	− 0.018	− 0.019	− 0.018	− 0.018	− 0.019	− 0.018
	（0.579）	（0.588）	（0.563）	（0.587）	（0.584）	（0.558）
lnamount	− 0.038	− 0.035	− 0.035	− 0.038	− 0.034	− 0.035
	（0.560）	（0.522）	（0.562）	（0.554）	（0.528）	（0.567）
Coll	0.665 ***	0.661 ***	0.655 ***	0.665 ***	0.661 ***	0.655 ***
	（0.001）	（0.001）	（0.001）	（0.001）	（0.001）	（0.001）
Gua	0.134	0.115	0.121	0.137	0.118	0.123
	（0.347）	（0.303）	（0.377）	（0.352）	（0.294）	（0.366）
Borrower Characteristics						
Owner	− 0.173	− 0.149	− 0.141	− 0.173	− 0.149	− 0.142
	（0.328）	（0.396）	（0.422）	（0.328）	（0.394）	（0.419）
lnta	− 0.075	− 0.074	− 0.067	− 0.069	− 0.069	− 0.063
	（0.297）	（0.303）	（0.346）	（0.339）	（0.344）	（0.377）
Lev	0.703 *	0.694 *	0.591	0.719 *	0.711 *	0.612
	（0.073）	（0.075）	（0.134）	（0.066）	（0.063）	（0.121）
Roa	− 1.504	− 1.460	− 0.977	− 1.414	− 1.359	− 0.927
	（0.152）	（0.164）	（0.448）	（0.180）	（0.194）	（0.472）
Fixass	− 0.791 *	− 0.847 *	− 1.033 **	− 0.808 *	− 0.864 *	− 1.039 **
	（0.094）	（0.073）	（0.030）	（0.087）	（0.068）	（0.029）
Inventory	2.674 ***	2.661 ***	2.631 ***	2.668 ***	2.655 ***	2.624 ***
	（0.000）	（0.000）	（0.000）	（0.000）	（0.000）	（0.000）
Cfov	0.262 ***	0.262 ***	0.255 ***	0.262 ***	0.261 ***	0.254 ***
	（0.000）	（0.000）	（0.000）	（0.000）	（0.000）	（0.000）
Growth	− 0.040	− 0.041	− 0.054	− 0.042	− 0.043	− 0.054
	（0.686）	（0.676）	（0.596）	（0.672）	（0.662）	（0.592）
Big4	− 0.292	− 0.196	− 0.241	− 0.288	− 0.192	− 0.235
	（0.481）	（0.637）	（0.563）	（0.487）	（0.643）	（0.573）
Age	− 1.995 ***	− 1.983 ***	− 1.943 ***	− 1.997 ***	− 1.984 ***	− 1.944 ***
	（0.000）	（0.000）	（0.000）	（0.000）	（0.000）	（0.000）
Cfo	− 0.733	− 0.823	− 0.679	− 0.717	− 0.806	− 0.674
	（0.378）	（0.323）	（0.416）	（0.388）	（0.332）	（0.420）

（续上表）

Dependent Variable：Spread	（1）	（2）	（3）	（4）	（5）	（6）
Borrower Characteristics						
Icov	- 0.000	0.000	0.000	- 0.000	0.000	0.000
	(0.981)	(0.912)	(0.933)	(0.980)	(0.912)	(0.929)
Year	已控制	已控制	已控制	已控制	已控制	已控制
Industry	已控制	已控制	已控制	已控制	已控制	已控制
Observations	931	931	931	931	931	931
Adjusted R^2	0.505	0.507	0.507	0.505	0.507	0.507

注：回归中使用稳健标准误，括号中为 p 值；***、** 和 * 分别表示系数在 1%、5% 和 10% 统计水平上异于 0。

7.5.4 自抽样程序

为了消除有限样本的潜在误差可能对系数估计有效性产生的影响，本研究使用 Bootstrap 程序来估计模型的标准误差。由于回归结果与主测试结果大体一致，在此不再展示 Bootstrapped 结果。

7.5.5 其他债务合同特征分析

本研究还通过回归分析测试崩盘风险与其他债务合同特征（借款期限、合同金额和合同安全性）之间的关系，结果如表 7 - 15 所示。在其他银行贷款条款中，只有债务期限（*Term*）对预期崩盘风险敏感［第（1）、（5）列］。面对高崩盘风险，银行缩短了贷款期限，短期贷款允许频繁的信息更新和债务定价，有助于银行控制信贷风险（Diamond，1991，1993）。因此，本研究的数据分析结果表明，中国的银行使用价格条款（Spread）来获取风险溢价，同时使用非价格条款（Maturity）来控制信用风险。

表7-15　崩盘风险和其他债务合同条款

Dependent Variables	(1) Term	(2) lnamount	(3) Gua	(4) Coll	(5) Term	(6) lnamount	(7) Gua	(8) Coll
NCSKEW_h	-2.202*** (0.003)	0.425 (0.395)	-5.526 (0.184)	-0.102 (0.955)				
DUVOL_h					-2.328*** (0.003)	0.392 (0.461)	-5.512 (0.218)	-0.031 (0.987)
Term		0.195*** (0.000)	-0.193 (0.446)	0.328*** (0.000)		0.194*** (0.000)	-0.193 (0.447)	0.328*** (0.000)
lnamount	0.376*** (0.000)		0.645** (0.028)	0.337*** (0.002)	0.375*** (0.000)		0.643** (0.027)	0.337*** (0.002)
Coll	0.551*** (0.008)	0.415*** (0.000)	0.745 (0.558)		0.552*** (0.008)	0.415*** (0.000)	0.751 (0.555)	
Gua	0.030 (0.885)	0.417* (0.068)		0.290 (0.812)	0.031 (0.881)	0.416* (0.068)		0.293 (0.811)
Owner	0.088 (0.470)	-0.108 (0.237)	0.437 (0.561)	-1.566*** (0.000)	0.090 (0.463)	-0.108 (0.234)	0.444 (0.555)	-1.564*** (0.000)
lnta	-0.051 (0.402)	0.411*** (0.000)	-1.098*** (0.009)	-0.147 (0.299)	-0.056 (0.371)	0.410*** (0.000)	-1.101*** (0.008)	-0.145 (0.307)
Lev	0.402 (0.215)	-0.314 (0.164)	-3.283 (0.155)	-1.659** (0.030)	0.388 (0.230)	-0.310 (0.170)	-3.283 (0.156)	-1.659** (0.030)
Roa	2.429*** (0.007)	-0.546 (0.359)	-1.080 (0.869)	-4.973** (0.021)	2.356*** (0.008)	-0.535 (0.370)	-1.201 (0.856)	-4.969** (0.021)
Fixass	0.811 (0.101)	0.043 (0.879)	-4.431 (0.176)	0.970 (0.433)	0.823* (0.095)	0.039 (0.890)	-4.443 (0.175)	0.973 (0.432)

（续上表）

Dependent Variables	(1) Term	(2) lnamount	(3) Gua	(4) Coll	(5) Term	(6) lnamount	(7) Gua	(8) Coll
Inventory	-0.190	-0.063	3.711	1.789*	-0.189	-0.066	3.708	1.792*
	(0.611)	(0.820)	(0.211)	(0.061)	(0.611)	(0.809)	(0.208)	(0.060)
Cfov	0.030	-0.005	-0.187	0.218**	0.030	-0.006	-0.186	0.218**
	(0.440)	(0.853)	(0.547)	(0.030)	(0.434)	(0.847)	(0.551)	(0.030)
Growth	-0.068	0.090	0.787*	-0.063	-0.066	0.090	0.786*	-0.064
	(0.316)	(0.112)	(0.077)	(0.717)	(0.331)	(0.112)	(0.077)	(0.712)
Big4	0.154	0.439***	-0.387	-1.466**	0.151	0.441***	-0.417	-1.465**
	(0.684)	(0.007)	(0.859)	(0.041)	(0.689)	(0.006)	(0.848)	(0.042)
Age	-0.428*	0.404**	1.643	-0.641	-0.426*	0.405**	1.631	-0.641
	(0.069)	(0.045)	(0.369)	(0.413)	(0.071)	(0.045)	(0.372)	(0.413)
Cfo	0.237	0.029	2.399	-1.940	0.229	0.027	2.393	-1.939
	(0.590)	(0.946)	(0.655)	(0.155)	(0.604)	(0.949)	(0.656)	(0.155)
Icov	0.000	-0.001	0.000	-0.000	0.000	-0.001	0.000	-0.000
	(0.594)	(0.118)	(0.939)	(0.851)	(0.593)	(0.121)	(0.937)	(0.844)
Constant	-4.171***	8.737***	6.616	-4.084	-4.193***	8.773***	6.482	-4.132
	(0.001)	(0.000)	(0.360)	(0.346)	(0.001)	(0.000)	(0.367)	(0.339)
Year	已控制	已控制	已控制	已控制	已控制	已控制	已控制	已控制
Industry	已控制	已控制	已控制	已控制	已控制	已控制	已控制	已控制
Observations	996	996	329	986	996	996	329	986
Adjusted R^2	0.169	0.428	0.327	0.340	0.168	0.428	0.326	0.340

注：回归中使用稳健标准误，括号中为 p 值；***、**和*分别表示系数在1%、5%和10%统计水平上异于0。

7.6　结　论

　　自 1996 年以来，中国一直在推行市场化的利率定价机制。银行首先逐步放宽利率监管，然后是政府债券定价、存款利率定价，最后是贷款定价。本章通过研究利差与预期崩盘风险之间的关系，探讨了贷款定价市场化的程度。本研究发现，行政影响力和企业的政治关联会削弱银行的风险定价能力，但是，正式的市场制度可以缓冲政治关联和政府影响的负面作用。

8　股价崩盘风险预期与公司银行债务结构

8.1　引　言

第 7 章从股价崩盘风险经济后果的角度考察了股价崩盘风险对公司借款合同契约条款的影响。本章将以"代理理论"为基础，从债权人保护的视角，考察公司存在潜在崩盘风险预期时，其银行债务结构（期限结构、优先级结构）的变化，以及不同地区市场化程度的差异是如何影响到这种风险预期所导致的公司银行债务结构变化的。

2015 年开始的"债市违约潮"让借款银行与持债主体都遍体鳞伤，渤海钢铁 1 920 亿元的债务违约问题令人触目惊心；2016 年东北特钢第九次违约又悄然而至，信用违约风暴已然横扫债市。发生这种情况虽然有宏观政策层面的因素，但最终还是源于公司微观治理问题的集中爆发。因此，本章从债权人保护的视角考察公司债务结构以及影响债务结构的潜在风险因素，既具有重要的理论意义，也具有较强的现实针对性。

债务契约的"代理观"认为债务契约的限制性条款有助于缓解债权人和股东之间的冲突（Smith Jr. & Warner，1979），债权人可以通过缩短债务期限，加入保护性条款等方法规避潜在的风险（Myers，1977），实现缔约双方的"激励相容"。在信息不对称条件下，公司内部人能够隐瞒负面消息，而蓄积的负面消息当达到极限时将被集中释放，进而冲击公司股价并最终导致崩盘（Jin & Myers，2006），因此公司微观层面透明度越低（Hutton et al.，2009），治理水平或治理环境越差（Kim et al.，2011a，2011b；Kim & Zhang，2014，2016；Callen & Fang，2013，2015b；Xu et al.，2013，2014；Kim et al.，2014；许年行等，2012、2013；叶康涛等，2015；王化成等，2014、2015；顾小龙等，2015；顾小龙、辛宇，2016），公司股价发生崩盘的可能性就越大。由于信息不对称，公司内部人和银行基于潜在崩盘预期形成博弈双方。一方面，公司内部人为了化解潜在的崩盘风险，迎合投资者预期（Jin & Myers，2006），需要现金流来对冲内部亏空，预防资金链断裂；另一方面，银行作为外部的信息观察者，相比于其他债权人对公司潜在风险更加敏感（Chen，2016），能够根据公司特有的治理情况、财务特征及股价运动态势，注意到公司内部可能存在的财富掠夺（肖作、廖理，2007）或经营不善，从而感知到公司股价潜在的崩盘风险（Kim et al.，2011a），此时银行能够对这种潜在风险做出相应的决策调整反馈（Hong & Stein，2003；An et al.，2015），比如索取更高的风险溢价或制定更严格的债务契约条款（Chen，2016）。公司内部人与银行博弈的最终结果表现为风险公司的债务结构具有明显的特征，比如内部人有可能会通过提供担保或缩短债务期限以满足借款银行的风险要求来竭力获取资金。

然而，这种债务结构特征是基于借款银行能够对信息不对称条件下企业的逆向选择与道德风险（Ivashina，2009）做出风险应对。随着市场化水平的提高，金融市场竞争越充分，银行的自主决策空间就越大，市场透明度和信息传导也越有效，此时借款银行的风险判断与应对能力就相应越强，其对风险公司信贷政策的调整也就越及时。因此，随着市场化水平的提高，风险公司债务结构特征也会越明显。

为检验上述命题，本章以我国 A 股上市公司为样本（全样本覆盖期为 2004—2014 年），以股价崩盘风险拟合值作为未来股价崩盘风险预期，考察公司潜在崩盘风险预期与其银行债务结构之间的关系，以及市场化水平所发挥的调节效应。本章的研究结果表明：①具有较高崩盘风险预期的公司，其负债中短期借款更多，而长期借款更少。因此，缩短贷款期限是银行面临风险预期时控制风险的重要手段。②公司崩盘风险预期越高，其信用借款越少，担保借款越多。其中随着潜在崩盘风险的增加，长、短期信用借款都在减少，而短期担保借款则有明显增长。因此，当风险预期增加时，银行对贷款的期限和担保要求都更加严格。③随着市场化水平的提高，存在崩盘风险预期公司的短期信用借款的比例相对上升，而担保借款中抵押借款的比例相对下降。因此，市场化水平的提高可以部分地缓解融资约束。

本章的研究结论兼具文献与政策启示：首先，本章将公司银行债务结构视作外部借款银行与内部经理人之间基于公司未来崩盘风险预期下的博弈结果，从而拓展了股价崩盘风险的研究框架，将股价崩盘风险研究延展至其经济后果上。

其次，本研究发现，公司债务结构确实与其潜在的风险因素相关，而且市场化水平在其中发挥了调节效应，提高了债权人（银行）的风险感知能力，并降低了信息不对称程度。这也进一步印证了市场化水平的提高有助于提高金融资源的配置效率（方军雄，2006）。

更为重要的是，不同于以往单独考察债务期限结构或优先级结构，本章同时在这两个维度上进行交叉分类，从而将不同债务维度之间的干扰分离出来，进而揭示出借款银行能够通过借款期限结构和优先级结构的调整，尽可能缓解信息不对称条件下的逆向选择和道德风险问题，降低金融风险；而市场化水平的提高则可以部分地缓解信息不对称问题，提高银行对上市公司的风险甄别能力。

8.2 制度背景、文献回顾与假设推导

8.2.1 制度背景

作为我国上市公司主要债权人的国有商业银行经历了商业化、市场化和股份化三个阶段的改革（田利辉，2005），相应地，信贷制度也从计划信贷的"资金供给制"转向市场信贷的"资金交易制"。在1979—1994年期间，计划信贷制度逐步放松，国有专业银行的信贷自主权逐步加强。但是，在银行国有体制的背景下，主要信贷资源的配置仍然偏向重点企业和项目。1994年之后，随着国家开发银行、中国进出口银行、中国农业发展银行三大政策性银行的设立，政策性金融开始与商业性金融分离，四大国有银行因此获得更多的经营自主权，信贷业务逐步市场化，并推进贷款抵押担保制度和贷款证制度（谢宗藩、姜军松，2016；王鲁平等，2011）。随着1998年商业银行信贷计划管理模式的取消，商业银行对谁发放贷款、发放多少贷款，完全由其自己决定，中国银行业的市场信贷制度基本确立；至此，商业银行对信贷风险的识别、应对和管理也由其自担。2004年之后，各大国有银行逐步完成了股改上市，增强了银行债务的预算硬约束作用。2006年12月11日，《中华人民共和国外资银行管理条例》和《中华人民共和国外资银行管理条例实施细则》正式实施，外资银行的大举进驻进一步推进了我国银行业的市场化进程。2015年，首批民营试点银行的开业意味着我国银行市场化程度的进一步提高，银行业已形成多元化的市场竞争结构，金融分权不断深化（谢宗藩、姜军松，2016）。上述行政性信贷向商业性信贷转变的过程，也是信贷集中管控的系统性风险分化为各个放贷主体信贷风险的过程。在市场化条件下，信贷风险在一定程度上反映出银行贷款对象的经营状况，放贷银行在追求利润的同时，也需保证风险的可控，因此其信贷政策也将随着授信主体潜在风险的变化而变化，这也是银行系统在市场化条件下理所应当具备的能力。

8.2.2 理论溯源与文献回顾

在"代理理论"框架下，债权人和债务人之间是一种委托—代理关系，债权人对公司崩盘风险的预期实际上反映出他们对借款公司未来可能出现坏消息的担心，并通过契约条款的设计来实现双方的"激励相容"。

1. 股价崩盘风险

股价崩盘风险指上市公司股票特质收益率出现极端负值的概率（Jin & Myers，2006）。关于股价崩盘风险的产生机理，基于不完全信息理性预期均衡框架的传统理论，

将其归因于知情交易者集中释放负面信息与非知情交易者的助推（Cao et al.，2002）。Hong 和 Stein（2003）从行为金融学角度指出，投资者的过度自信导致异质信念的产生，而市场卖空限制阻碍负面信息及时得到反馈，在投资者异质信念与卖空限制的前提下，异质信念越强，股票收益率的负偏现象越严重（陈国进、张贻军，2009）。基于信息不对称角度，Jin 和 Myers（2006）指出，信息透明度高低显著影响崩盘风险大小。对于财务信息透明度低的公司而言，管理者更容易通过盈余操纵手段藏匿负面信息，从而增大崩盘风险（Hutton et al.，2009）。此后，更多学者开始将研究视角从市场反应转至公司微观层面，从委托—代理视角考察崩盘风险的成因。

"代理理论"认为公司管理层出于自利动机会使用自由裁量权改变公司行为。考虑到职业生涯规划、薪酬契约以及组织构建等目的，内部管理者倾向于隐藏公司亏损情况，延迟不利信息的披露（LaFond & Watts，2008；Ball，2009；Kothari et al.，2009），这种选择性披露信息的行为往往导致公司股价被严重高估并产生泡沫，当投资者甄别出公司真实的经营状况时，股价下行风险会急剧增加（李小荣、刘行，2012）。Xu 等（2014）基于超额薪酬视角的研究指出，管理层试图让在职消费合理化，政而长期囤积负面消息导致股价崩盘风险积聚。而股权激励机制增强了管理层的风险承担意愿，最大化自身股权价值的动机往往导致了管理层的短期行为，当前隐藏坏消息的行为加剧了公司未来股价崩盘的可能（Kim et al.，2011a）。

因此，在"代理理论"框架下，股价崩盘风险实际上是公司信息环境较差，内部隐藏坏消息暴露后的股价反映，股价崩盘风险预期这个概念实际上也反映出信息不对称条件下外部投资者和债权人对公司实体层面治理败坏以及未知坏消息的担心。所以，当理性的债权人感知到公司可能存在的崩盘风险时，出于避险动机将会有所作为，他们能够通过观察公司在资本市场的表现态势和各种渠道信息做出违约预判，从而调整债务契约安排。

2. 公司债务结构

作为企业外源融资的一种主要方式，债务融资的期限与优先级结构研究一直是财务领域关注的焦点。国外众多学者研究了市场不完善对公司债务结构的影响，形成了比较成熟的理论。传统的财务学文献指出股东与债权人之间存在两个潜在冲突："资产替代"（Jensen & Meckling，1976）和"投资不足"（Myers，1977）。针对这两种矛盾，Myers（1977）首先从代理成本角度对债务期限结构展开了系统研究，指出长期债务更易引起投资不足问题，缩短债务期限可缓解债务人与债权人之间的代理冲突；而 Barnea 等（1980）则针对资产替代与债务期限结构的关系进行研究，发现了短期债务对债务人资产替代行为的治理效应。Flannery（1986）以及 Kale 和 Noe（1990）的研究则指出，在信息不对称的情况下，通过公司债务期限的选择可有效降低债务的错误定价损失，股东和债权人之间的利益冲突会影响不同期限债务的履约成本：贷款期限越长，债权人对债务人违约行为的监督成本越高，违约可能性越大，故而期限较长的债务契约对外部履约机制的依赖性更强；而短期债务具有"信息更新性"，允许履约双方在期中重新制定融资条款，以便及时消化更多市场信息来提高信用级别，并减少债务被错误定价产生的投资损失（Diamond，1991，1993）。Stulz（1990）的研究把视角投放到了管理层与股东的代理冲突上，指出公司债务期限与现金流的时期分布匹配可抑制管理层的过度投资，短期债务是监督经营者的有力工具。陈耿和周军（2004）的研究也认为持有短期债务可较好地应对信息不对称问题和资产替代效应。

在债务优先级结构方面，Townsend（1979）的研究指出银行与债务人之间的信息不对称会导致监督成本和代理问题，使得借款公司面临更高的外部融资成本和更严苛的契约条件，此时银行往往要求企业提供实物抵押或保证人担保。抵押品被视为一种确保借款者良好行为的有力工具（Aghion & Bolton，1992），若债务人违约，银行可通过变现抵押品受偿，这将降低债务人的策略性违约动机（Besanko & Thakor，1987）。因此，抵押担保有助于缓解银行与企业之间的信息不对称问题，减少贷款中事前的逆向选择（Chan & Kanatas，1985；王霄、张婕，2003）与借款企业贷后的道德风险（Bester，1994；Berger et al.，2011；平新乔、杨慕云，2009）。Katz（1999）以及 Doh 和 Ryu（2004）的研究指出，保证人的担保意愿有助于银行筛选优质客户，保证贷款对信用违约风险具有缓释作用（陈其安等，2008；付俊文、赵红，2004；杨胜刚、胡海波，2006）。综上可知，当预期债务人违约风险增加时，增加担保贷款的投放比例成为银行降低风险的合理选择。

上市公司作为目前投资者重点关注的领域，其股价崩盘风险反映出公司治理层面的败坏以及实体经营隐藏着极端的坏消息，而这有可能导致债权人承担的违约风险迅速增加。虽然在信息不对称条件下债权人无法准确地把握公司真实财务状况，但是公司特有的治理现状、财务特征及股价运动态势等潜在的因素，或多或少地影响到他们对公司未来风险的判断，这些因素可以视为潜在崩盘风险的预测因子（Kim et al.，2011a，2011b），从而形成风险预期。而且当债权人注意到内部人可能存在的财富剥夺时（肖作平、廖理，2007），将诱发其防御动机，促使债权人对债务契约做出重新安排，从而最终影响到借款公司的债务结构。传统的财务理论认为，银行作为公司主要的债权主体，相比于其他债权人具有更强的信息优势，在信息不对称条件下，能够更加及时地感知到公司的潜在风险（Fama，1985；Sharpe，1990；Diamond，1991），从而能够较早在信贷政策上做出调整。比如 Chen（2016）就发现，在公司进行财务报告重述之前，银行就已经感知到其潜在风险，并在债务条款上做出相应调整。因此，考虑到银行对公司潜在风险的高度敏感性，本章聚焦于银行这一重要债权主体，结合股价崩盘风险的经济后果来研究公司债务结构，以识别银行和公司作为博弈双方潜藏在崩盘风险预期下的深层动机。

8.2.3 假设推导

1. 崩盘风险预期与银行债务期限结构

随着 2003 年银监会的成立以及国有商业银行市场化改革的推进，作为市场经营主体的银行开始全面加强信贷决策的风险管理，这主要体现在对借款人违约风险的有效识别与信贷决策的及时调整上。对于存在崩盘风险的公司，其内部人需要更多的现金流来对冲内部亏空，以隐藏坏消息，维持公司的正常运转。因为一旦公司真实财务状况暴露，将影响债权银行对公司债务风险的重估，债务违约风险有可能迅速上升。委托—代理理论表明，债权银行很难直接观测到代理人（公司）内部的真实情况，为了加强自我保护，它们发展出强大的信息搜集和生产能力（管考磊，2010），能够根据微观层面指标以及资本市场层面的信息对公司可能存在的债务违约风险进行评估，并不断调整其风险预期。一旦银行感知到公司可能存在的"利空"消息时，出于避险动机，将会有针对性地调整其债务契约，制定更严格的履约条款和索取更高的风险溢价便成为一种自然反应。因此，银行对公司的风险预期会影响其对公司的信贷政策，并通过公司的债务结构体现出来。

由于长期债务面临着更大的未来不确定性，其比短期债务更容易被错误定价（Flannery，1986），而短期债务的"信息更新性"赋予债权人在违约风险增加时一定的契约调整空间，减少被错误定价的可能（Diamond，1991）。此外，短期债务还可以减少信息不对称和债权人受债务人的掠夺程度（肖作平、廖理，2007）。因此可以预期，一方面，当债权人感知到借款公司存在潜在的崩盘风险时，出于避险动机，其更倾向于出借更容易控制风险的短期资金，而减少长期贷款比例（陈耿等，2015）；另一方面，在潜藏的崩盘风险条件下，公司也需要足够的现金流来对冲其内部不断蓄积的负面消息，避免资金链断裂，并迎合投资者的预期（Jin & Myers，2006）。在此动机下，公司将尽可能增加债务资金的举借，并通过诸如提供担保、缩减债务期限等措施，想方设法获得债权人的信任与资金。

更为重要的是，在中国的金融市场上，银行借款作为公司债务资金的主要来源（童盼、陆正飞，2005），其信贷政策对公司的债务结构产生重要的影响。随着中国金融市场化改革的推进，一方面，指令性的信贷计划和行政干预逐渐退出；另一方面，金融供给的增加也加剧了银行业之间的竞争。在市场化条件下，作为商业银行，既需要对公司潜在风险进行识别，也需要根据不同的风险情况进行放贷，以控制风险，比如银行通过缩短信用期限的方式控制风险（陈耿、周军，2004）。因此，在"代理理论"框架下，为了实现缔约双方的"激励相容"，债的期限结构将随着潜在风险的变化而有所不同，据此本章提出以下假设：

H_1：公司崩盘风险预期值越大，银行短期借款占比越高，而长期借款占比越低。

2. 崩盘风险预期与银行债务优先级结构

除了有针对性地调整债务契约的期限结构，公司与银行这个主要债权人之间的决策权衡结果同样会影响银行债务优先级结构。在"代理理论"框架下，Smith Jr. 和 Warner（1979）以及 Williamson（1988）的研究指出，有担保的债务可通过限制债务人处置担保物的权利来保障债权人利益。我国信贷市场信息缺乏问题普遍存在，借款合同中添加抵押条款已属常态（尹志超、甘犁，2011）。对于保证贷款而言，在担保责任的约束下，担保方有动力监督借款人的资金投向，这可减少借款人的投机行为，提高信贷资源配置效率，并转嫁银行面临的违约风险（Merton & Bodie，1992）。已有研究指出，增加了担保方对公司贷款申请的审查环节后，银行实际上为其贷款增加了一道控制风险的环节（林平、袁中红，2005）。因此，当借款公司崩盘风险预期增加时，一方面，银行将有动机要求借款人提供更多的担保（保证或抵押），相应缩减信用贷款的投放比例；另一方面，面临崩盘风险的公司需要更多的外部现金流来对冲蓄积的负面消息以保证资金链完整，提供更多的担保资源获取银行的信任与资金便成为一种策略选择。在此背景下，银行与持债主体之间的决策博弈结果将达成新的均衡，以尽可能实现缔约双方的"激励相容"。本研究预期银行将提高借贷门槛，更倾向于有担保的贷款投放，以减少债务公司崩盘风险可能带来的信用危机，据此提出崩盘风险预期值与公司银行债务优先级结构之间关系研究的相关假设：

H_2：崩盘风险预期值越大，公司担保借款（包括保证和抵押）的占比越高，信用借款的占比越低。

更进一步地，本研究将结合债务期限结构与优先级结构两个维度，探究债务优先级结构下的债务期限结构安排，也即这两个维度的交叉分类结果。

3. 市场化水平的调节效应

前述分析指出，在"代理理论"框架下，由于缔约主体的信息不对称，为了实现双方的"激励相容"，缔约双方的合同条款将随着潜在风险的变化而有所不同。但是，这种关系的强度取决于债权银行对潜在风险的感知水平。以股份制改革为重点的银行业改革驱使中国商业银行的信贷行为越来越基于市场经济原则（李四海等，2015），银行债权人对崩盘风险的感知与应对愈发需要相对成熟的市场化条件加以配合。市场化进程的推进意味着行政计划的逐步减少甚至退出（李文贵、余明桂，2012），金融资源更多由市场来自行分配，这在一定程度上反映了地区金融发展水平和资源自由流动程度（吴晓晖、叶瑛，2009）。而在市场化进程更加成熟的地区，作为相对独立的市场参与者，债权人（银行）对贷款决策产生的收益和风险表现更敏感，因此存在较强的激励监督企业的经营活动（唐松等，2009），这意味着市场化水平的提高增加了债权人对持债主体的风险感知度。随着商业银行风险防范意识的增强，其对借款企业的长期信贷管理日益从紧（段云、国瑶，2012）。上市公司所在地的市场化程度越高，债务期限结构也会随之发生调整，此时长期债务会减少（孙铮等，2005）。因此可以预期，市场化水平越高的地区，银行对公司潜藏的崩盘风险预期越敏感，这将进一步促使银行做出降低信用风险的债务契约调整，据此，本章提出以下假设：

H_3：市场化水平的提高将促进崩盘风险预期与银行短期借款的正向关系，加强崩盘风险预期与银行长期借款的负向关系。

然而，从债务优先级结构的角度来看，情况将更为复杂。一方面，从风险自担的角度来看：市场化水平越高，银行风险责任越重、风险意识越强，将会对风险公司提出更多担保要求。据此可以预期：

H_{4a}：市场化水平的提高将促进崩盘风险预期与银行担保借款的正向关系，加强崩盘风险预期与银行信用借款的负向关系。

另一方面，从银行业竞争加剧和担保资源有限性来看：为缓解信息不对称导致的代理问题，以抵押为主要形式的担保条款在债务契约中被广泛使用（尹志超、甘犁，2011）。在担保借款基数较大的情况下，由于担保资源的有限性，担保借款无法永续增长。此外，市场化进程也促进了资金供给方的市场化。随着金融体系市场化水平的不断提高，尤其是各类民营与外资金融机构进入，导致银行业在要素市场上的竞争增加，企业融资手段也更加丰富。在公司无法提供更多担保的情况下，银行的避险需求以及竞争压力可能会促使其更多地转向短期信用贷款，因此市场化水平的提高也有可能促进风险公司信用贷款的增长，特别是短期信用贷款。此外，随着市场化水平的提高，融资环境改善，信息风险降低，银行放贷时对企业提供抵押物的要求也有所放松。因此，从银行借款的优先级结构来看，市场化水平的调节效应也可能表现为：

H_{4b}：市场化水平的提高将削弱崩盘风险预期与银行担保借款的正向关系，削弱崩盘风险预期与银行信用借款的负向关系。

上述两个备择假设哪一个更符合现实情况，本研究将通过实证予以检验，并在担保借款子类以及担保借款子类与债务期限结构交叉分类中予以细化分析。

8.3　研究设计与样本数据

8.3.1　模型与变量设定

1. 债务结构的度量

为了控制不同公司之间银行借款规模的不同，本研究使用公司银行债务总额对不同类型的债务规模进行标准化[①]。

首先，从银行债务期限结构来看，本研究将公司银行债务分为短期银行借款和长期银行借款，其中短期银行借款规模（$Bankloan\_s$）为短期银行借款占公司全部银行债务的比例，按照会计学的定义，短期银行借款包括"借款期限为一年以内的借款和一年内到期的长期借款"；长期银行借款规模（$Bankloan\_l$）为长期银行借款占公司全部银行债务的比例。

其次，从银行债务的优先级结构来看，本研究将公司的银行借款分为信用借款（$Credit$）和担保借款（$Secure$），分别用银行信用借款或银行担保借款占公司全部银行债务的比例表示。担保借款进一步分为保证借款（Gua）和抵押借款（$Coll$）。

最后，为了细化考察银行债务结构，本研究将银行债务期限结构和银行债务优先级结构交叉考虑，即信用借款的长、短期结构（$Credit\_l$ 和 $Credit\_s$），担保借款的长、短期结构（$Secure\_l$ 和 $Secure\_s$）。同时将担保借款的两个子类也纳入分析，即保证借款的长、短期结构（Gua_l 和 Gua_s），抵押借款的长、短期结构（$Coll\_l$ 和 $Coll\_s$）。

2. 崩盘风险预期的度量

已有研究（Chen et al.，2001；Jin & Myers，2006；Hutton et al.，2009）普遍使用负收益偏态系数（$NCSKEW$）和股价波动比率（$DUVOL$）来衡量股价崩盘风险。在信息不对称视角下，公司股价崩盘往往意味着公司隐藏着未被外部投资者观测到的坏消息（Jin & Myers，2006；Hutton et al.，2009），因此在充分市场化的资本市场中，债权人或者投资者可以根据这些公司的微观层面指标对其未来股价崩盘可能性进行评估，进而判断公司在实体层面可能存在的"利空"消息，并决定其是否向公司提供金融资源或者调整其所要求的风险收益水平。因此，根据公司微观层面能够对公司股价崩盘风险产生决定性影响的指标拟合出其未来崩盘风险的大小，可以作为公司崩盘风险预期的度量。

[①]　笔者还分别使用公司总资产和全部有息债务对不同类型的公司银行债务进行标准化，回归结果对本研究结论无实质影响。

具体计算过程参见第 7 章。

3. 研究模型

本章的研究模型设置如下：

$$
\begin{aligned}
Debt\_structure_{i,t} = {}& \alpha + \beta_1 \widehat{CR}_{i,t} + \beta_2 Mindex_i + \beta_3 Age_{i,t} + \beta_4 Owner_{i,t} + \beta_5 St_{i,t} + \beta_6 Roe_{i,t-1} + \\
& \beta_7 Cfo_{i,t-1} + \beta_8 Growth_{i,t-1} + \beta_9 Size_{i,t-1} + \beta_{10} Leverage_{i,t-1} + \beta_{11} Liva_{i,t-1} + \beta_{12} Liq_{i,t-1} + \\
& \beta_{13} Ndts_{i,t-1} + \beta_{14} Control_{i,t-1} + \beta_{15} Sep_{i,t-1} + \beta_{16} CR_{i,t-1} + \varphi Ind\_dummy + \eta Year\_dummy
\end{aligned}
$$

$$(8-1)$$

在式（8-1）中，$Debt\_structure$ 包括了前文所提及的债务期限结构和债务优先级结构（$Bankloan\_s$，$Bankloan\_l$；$Credit$，$Credit\_s$，$Credit\_l$；$Secure$，$Secure\_s$，$Secure\_l$；$Coll$，$Coll\_s$，$Coll\_l$；Gua，Gua_s，Gua_l）；主要解释变量为 $\widehat{CR}_{i,t} \in \{NCSKEW\_h_{i,t}$，$DUVOL\_h_{i,t}\}$，其中 t 代表 $t-1$ 期崩盘风险影响因素对未来 t 期的拟合值。控制变量主要包括三个层面：宏观层面的治理环境因素为市场化指数（$Mindex$）[①]；公司性质层面则包括公司上市年限（Age）、公司最终控制人性质（$Owner$）、公司是否特殊处理（St）；微观层面的公司治理与财务指标则包括净资产收益率（Roe）、经营现金流（Cfo）、公司成长情况（$Growth$）、公司规模（$Size$）、公司资产负债率（$Leverage$）、有形资产比率（$Liva$）、流动比率（Liq）、非债务税盾（$Ndts$）、实际控制人控制权比例（$Control$）、控制权与现金流权偏离度（Sep）。上述变量中，微观层面的公司治理与财务指标均滞后一期。此外，为了控制公司已经被观测到的股价行为对公司债务结构的影响，本研究还控制了滞后一期的股价崩盘风险 $CR_{i,t-1} \in \{NCSKEW_{i,t-1}$，$DUVOL\_h_{i,t-1}\}$。同时，本研究也控制了行业（$Ind\_dummy$）和年度（$Year\_dummy$）固定效应，各变量定义详见表 8-1。

---

① 市场化进程数据来源于樊纲和王小鲁《中国市场化指数：各地区市场化相对进程 2011 年报告》和王小鲁等《中国市场化八年进程报告》。由于两次指数评价之间存在跳跃和修正，笔者使用不同省份市场化指数的平均值来消除潜在影响。此外，笔者还测试了按照其年度平均值或者分位数将其设置为三级定序变量，结果基本不变。如果直接使用市场化指数原始值，不影响本研究结论。

表 8 - 1 变量定义

变量类型		变量名称	定义
被解释变量	银行借款总额	*Bankloan*	银行借款总额除以总资产
	期限结构	*Bankloan_s*	银行短期借款除以公司全部银行负债
		Bankloan_l	银行长期借款除以公司全部银行负债
	优先级结构	*Credit*	银行借款中信用借款除以公司全部银行负债
		Secure	银行借款中担保借款除以公司全部银行负债
	优先级结构与期限结构的交叉分类	*Credit_s*	短期银行信用贷款除以公司全部银行负债
		Credit_l	长期银行信用贷款除以公司全部银行负债
		Secure_s	短期银行担保贷款除以公司全部银行负债
		Secure_l	长期银行担保贷款除以公司全部银行负债
	优先级结构子类	*Coll*	银行抵押借款除以公司全部银行负债
		Gua	保证借款除以公司全部银行负债
	优先级结构子类与期限结构的交叉分类	*Coll_s*	短期银行抵押借款除以公司全部银行负债
		Coll_l	长期银行抵押借款除以公司全部银行负债
		Gua_s	短期保证借款除以公司全部银行负债
		Gua_l	长期保证借款除以公司全部银行负债
解释变量		*NCSKEW_h*	崩盘风险预期指标：负收益偏态系数拟合值
		DUVOL_h	崩盘风险预期指标：公司股价波动比率拟合值
控制变量		*Mindex*	上市公司所在地市场化指数的平均值
		Age	公司上市年限：计算为 2014 - 上市年份 + 1
		Owner	最终控制人性质：最终控制人为政府或国有企业时取 1，否则取 0
		St	是否特殊处理：取 1 时为特殊处理；取 0 时为正常交易
		Roe	资产收益率：计算为净利润除以公司净资产
		Cfo	经营现金流：计算为公司经营活动现金流净额除以公司总资产
		Growth	公司成长性：计算为营业收入增长率
		Size	公司规模：计算为总资产的自然对数
		Leverage	公司资产负债率：计算为公司总负债除以总资产
		Liva	有形资产比率：计算为固定资产除以总资产
		Liq	流动比率：计算为流动资产除以流动负债
		Ndts	非债务税盾：计算为固定资产折旧除以总资产
		Control	实际控制人控制权比例
		Sep	实际控制人控制权与现金流权偏离度
		NCSKEW	负收益偏态系数（滞后一期）
		DUVOL	公司股价波动比率（滞后一期）
		Ind_dummy	行业虚拟变量
		Year_dummy	年度虚拟变量

在式（8-1）中，为了考察资金融出方对于公司潜在崩盘风险的预期对其不同债务结构的影响，重点考察系数 β_1。进一步地，考察市场化水平发展的不同对崩盘风险预期与债务结构之间关系的影响，由此将崩盘风险预期与市场化水平的交乘项加入方程，构建模型：

$$Debt\_structure_{i,t} = \alpha + \beta_1 \widehat{CR}_{i,t} + \mu \widehat{CR}_{i,t} \times Mindex_i + \beta_2 Mindex_i + \beta_3 Age_{i,t} + \beta_4 Owner_{i,t} + \beta_5 St_{i,t} + \beta_6 Roe_{i,t-1} + \beta_7 Cfo_{i,t-1} + \beta_8 Growth_{i,t-1} + \beta_9 Size_{i,t-1} + \beta_{10} Leverage_{i,t-1} + \beta_{11} Liva_{i,t-1} + \beta_{12} Liq_{i,t-1} + \beta_{13} Ndts_{i,t-1} + \beta_{14} Control_{i,t-1} + \beta_{15} Sep_{i,t-1} + \beta_{16} CR_{i,t-1} + \varphi Ind\_dummy + \eta Year\_dummy$$

$$(8-2)$$

随着市场化发展水平的不同，崩盘风险预期对公司债务结构的影响也将不同。因此，本研究将重点关注系数 μ，以考察市场化发展程度的调节效应。

8.3.2 样本选择与数据

本研究的数据来源主要包括：①债务期限结构和优先级结构数据来自上市公司财务报表附注，笔者在 CSMAR 财务报表附注数据库基础上参照上市公司年报对相关数据进行逐条校正和补充，并与财务报表中的银行借款余额进行交叉验证。本研究收集了非金融上市公司 2004—2014 年末的"短期借款""一年内到期的长期借款"以及"长期借款"的余额和担保情况。整理数据时按以下公式计算：银行借款总额 = 短期借款 + 一年内到期的长期借款 + 长期借款。将"短期借款"和"一年内到期的长期借款"合并为"银行短期借款"。识别"短期借款""一年内到期的长期借款""长期借款"的担保状态，并计算"信用借款""抵押借款（包括质押借款）""保证借款"的比例，从而构建多维度的银行债务结构数据。②其他上市公司数据来源于 Wind 数据库和 CSMAR 数据库。③市场化进程数据来源于樊纲和王小鲁《中国市场化指数：各地区市场化相对进程 2011 年报告》以及王小鲁等《中国市场化八年进程报告》。样本处理过程如下：①删除金融类公司。②对所有连续变量在 1% 统计水平上进行缩尾处理。[①] 最终本研究样本涵盖了 2004—2014 年共 9 097 个观测值，具体变量描述性统计如表 8-2 所示：

---

① 为了尽可能避免数据失真，本研究仅对存在极端值的控制变量进行缩尾处理，这些变量包括 Roe、Cfo、Growth、Inta、Leverage、Liva、Liq、Ndts，回归结果保持不变。

表 8 - 2　变量的描述性统计

变量类型	变量名称	样本量	均值	标准差	最小值	25 分位数	中位数	75 分位数	最大值
被解释变量 / 银行借款总额	$Bankloan$	9 097	0.239	0.157	0.000	0.116	0.225	0.338	0.990
期限结构	$Bankloan\_s$	9 097	0.744	0.287	0.000	0.562	0.849	1.000	1.000
	$Bankloan\_l$	9 097	0.256	0.287	0.000	0.000	0.151	0.438	1.000
优先级结构	$Credit$	9 097	0.280	0.344	0.000	0.000	0.092	0.519	1.000
	$Secure$	9 097	0.720	0.344	0.000	0.481	0.908	1.000	1.000
优先级结构与期限结构的交叉分类	$Credit\_s$	9 097	0.223	0.301	0.000	0.053	0.375	1.000
	$Credit\_l$	9 097	0.057	0.151	-0.077	0.000	0.000	0.017	1.000
	$Secure\_s$	9 097	0.521	0.363	0.000	0.165	0.533	0.885	1.000
	$Secure\_l$	9 097	0.199	0.256	0.000	0.000	0.083	0.328	1.000
优先级结构子类	Gua	9 097	0.386	0.338	0.000	0.044	0.329	0.675	1.000
	$Coll$	9 097	0.334	0.336	0.000	0.014	0.226	0.587	1.000
优先级结构子类与期限结构的交叉分类	Gua_s	9 097	0.300	0.309	0.000	0.002	0.202	0.518	1.000
	Gua_l	9 097	0.086	0.166	0.000	0.000	0.000	0.103	1.000
	$Coll\_s$	9 097	0.221	0.280	0.000	0.000	0.099	0.344	1.000
	$Coll\_l$	9 097	0.113	0.211	-0.018	0.000	0.000	0.126	1.000
解释变量	$NCSKEW\_h$	9 097	-0.206	0.222	-0.784	-0.397	-0.223	-0.011	0.422
	$DUVOL\_h$	9 097	-0.137	0.161	-0.609	-0.262	-0.156	-0.006	0.311
控制变量	$Mindex$	9 097	6.462	1.506	2.589	5.386	6.761	8.061	8.404
	Age	9 097	18.480	3.953	7.000	16.000	18.000	22.000	37.000
	$Owner$	9 097	0.596	0.491	0.000	0.000	1.000	1.000	1.000
	St	9 097	0.053	0.223	0.000	0.000	0.000	0.000	1.000
	$Roe(L)$	9 097	0.053	0.178	-1.142	0.023	0.065	0.117	0.708
	$Cfo(L)$	9 097	0.045	0.076	-0.213	0.005	0.045	0.087	0.269
	$Growth(L)$	9 097	0.223	0.531	-0.748	-0.007	0.141	0.318	3.936
	$\ln ta(L)$	9 097	21.778	1.160	18.767	20.974	21.650	22.415	25.199
	$Leverage(L)$	9 097	0.524	0.198	0.049	0.391	0.528	0.651	1.606
	$Liva(L)$	9 097	0.285	0.180	0.001	0.147	0.256	0.406	0.758
	$Liq(L)$	9 097	1.516	1.297	0.190	0.879	1.231	1.722	16.573
	$Ndts(L)$	9 097	0.028	0.017	0.000	0.016	0.025	0.037	0.084
	$Control(L)$	9 097	38.562	15.630	10.310	25.860	37.360	50.313	89.890
	$Sep(L)$	9 097	1.432	0.792	1.000	1.000	1.000	1.586	48.265
	$NCSKEW(L)$	9 097	-0.157	0.670	-2.255	-0.530	-0.132	0.257	4.873
	$DUVOL(L)$	9 097	-0.103	0.469	-1.302	-0.415	-0.101	0.211	2.485

从表 8 - 2 中可以看出，银行短期借款比例（$Bankloan\_s$）与银行长期借款比例（$Bankloan\_l$）之和为 100%，二者具有相同的标准差；信用借款比例（$Credit$）和担保借款比例（$Secure$）之和也为 100%，而且二者标准差相同。上述数据特征符合数据之间的勾稽关系（$Bankloan\_s + Bankloan\_l = 1$；$Credit + Secure = 1$），说明本研究对银行借

款分别在"期限"和"优先级"两个维度上的分类是完整的。

从基本的债务期限结构来看，公司中的银行短期借款比例（*Bankloan_s*）平均达到74.4%，远远高于银行长期借款比例（*Bankloan_l*）的25.6%，二者之和为100%，说明本研究将公司所有借款整齐地分为短、长期两类；从债务的优先级来看，银行借款类型进一步分为信用借款（*Credit*）和担保借款（*Secure*），其中担保借款在全部银行借款中平均占比达到72%，中位数达到90.8%，说明银行在向企业放贷的过程中，担保贷款成为银行放款的基本要求，而信用贷款占比较小，可能意味着信用机制在当前的债务市场中尚未充分发挥作用，银行不得不要求担保，以降低风险。进一步地，无论是担保借款还是信用借款，短期借款（*Credit_s* 和 *Secure_s*）都占据较大的比例，说明银行和企业之间存在着较多不信任，这种不信任有可能来源于双方的信息不对称以及信用市场的发展滞后。上述结果反映出企业银行债务结构具有鲜明的特点：从期限结构来看，短期债务成为企业债务融资的主要来源；从优先级结构来看，企业需要借助担保才能顺利贷到款项。短期债务融资和担保借款在企业债务中占据较大的比例，意味着由于信用机制的缺失，企业在债务融资上面临较高的门槛。主要解释变量 *NCSKEW_h* 和 *DUVOL_h* 反映外部对企业未来崩盘风险的感知度，为股价崩盘风险的拟合值，依然显示出负偏的特征，其均值均小于0。各控制变量均在合理范围之内。

8.4 实证分析

8.4.1 相关性分析

表8-3报告了债务结构与崩盘风险预期之间的相关性：第一，*NCSKEW_h* 和 *DUVOL_h* 相关性高达0.986，说明二者虽然代表了股价崩盘风险的不同维度，但是其结果是高度相关的。第二，随着崩盘风险预期增加，公司的银行借款在资产总额中的比例显著增加，说明崩盘风险越大的公司，对外部资金的需求越强烈。第三，崩盘风险预期与债务期限结构的相关性显示出一定的规律性，崩盘风险预期值越大，则短期借款（*Bankloan_s* 和 *Secure_s*）越多，长期借款（*Bankloan_l* 和 *Secure_l*）越少。第四，崩盘风险预期与债务优先级结构的规律性也是非常明显的，当崩盘风险预期值增大，担保债务（*Secure*）的比例会显著加大，而信用借款（*Credit*）的比例减小。这些结果在一定程度上与本研究的预期相符，当资金提供方感知到公司存在潜在风险时，会相应调整其对公司的融资供给或融资成本；在存在潜在崩盘风险条件下，公司也需要现金流对冲内部隐藏的坏消息，以避免资金链断裂，并迎合投资者预期（Jin & Myers，2006），双方博弈的最终结果会导致企业担保借款增加，信用借款减少，而且银行更愿意提供短期借款，以降低风险。当然，由于存在其他影响公司债务结构的因素，本研究还需要通过回归分析，"干净"地评估崩盘风险预期对债务结构的影响。

表 8 - 3 债务结构与崩盘风险预期的相关性

	Bankloan	Bankloan_s	Bankloan_l	Credit	Secure	Credit_s	Credit_l	Secure_s	Secure_l	Gua	Coll	Gua_s	Gua_l	Coll_s	Coll_l	NCSKEW_h	DUVOL_h
Bankloan	1																
Bankloan_s	-0.194***	1															
Bankloan_l	0.194***	-1.000***	1														
Credit	-0.122***	0.01	-0.01	1													
Secure	0.122***	-0.01	0.01	-1.000***	1												
Credit_s	-0.146***	0.240***	-0.240***	0.899***	-0.899***	1											
Credit_l	0.014	-0.456***	0.456***	0.488***	-0.488***	0.055***	1										
Secure_s	-0.032*	0.592***	-0.592***	-0.739***	0.739***	-0.640***	-0.406***	1									
Secure_l	0.209***	-0.850***	0.850***	-0.299***	0.299***	-0.302***	-0.081***	-0.422***	1								
Gua	0.090***	0.125***	-0.125***	-0.514***	0.514***	-0.460***	-0.256***	0.480***	0.012	1							
Coll	0.034	-0.135***	0.135***	-0.507***	0.507***	-0.458***	-0.242***	0.274***	0.295***	-0.478***	1						
Gua_s	0.019*	-0.404***	0.404***	-0.479***	0.479***	-0.414***	-0.267***	0.664***	-0.295***	0.872***	-0.386***	1					
Gua_l	0.148***	0.499***	-0.499***	-0.155***	0.155***	-0.165***	-0.024**	0.562***	0.572***	0.412***	-0.256***	-0.087***	1				
Coll_s	-0.062***	-0.320***	0.320***	-0.427***	0.427***	-0.373***	-0.231***	-0.257***	-0.221***	-0.341***	0.781***	-0.245***	-0.238***	1			
Coll_l	0.137***	0.640***	-0.640***	-0.242***	0.242***	-0.237***	-0.079***	-0.310***	0.763***	-0.310***	0.559***	-0.289***	-0.093***	-0.082***	1		
NCSKEW_h	0.071***	0.113***	-0.113***	-0.120***	0.120***	-0.093***	-0.088***	0.167***	-0.075***	0.113***	0.009	0.125***	-0.003	0.078***	-0.089***	1	
DUVOL_h	0.063***	0.138***	-0.138***	-0.138***	0.138***	-0.101***	-0.113***	0.193***	-0.088***	0.116***	0.024**	0.139***	-0.023**	0.096***	-0.089***	0.986***	1

注：***、**和*分别代表在1%、5%和10%统计水平上显著。

8.4.2　回归分析

1. 崩盘风险预期与债务期限结构

表 8-4 报告了崩盘风险预期对银行债务总额及其期限结构的影响。首先，随着崩盘风险预期的增加，公司的银行借款总额占资产的比重显著增加［见表 8-4 第（1）、（2）列］，说明崩盘风险高的公司对资金有着较大的需求。其次，从债务期限结构来看，随着崩盘风险预期的增加，公司的银行短期借款显著增加［见表 8-4 第（3）、（4）列］，银行长期借款显著减少［见表 8-4 第（5）、（6）列］。因此，在公司和银行博弈的过程中，双方折中的结果则是银行对高风险企业的放款倾向于风险更低的短期借款。以 $NCSKEW\_h$ 为例，当崩盘风险预期值增加一个标准差，银行短期借款的比例平均增加 2.69%（0.121×0.222）。这一结果表明，在信息不对称条件下，短期借款更有助于缓解银行与企业之间的代理冲突，降低银行潜在的坏账风险（Myers，1977；Barnea et al.，1980）。因此，银行在感知到公司可能的崩盘风险时，更倾向于发放风险更为可控的短期借款，假设 H_1 得到比较充分的支持。

表 8-4　崩盘风险预期与银行债务期限结构

变量名称	(1)	(2)	(3)	(4)	(5)	(6)
	Bankloan		*Bankloan_s*		*Bankloan_l*	
$NCSKEW\_h$	0.058 **		0.121 **		− 0.121 **	
	(2.119)		(2.041)		(− 2.041)	
$DUVOL\_h$		0.187 ***		0.279 ***		− 0.279 ***
		(4.337)		(3.042)		(− 3.042)
$Mindex$	− 0.003 ***	− 0.002 ***	0.015 ***	0.015 ***	− 0.015 ***	− 0.015 ***
	(− 2.869)	(− 2.772)	(7.969)	(8.017)	(− 7.969)	(− 8.017)
Age	− 0.001 ***	− 0.001 ***	− 0.001	− 0.001	0.001	0.001
	(− 4.065)	(− 3.933)	(− 0.975)	(− 0.933)	(0.975)	(0.933)
$Owner$	− 0.016 ***	− 0.016 ***	− 0.022 ***	− 0.023 ***	0.022 ***	0.023 ***
	(− 5.735)	(− 5.735)	(− 3.668)	(− 3.712)	(3.668)	(3.712)
St	− 0.070 ***	− 0.069 ***	0.031 **	0.033 **	− 0.031 **	− 0.033 **
	(− 8.031)	(− 7.959)	(2.108)	(2.221)	(− 2.108)	(− 2.221)
$Roe(L)$	− 0.051 ***	− 0.049 ***	− 0.065 ***	− 0.062 ***	0.065 ***	0.062 ***
	(− 4.023)	(− 3.902)	(− 4.110)	(− 3.935)	(4.110)	(3.935)
$Cfo(L)$	− 0.275 ***	− 0.273 ***	− 0.145 ***	− 0.141 ***	0.145 ***	0.141 ***
	(− 14.134)	(− 14.025)	(− 3.502)	(− 3.415)	(3.502)	(3.415)

（续上表）

变量名称	(1)	(2)	(3)	(4)	(5)	(6)
	Bankloan		*Bankloan_s*		*Bankloan_l*	
$Growth(L)$	-0.002	-0.002	-0.002	-0.003	0.002	0.003
	(-0.553)	(-0.723)	(-0.392)	(-0.445)	(0.392)	(0.445)
$lnta(L)$	0.007 ***	0.010 ***	-0.055 ***	-0.051 ***	0.055 ***	0.051 ***
	(4.460)	(5.610)	(-17.975)	(-14.376)	(17.975)	(14.376)
$Leverage(L)$	0.437 ***	0.433 ***	-0.126 ***	-0.131 ***	0.126 ***	0.131 ***
	(33.596)	(33.030)	(-6.093)	(-6.335)	(6.093)	(6.335)
$Liva(L)$	0.212 ***	0.211 ***	-0.280 ***	-0.281 ***	0.280 ***	0.281 ***
	(16.160)	(16.134)	(-10.126)	(-10.183)	(10.126)	(10.183)
$Liq(L)$	0.003 **	0.003 **	-0.042 ***	-0.042 ***	0.042 ***	0.042 ***
	(2.494)	(2.513)	(-10.414)	(-10.426)	(10.414)	(10.426)
$Ndts(L)$	-0.469 ***	-0.461 ***	1.867 ***	1.878 ***	-1.867 ***	-1.878 ***
	(-3.879)	(-3.814)	(7.386)	(7.427)	(-7.386)	(-7.427)
$Control(L)$	-0.000 ***	-0.000 ***	0.000	0.000	-0.000	-0.000
	(-3.102)	(-3.018)	(0.893)	(0.956)	(-0.893)	(-0.956)
$Sep(L)$	-0.001	-0.001	-0.001	-0.001	0.001	0.001
	(-0.386)	(-0.352)	(-0.283)	(-0.278)	(0.283)	(0.278)
$NCSKEW(L)$	0.001		0.003		-0.003	
	(0.614)		(0.620)		(-0.620)	
$DUVOL(L)$		0.001		0.001		-0.001
		(0.183)		(0.116)		(-0.116)
$Constant$	-0.014	-0.094 **	2.127 ***	2.026 ***	-1.127 ***	-1.026 ***
	(-0.434)	(-2.346)	(31.859)	(25.642)	(-16.880)	(-12.985)
$Year$	已控制	已控制	已控制	已控制	已控制	已控制
$Industry$	已控制	已控制	已控制	已控制	已控制	已控制
$Observations$	9 097	9 097	9 097	9 097	9 097	9 097
$Adjusted\ R^2$	0.456	0.457	0.239	0.239	0.239	0.239

注：括号内为经异方差调整后的稳健 t 值；*** 、** 、* 分别代表在1%、5%、10%的统计水平上显著。

控制变量的回归结果与预期和文献相符：首先，随着市场化水平的提高，公司的银行长期借款显著减少，银行短期借款显著增加，这与孙铮等（2005）以及段云和国瑶（2012）的研究结果保持一致，说明市场化水平在促进金融供给的同时，也使银行风险意识与感知能力相应增强，银行短期借款成为其控制信贷风险的主要工具。其次，公司盈利水平（*Roe*）和经营活动现金流（*Cfo*）越高，则短期债务越少，长期债务越多，说明企业盈利水平越好，盈利质量越高，越容易获得长期借款。最后，公司最终控制人性质（*Owner*）与长期负债成正比，而与短期负债成反比，说明国有控股公司相比于民营控股公司更容易获得长期借款。类似地，受到特殊处理的公司（*St*）具有较高比例的短期借款，说明相比于其他正常经营的公司，其面临更高的融资门槛。其他控制变量与前人研究也基本保持一致，在此不再一一赘述。

2. 崩盘风险预期与银行债务优先级结构

公司与银行之间博弈的结果除了影响银行借款的期限结构，同样也会影响银行借款的优先级结构，表 8-5 报告了崩盘风险预期与银行债务优先级结构之间的关系。首先，银行对公司的信用贷款［见表 8-5 第（1）、（2）列］随着崩盘风险预期值的增加而显著降低，说明潜在风险越大的公司，其信用度可能面临较大的质疑，导致其信用贷款难度增加，以致无法支持其较高的信用贷款水平；与之相对应的是，担保借款［见表 8-5 第（3）、（4）列］则随着崩盘风险预期值的增加显著增长，说明存在潜在风险的公司，面临更高的融资门槛，并需要通过提供担保以降低银行对其未来的风险预期。以 *NCSKEW_h* 为例，当崩盘风险预期值增加一个标准差时，信用贷款平均减少 3.62%（-0.163×0.222），相应担保借款则增加 3.62%。假设 H₂ 得到一定支持。从担保借款的子类来看［见表 8-5 第（5）~（8）列］，具有较高崩盘风险预期的公司也在一定水平上具有更多的保证借款（*Gua*）和抵押借款（*Coll*）。实证结果进一步支持了假设 H₂，即银行对公司的风险预期越强，就越有可能要求其提供更加具有偿付保障的担保借款。

上述结果表明，在信息不对称条件下，具有偿付保障的借款能够降低银行出借款项的风险（Aghion & Bolton，1992；Besanko & Thakor，1987），有助于银行应对因公司存在潜在崩盘风险而引发的债务违约。

表 8-5 崩盘风险预期与银行债务优先级结构

变量名称	(1)	(2)	(3)	(4)	(5)	(6)	(7)	(8)
	Credit		*Secure*		*Gua*		*Coll*	
NCSKEW_h	-0.163**		0.163**		0.099		0.064	
	(-2.207)		(2.207)		(1.296)		(0.898)	
DUVOL_h		-0.571***		0.571***		0.356***		0.215*
		(-5.053)		(5.053)		(3.035)		(1.960)
Mindex	0.003	0.003	-0.003	-0.003	0.009***	0.010***	-0.012***	-0.012***
	(1.268)	(1.115)	(-1.268)	(-1.115)	(3.852)	(3.936)	(-5.437)	(-5.376)

（续上表）

变量名称	(1)	(2)	(3)	(4)	(5)	(6)	(7)	(8)
	Credit		*Secure*		*Gua*		*Coll*	
Age	− 0.005 ***	− 0.005 ***	0.005 ***	0.005 ***	− 0.007 ***	− 0.007 ***	0.012 ***	0.012 ***
	(− 5.291)	(− 5.460)	(5.291)	(5.460)	(− 7.178)	(− 7.101)	(12.529)	(12.592)
Owner	0.140 ***	0.140 ***	− 0.140 ***	− 0.140 ***	0.004	0.004	− 0.144 ***	− 0.144 ***
	(19.127)	(19.102)	(− 19.127)	(− 19.102)	(0.492)	(0.504)	(− 18.746)	(− 18.723)
St	0.028 *	0.026 *	− 0.028 *	− 0.026 *	− 0.100 ***	− 0.099 ***	0.072 ***	0.073 ***
	(1.960)	(1.838)	(− 1.960)	(− 1.838)	(− 5.282)	(− 5.219)	(3.841)	(3.872)
Roe(L)	0.110 ***	0.106 ***	− 0.110 ***	− 0.106 ***	− 0.055 **	− 0.053 **	− 0.055 **	− 0.054 **
	(5.681)	(5.499)	(− 5.681)	(− 5.499)	(− 2.517)	(− 2.404)	(− 2.534)	(− 2.462)
Cfo(L)	0.212 ***	0.205 ***	− 0.212 ***	− 0.205 ***	− 0.208 ***	− 0.203 ***	− 0.005	− 0.002
	(4.499)	(4.349)	(− 4.499)	(− 4.349)	(− 4.000)	(− 3.915)	(− 0.097)	(− 0.035)
Growth(L)	0.001	0.002	− 0.001	− 0.002	− 0.009	− 0.010	0.008	0.008
	(0.135)	(0.392)	(− 0.135)	(− 0.392)	(− 1.397)	(− 1.553)	(1.322)	(1.245)
lnta(L)	0.061 ***	0.051 ***	− 0.061 ***	− 0.051 ***	− 0.020 ***	− 0.013 ***	− 0.042 ***	− 0.038 ***
	(16.420)	(11.991)	(− 16.420)	(− 11.991)	(− 4.927)	(− 2.912)	(− 11.255)	(− 8.784)
Leverage(L)	− 0.277 ***	− 0.264 ***	0.277 ***	0.264 ***	0.185 ***	0.177 ***	0.092 ***	0.087 ***
	(− 11.759)	(− 11.178)	(11.759)	(11.178)	(7.156)	(6.770)	(3.553)	(3.345)
Liva(L)	0.048	0.050	− 0.048	− 0.050	− 0.057 *	− 0.058 *	0.009	0.008
	(1.551)	(1.595)	(− 1.551)	(− 1.595)	(− 1.829)	(− 1.854)	(0.276)	(0.259)
Liq(L)	0.001	0.001	− 0.001	− 0.001	0.002	0.002	− 0.003	− 0.003
	(0.196)	(0.163)	(− 0.196)	(− 0.163)	(0.521)	(0.538)	(− 0.722)	(− 0.709)
Ndts(L)	0.664 **	0.635 **	− 0.664 **	− 0.635 **	0.351	0.369	− 1.015 ***	− 1.004 ***
	(2.091)	(2.000)	(− 2.091)	(− 2.000)	(1.116)	(1.174)	(− 3.282)	(− 3.245)
Control(L)	0.001 **	0.001 **	− 0.001 **	− 0.001 **	0.001 ***	0.001 ***	− 0.001 ***	− 0.001 ***
	(2.387)	(2.310)	(− 2.387)	(− 2.310)	(2.958)	(3.010)	(− 5.502)	(− 5.471)
Sep(L)	− 0.006	− 0.007	0.006	0.007	0.026 ***	0.026 ***	− 0.019 ***	− 0.019 ***
	(− 1.490)	(− 1.545)	(1.490)	(1.545)	(5.332)	(5.365)	(− 4.070)	(− 4.053)
NCSKEW(L)	0.022 ***		− 0.022 ***		− 0.011 *		− 0.011 *	
	(3.586)		(− 3.586)		(− 1.687)		(− 1.800)	
DUVOL(L)		0.037 ***		− 0.037 ***		− 0.021 **		− 0.016 *
		(4.240)		(− 4.240)		(− 2.249)		(− 1.911)
Constant	− 1.091 ***	− 0.854 ***	2.091 ***	1.854 ***	0.879 ***	0.730 ***	1.212 ***	1.124 ***
	(− 13.127)	(− 8.723)	(25.154)	(18.933)	(9.926)	(7.017)	(14.452)	(11.353)

（续上表）

变量名称	(1)	(2)	(3)	(4)	(5)	(6)	(7)	(8)
	Credit		*Secure*		*Gua*		*Coll*	
Year	已控制	已控制	已控制	已控制	已控制	已控制	已控制	已控制
Industry	已控制	已控制	已控制	已控制	已控制	已控制	已控制	已控制
Observations	9 097	9 097	9 097	9 097	9 097	9 097	9 097	9 097
Adjusted R^2	0.207	0.208	0.207	0.208	0.095	0.095	0.216	0.216

注：括号内为经异方差调整后的稳健 t 值；***、** 和 * 分别代表在 1%、5% 和 10% 统计水平上显著。

表 8-4 和表 8-5 分别从债务期限结构和债务优先级结构的角度揭示出信息不对称条件下公司与银行信贷博弈的结果，其本质上的逻辑是一致的。股价崩盘意味着公司存在着信息不对称的情况（Jin & Myers，2006），对于那些隐藏坏消息的公司，其资金链可能更脆弱，为了化解潜在风险，其对外部现金流的需求更强烈，而银行无法准确观测公司的真实情况，只能凭借各种外部迹象预判公司可能存在的潜在问题，在增加公司信贷供给的同时，相应调整其对公司的信贷政策，双方基于未来崩盘风险预期的博弈将达成新的均衡，因此本研究观测到预期崩盘风险高的公司有更多的银行短期借款和担保借款。这一结果符合短期借款（Barnea et al.，1980）与抵押借款（Townsend，1979）对银行与公司之间代理冲突的治理效应。

3. 债务期限结构与优先级结构交叉分类分析

尽管表 8-4 和表 8-5 分别从债务期限结构和优先级结构两个维度考察了崩盘风险预期与公司银行借款之间的关系，但是在不同的债务优先级结构中，同样也有期限长短之分。因此，单独考察债务优先级结构或者债务期限结构都是不完整的。据此，本章对公司银行债务的期限结构和优先级结构进行了交叉分类，即分别考察公司信用借款和担保借款中的长、短期借款是如何受崩盘风险预期影响的。

表 8-6 分别报告了崩盘风险预期对信用借款长、短期以及担保借款长、短期的影响。从表 8-5 中可知，当银行感知到公司存在潜在的崩盘风险时，公司可从银行获得的信用借款更少、担保借款更多。而从其内部期限结构来看，预期崩盘风险高的公司同时具有更少的短期信用借款［见表 8-6 第（1）、（2）列］和长期信用借款［见表 8-6 第（3）、（4）列］，而且大部分在 1% 统计水平上显著；预期崩盘风险高的公司具有较多的短期担保借款［见表 8-6 第（5）、（6）列］，并且在 5% 或 1% 统计水平上显著。这进一步说明了银行在公司崩盘预期下信贷政策的避险特征，银行一方面会同时降低高风险公司长、短期信用借款的额度，另一方面会提高其担保借款的额度，而且只集中在风险更加可控的短期担保借款上，以尽可能降低潜在的债务风险。

表8－6　崩盘风险预期与信用借款、担保借款的长短期结构

变量名称	(1)	(2)	(3)	(4)	(5)	(6)	(7)	(8)
	信用借款的期限结构				担保借款的期限结构			
	Credit_s		Credit_l		Secure_s		Secure_l	
NCSKEW_h	－ 0.067		－ 0.097 ***		0.187 **		－ 0.024	
	（ － 0.970）		（ － 3.228）		（2.474）		（ － 0.428）	
DUVOL_h		－ 0.312 ***		－ 0.259 ***		0.591 ***		－ 0.020
		（ － 2.996）		（ － 5.335）		（5.133）		（ － 0.229）
Mindex	0.007 ***	0.007 ***	－ 0.004 ***	－ 0.004 ***	0.008 ***	0.008 ***	－ 0.011 ***	－ 0.011 ***
	（3.487）	（3.374）	（ － 3.705）	（ － 3.812）	（3.394）	（3.532）	（ － 6.287）	（ － 6.267）
Age	－ 0.005 ***	－ 0.005 ***	－ 0.000	－ 0.000	0.004 ***	0.004 ***	0.001	0.001
	（ － 5.663）	（ － 5.783）	（ － 0.339）	（ － 0.462）	（3.998）	（4.141）	（1.223）	（1.245）
Owner	0.106 ***	0.106 ***	0.033 ***	0.033 ***	－ 0.129 ***	－ 0.129 ***	－ 0.011 *	－ 0.011 *
	（15.858）	（15.815）	（11.334）	（11.371）	（ － 16.583）	（ － 16.593）	（ － 1.916）	（ － 1.882）
St	0.009	0.008	0.019 ***	0.018 ***	0.023	0.025	－ 0.050 ***	－ 0.051 ***
	（0.703）	（0.647）	（3.506）	（3.313）	（1.231）	（1.364）	（ － 3.574）	（ － 3.609）
Roe(L)	0.093 ***	0.091 ***	0.017 **	0.015 **	－ 0.158 ***	－ 0.153 ***	0.048 ***	0.047 ***
	（5.572）	（5.478）	（2.452）	（2.134）	（ － 7.302）	（ － 7.128）	（3.202）	（3.164）
Cfo(L)	0.124 ***	0.120 ***	0.088 ***	0.085 ***	－ 0.270 ***	－ 0.262 ***	0.057	0.057
	（2.862）	（2.774）	（4.548）	（4.376）	（ － 5.242）	（ － 5.103）	（1.448）	（1.445）
Growth(L)	0.005	0.006	－ 0.005 **	－ 0.004 *	－ 0.008	－ 0.009	0.007	0.007
	（0.953）	（1.152）	（ － 2.043）	（ － 1.852）	（ － 1.136）	（ － 1.352）	（1.200）	（1.183）
lnta(L)	0.032 ***	0.026 ***	0.029 ***	0.025 ***	－ 0.087 ***	－ 0.077 ***	0.026 ***	0.025 ***
	（9.598）	（6.776）	（16.037）	（13.050）	（ － 23.382）	（ － 17.648）	（8.817）	（7.609）
Leverage(L)	－ 0.239 ***	－ 0.231 ***	－ 0.038 ***	－ 0.033 ***	0.113 ***	0.100 ***	0.164 ***	0.164 ***
	（ － 11.504）	（ － 11.086）	（ － 3.391）	（ － 2.922）	（4.511）	（3.972）	（8.416）	（8.374）
Liva(L)	－ 0.033	－ 0.032	0.081 ***	0.082 ***	－ 0.248 ***	－ 0.249 ***	0.199 ***	0.199 ***
	（ － 1.224）	（ － 1.209）	（4.512）	（4.571）	（ － 8.020）	（ － 8.094）	（7.391）	（7.399）
Liq(L)	－ 0.012 ***	－ 0.013 ***	0.013 ***	0.013 ***	－ 0.030 ***	－ 0.030 ***	0.029 ***	0.029 ***
	（ － 3.573）	（ － 3.574）	（4.420）	（4.403）	（ － 7.305）	（ － 7.281）	（7.784）	（7.781）
Ndts(L)	0.889 ***	0.872 ***	－ 0.225	－ 0.236	0.978 ***	1.007 ***	－ 1.642 ***	－ 1.642 ***
	（3.069）	（3.008）	（ － 1.541）	（ － 1.622）	（3.148）	（3.243）	（ － 6.870）	（ － 6.860）
Control(L)	0.001 ***	0.001 ***	－ 0.000	－ 0.000	－ 0.000 *	－ 0.000	－ 0.000	－ 0.000
	（2.711）	（2.671）	（ － 0.095）	（ － 0.191）	（ － 1.694）	（ － 1.607）	（ － 0.887）	（ － 0.897）

（续上表）

变量名称	(1)	(2)	(3)	(4)	(5)	(6)	(7)	(8)
	信用借款的期限结构				担保借款的期限结构			
	$Credit\_s$		$Credit\_l$		$Secure\_s$		$Secure\_l$	
$Sep(L)$	-0.004	-0.004	-0.002	-0.002	0.003	0.003	0.003	0.003
	(-1.051)	(-1.097)	(-1.478)	(-1.515)	(0.712)	(0.756)	(0.957)	(0.968)
$NCSKEW(L)$	0.019***		0.003		-0.016**		-0.006	
	(3.349)		(1.226)		(-2.437)		(-1.334)	
$DUVOL(L)$		0.030***		0.006*		-0.030***		-0.007
		(3.838)		(1.659)		(-3.297)		(-1.083)
$Constant$	-0.469***	-0.332***	-0.622***	-0.523***	2.596***	2.358***	-0.505***	-0.503***
	(-6.291)	(-3.731)	(-15.648)	(-12.019)	(31.520)	(23.924)	(-7.960)	(-6.731)
$Year$	已控制	已控制	已控制	已控制	已控制	已控制	已控制	已控制
$Industry$	已控制	已控制	已控制	已控制	已控制	已控制	已控制	已控制
$Observations$	9 097	9 097	9 097	9 097	9 097	9 097	9 097	9 097
Adjusted R^2	0.146	0.146	0.142	0.144	0.259	0.261	0.173	0.173

注：括号内为经异方差调整后的稳健 t 值；***、** 和 * 分别代表在 1%、5% 和 10% 统计水平上显著。

表 8-7 则进一步从担保借款子类，即保证借款和抵押借款的长、短期结构来分析，可以看到随着崩盘风险预期的增加，短期保证借款［见表 8-7 第（1）、（2）列］、短期抵押借款［见表 8-7 第（5）、（6）列］均呈现一致的增长趋势，这也进一步支持了表 8-6 中的结论，即随着崩盘风险预期的增加，短期担保借款（包括保证借款和抵押借款）也随之增加。

表 8-7　崩盘风险预期与担保借款子类的期限结构

变量名称	(1)	(2)	(3)	(4)	(5)	(6)	(7)	(8)
	保证借款的期限结构				抵押借款的期限结构			
	Gua_s		Gua_l		$Coll\_s$		$Coll\_l$	
$NCSKEW\_h$	0.093		0.007		0.094		-0.030	
	(1.317)		(0.184)		(1.552)		(-0.658)	
$DUVOL\_h$		0.356***		-0.000		0.235**		-0.020
		(3.345)		(-0.004)		(2.506)		(-0.275)
$Mindex$	0.016***	0.016***	-0.006***	-0.006***	-0.008***	-0.008***	-0.004***	-0.004***
	(7.132)	(7.221)	(-5.410)	(-5.406)	(-3.945)	(-3.886)	(-3.219)	(-3.201)

（续上表）

变量名称	(1)	(2)	(3)	(4)	(5)	(6)	(7)	(8)
	保证借款的期限结构				抵押借款的期限结构			
	Gua_s		Gua_l		$Coll\_s$		$Coll\_l$	
Age	-0.004***	-0.004***	-0.003***	-0.003***	0.008***	0.009***	0.004***	0.004***
	(-4.781)	(-4.698)	(-5.934)	(-5.924)	(9.873)	(9.933)	(5.942)	(5.964)
$Owner$	-0.022***	-0.022***	0.026***	0.026***	-0.106***	-0.106***	-0.037***	-0.037***
	(-2.996)	(-2.996)	(6.869)	(6.905)	(-15.947)	(-15.948)	(-7.930)	(-7.907)
St	-0.078***	-0.077***	-0.022***	-0.022***	0.101***	0.102***	-0.029**	-0.029**
	(-4.348)	(-4.274)	(-2.708)	(-2.718)	(5.474)	(5.528)	(-2.419)	(-2.452)
$Roe(L)$	-0.086***	-0.084***	0.031***	0.031***	-0.072***	-0.070***	0.017	0.016
	(-4.107)	(-3.998)	(4.000)	(3.994)	(-3.582)	(-3.477)	(1.271)	(1.229)
$Cfo(L)$	-0.232***	-0.227***	0.024	0.024	-0.038	-0.034	0.033	0.033
	(-4.912)	(-4.826)	(0.945)	(0.958)	(-0.876)	(-0.795)	(0.998)	(0.985)
$Growth(L)$	-0.007	-0.008	-0.003	-0.002	-0.001	-0.001	0.009*	0.009*
	(-1.121)	(-1.314)	(-0.777)	(-0.743)	(-0.170)	(-0.221)	(1.857)	(1.821)
$lnta(L)$	-0.040***	-0.033***	0.020***	0.020***	-0.047***	-0.044***	0.006**	0.006*
	(-11.378)	(-8.132)	(10.219)	(9.118)	(-14.948)	(-11.731)	(2.317)	(1.959)
$Leverage(L)$	0.122***	0.114***	0.062***	0.063***	-0.010	-0.014	0.102***	0.102***
	(5.197)	(4.785)	(5.028)	(5.013)	(-0.417)	(-0.607)	(6.139)	(6.098)
$Liva(L)$	-0.151***	-0.151***	0.094***	0.093***	-0.097***	-0.098***	0.106***	0.106***
	(-5.548)	(-5.577)	(5.335)	(5.330)	(-3.799)	(-3.843)	(4.502)	(4.519)
$Liq(L)$	-0.014***	-0.014***	0.017***	0.017***	-0.015***	-0.015***	0.012***	0.012***
	(-4.450)	(-4.423)	(5.113)	(5.116)	(-4.800)	(-4.790)	(4.394)	(4.397)
$Ndts(L)$	0.821***	0.839***	-0.471***	-0.471***	0.157	0.168	-1.172***	-1.171***
	(2.966)	(3.033)	(-2.906)	(-2.905)	(0.614)	(0.656)	(-5.760)	(-5.753)
$Control(L)$	0.001***	0.001***	0.000	0.000	-0.001***	-0.001***	-0.000	-0.000
	(2.946)	(3.000)	(0.657)	(0.663)	(-5.354)	(-5.302)	(-1.566)	(-1.582)
$Sep(L)$	0.020***	0.020***	0.005**	0.005**	-0.017***	-0.017***	-0.002	-0.002
	(4.613)	(4.651)	(2.441)	(2.435)	(-4.316)	(-4.306)	(-0.681)	(-0.664)
$NCSKEW(L)$	-0.010		-0.001		-0.006		-0.005	
	(-1.635)		(-0.403)		(-1.109)		(-1.288)	
$DUVOL(L)$		-0.022***		0.001		-0.008		-0.008
		(-2.617)		(0.206)		(-1.080)		(-1.528)
$Constant$	1.245***	1.094***	-0.366***	-0.364***	1.351***	1.264***	-0.139***	-0.140**
	(15.848)	(11.695)	(-8.670)	(-7.536)	(19.081)	(15.024)	(-2.624)	(-2.207)
$Year$	已控制	已控制	已控制	已控制	已控制	已控制	已控制	已控制
$Industry$	已控制	已控制	已控制	已控制	已控制	已控制	已控制	已控制
$Observations$	9 097	9 097	9 097	9 097	9 097	9 097	9 097	9 097
$Adjusted\ R^2$	0.122	0.123	0.084	0.084	0.170	0.170	0.194	0.194

注：括号内为经异方差调整后的稳健 t 值；***、** 和 * 分别代表在 1%、5% 和 10% 统计水平上显著。

综上所述，从债务期限结构与优先级结构交叉分类的分析中，以及通过对担保借款子类的期限结构分析可以看出，银行对存在潜在崩盘风险预期的公司，其信贷政策具有明显的风险应对特征。

4. 市场化水平的调节效应

表 8－4 至表 8－7 展示了在公司存在潜在崩盘风险预期下银行信贷政策在债务期限结构、债务优先级结构上的风险应对特征，但是正如本研究所推导的那样，这种风险预期与风险应对需要成熟的市场化条件。因此，表 8－8 分别考察了市场化水平对崩盘风险预期与债务期限结构、债务优先级结构之间关系的调节效应。

首先，从期限结构来看［见表 8－8 第（1）～（4）列］，市场化水平显著加强了崩盘风险预期与银行短期借款［$Bankloan\_s$，见表 8－8 第（1）、（2）列］之间的正向关系，或者加强了崩盘风险预期与银行长期借款［$Bankloan\_l$，见表 8－8 第（3）、（4）列］之间的负向关系。这一结果说明市场化水平越高的地区，银行对公司潜在崩盘风险预期越敏感，越能够在债务期限结构上做出相应调整，从而高风险公司具有更多的短期债务、更少的长期债务。假设 H_3 得到比较充分的证明。

其次，从优先级结构来看［见表 8－8 第（5）～（8）列］，市场化水平削弱了崩盘风险预期与银行信用借款的负向关系［见表 8－8 第（5）、（6）列］，或者削弱了崩盘风险预期与银行担保借款的正向关系［见表 8－8 第（7）、（8）列］。这与假设 H_{4b} 相符，即市场化的推进削弱了公司银行债务结构向更有保障的担保借款调整。

最后，从担保借款的子类来看［见表 8－8 第（9）～（12）列］，市场化水平的削弱作用主要体现为削弱了崩盘风险预期与银行抵押借款的正向关系［见表 8－8 第（11）、（12）列］，而对于保证借款则是不显著的加强作用［见表 8－8 第（9）、（10）列］。

这一结果符合前文的分析，即随着市场化水平的推进，金融供给相应增加。由于担保资源［见表 8－8 第（7）、（8）列］，尤其是可供抵押的资源［见表 8－8 第（11）、（12）列］有限，而且潜在的暴跌风险进一步降低了公司整体未来的抵押价值，以致信用借款的增长幅度超过了抵押借款的增长幅度。

表 8 – 8　市场化水平的调节效应

崩盘风险预期与债务期限结构

变量名称	*Bankloan_s*		*Bankloan_l*		*Credit*		*Secure*		*Gua*		*Coll*	
	(1)	(2)	(3)	(4)	(5)	(6)	(7)	(8)	(9)	(10)	(11)	(12)
NCSKEW_h	0.001 (0.019)		-0.001 (-0.019)		-0.445*** (4.660)		0.445*** (4.660)		0.009 (0.094)		0.436*** (4.687)	
NCSKEW_h × Mindex	0.019** (2.380)		-0.019** (-2.380)		0.044*** (4.766)		-0.044*** (-4.766)		0.014 (1.399)		-0.058*** (-6.054)	
DUVOL_h		0.151 (1.330)		-0.151 (-1.330)		-0.938*** (-6.748)		0.938*** (6.748)		0.215 (1.486)		0.726*** (5.274)
DUVOL_h × Mindex		0.020* (1.863)		-0.020* (-1.863)		0.058*** (4.619)		-0.058*** (-4.619)		0.022 (1.605)		-0.080*** (-6.038)
Mindex	0.019*** (7.918)	0.018*** (7.779)	-0.019*** (-7.918)	-0.018*** (-7.779)	0.012*** (4.240)	0.010*** (3.846)	-0.012*** (-4.240)	-0.010*** (-3.846)	0.012*** (3.860)	0.013*** (4.099)	0.012*** (12.690)	0.012*** (12.713)
Age	-0.001 (-1.040)	-0.001 (-0.972)	0.001 (1.040)	0.001 (0.972)	-0.005*** (-5.417)	-0.005*** (-5.550)	0.005*** (5.417)	0.005*** (5.550)	-0.007*** (-7.215)	-0.007*** (-7.133)	-0.024*** (-7.952)	-0.023*** (-7.788)
Owner	-0.023*** (-3.749)	-0.023*** (-3.773)	0.023*** (3.749)	0.023*** (3.773)	0.139*** (18.922)	0.138*** (18.909)	-0.139*** (-18.922)	-0.138*** (-18.909)	0.004 (0.444)	0.004 (0.450)	-0.142*** (-18.529)	-0.142*** (-18.515)
St	0.032** (2.147)	0.033** (2.249)	-0.032** (-2.147)	-0.033** (-2.249)	0.029** (2.056)	0.027* (1.925)	-0.029** (-2.056)	-0.027* (-1.925)	-0.099*** (-5.257)	-0.098*** (-5.192)	0.070*** (3.736)	0.071*** (3.771)
Roe	-0.064*** (-4.084)	-0.062*** (-3.913)	0.064*** (4.084)	0.062*** (3.913)	0.111*** (5.754)	0.107*** (5.568)	-0.111*** (-5.754)	-0.107*** (-5.568)	-0.055** (-2.501)	-0.052** (-2.386)	-0.057** (-2.606)	-0.055** (-2.539)
Cfo	-0.144*** (-3.471)	-0.140*** (-3.382)	0.144*** (3.471)	0.140*** (3.382)	0.215*** (4.564)	0.209*** (4.430)	-0.215*** (-4.564)	-0.209*** (-4.430)	-0.207*** (-3.981)	-0.202*** (-3.887)	-0.009 (-0.177)	-0.007 (-0.140)

（续上表）

崩盘风险预期与债务期限结构

变量名称	Bankloan_s		Bankloan_l		Credit		Secure		Gua		Call	
	(1)	(2)	(3)	(4)	(5)	(6)	(7)	(8)	(9)	(10)	(11)	(12)
Growth	-0.003	-0.003	0.003	0.003	-0.000	0.001	0.000	-0.001	-0.010	-0.011	0.010	0.009
	(-0.462)	(-0.501)	(0.462)	(0.501)	(-0.028)	(0.233)	(0.028)	(-0.233)	(-1.444)	(-1.609)	(1.531)	(1.462)
Insta	-0.055***	-0.051***	0.055***	0.051***	0.061***	0.051***	-0.061***	-0.051***	-0.020***	-0.013***	-0.041***	-0.038***
	(-18.039)	(-14.400)	(18.039)	(14.400)	(16.336)	(11.980)	(-16.336)	(-11.980)	(-4.952)	(-2.921)	(-11.162)	(-8.780)
Leverage	-0.126***	-0.132***	0.126***	0.132***	-0.277***	-0.265***	0.277***	0.265***	0.185***	0.176***	0.093***	0.088***
	(-6.103)	(-6.345)	(6.103)	(6.345)	(-11.782)	(-11.207)	(11.782)	(11.207)	(7.153)	(6.765)	(3.577)	(3.381)
Liva	-0.281***	-0.282***	0.281***	0.282***	0.047	0.049	-0.047	-0.049	-0.058*	-0.058*	0.010	0.010
	(-10.143)	(-10.195)	(10.143)	(10.195)	(1.517)	(1.565)	(-1.517)	(-1.565)	(-1.841)	(-1.867)	(0.321)	(0.301)
Liq	-0.042***	-0.042***	0.042***	0.042***	0.001	0.001	-0.001	-0.001	0.002	0.002	-0.003	-0.003
	(-10.404)	(-10.419)	(10.404)	(10.419)	(0.222)	(0.181)	(-0.222)	(-0.181)	(0.529)	(0.545)	(-0.757)	(-0.735)
Ndts	1.857***	1.871***	-1.857***	-1.871***	0.641**	0.615*	-0.641**	-0.615*	0.343	0.361	-0.984***	-0.975***
	(7.350)	(7.402)	(-7.350)	(-7.402)	(2.024)	(1.940)	(-2.024)	(-1.940)	(1.092)	(1.148)	(-3.192)	(-3.162)
Control	0.000	0.000	-0.000	-0.000	0.001**	0.001**	-0.001**	-0.001**	0.001***	0.001***	-0.001***	-0.001***
	(0.934)	(0.987)	(-0.934)	(-0.987)	(2.467)	(2.381)	(-2.467)	(-2.381)	(2.980)	(3.035)	(-5.615)	(-5.578)
Sep	-0.001	-0.001	0.001	0.001	-0.006	-0.007	0.006	0.007	0.026***	0.026***	-0.019***	-0.019***
	(-0.277)	(-0.278)	(0.277)	(0.278)	(-1.475)	(-1.542)	(1.475)	(1.542)	(5.340)	(5.370)	(-4.091)	(-4.057)
NCSKEW(L)	0.003		-0.003		0.022***		-0.022***		-0.011*		-0.011*	
	(0.623)		(-0.623)		(3.593)		(-3.593)		(-1.686)		(-1.809)	
DUVOL(L)		0.001		-0.001		0.037***		-0.037***		-0.021**		-0.016*
		(0.117)		(-0.117)		(4.246)		(-4.246)		(-2.247)		(-1.917)

（续上表）

变量名称	崩盘风险预期与债务期限结构											
	Bankloan_s		Bankloan_l		Credit		Secure		Gua		Coll	
	(1)	(2)	(3)	(4)	(5)	(6)	(7)	(8)	(9)	(10)	(11)	(12)
Constant	2.108***	2.011***	-1.108***	-1.011***	-1.136***	-0.897***	2.136***	1.897***	0.865***	0.714***	1.271***	1.183***
	(31.319)	(25.303)	(-16.462)	(-12.721)	(-13.662)	(-9.159)	(25.688)	(19.373)	(9.697)	(6.821)	(15.095)	(11.928)
Year	已控制	已控制	已控制	已控制	已控制	已控制	已控制	已控制	已控制	已控制	已控制	已控制
Industry	已控制	已控制	已控制	已控制	已控制	已控制	已控制	已控制	已控制	已控制	已控制	已控制
Observations	9 097	9 097	9 097	9 097	9 097	9 097	9 097	9 097	9 097	9 097	9 097	9 097
Adjusted R^2	0.239	0.239	0.239	0.239	0.208	0.210	0.208	0.210	0.095	0.095	0.219	0.239

注：括号内为经异方差调整后的稳健 t 值；***、 ** 和 * 分别代表在 1% 、 5% 和 10% 统计水平上显著。

　　为了进一步厘清市场化水平在不同债务维度分类中的调节效应，本研究在期限结构和优先级结构中对债务进行了交叉分类，其结果在表 8-9 和表 8-10 中予以报告。

　　表 8-9 报告了市场化水平对崩盘风险预期与信用借款、担保借款长、短期结构关系的调节效应。

　　首先，从信用借款的长、短期结构来看［见表 8-9 第（1）～（4）列］，尽管市场化水平可削弱崩盘风险预期与信用借款占比的负向关系［见表 8-8 第（5）、（6）列］，但是这种削弱作用主要集中在短期信用借款占比上［见表 8-9 第（1）、（2）列］。这说明随着市场化水平的提高，银行对预期崩盘风险较高公司的信用贷款限制虽然有所缓解，但是主要体现在相对风险更为可控的短期信用贷款上，并且在 1% 统计水平上显著。这一结果仍然符合银行对高风险公司放款的避险逻辑。

　　其次，从担保借款的长、短期结构来看［见表 8-9 第（5）～（8）列］，当市场化水平处于 5% 或 1% 的显著性水平时，高风险公司的担保借款占比无论长、短期均受到削弱，说明随着市场化水平的提高，公司银行债务中的担保借款占比相对降低。综合来看，随着市场化水平的提高，信用借款特别是短期信用借款占比得到了显著提升，而担保借款占比则相对降低。

表 8-9　市场化水平的调节效应：崩盘风险预期与信用借款、担保借款的期限结构

变量名称	(1)	(2)	(3)	(4)	(5)	(6)	(7)	(8)
	信用借款期限结构				担保借款期限结构			
	$Credit\_s$		$Credit\_l$		$Secure\_s$		$Secure\_l$	
$NCSKEW\_h$	-0.351***		-0.094**		0.353***		0.092	
	(-4.046)		(-2.239)		(3.671)		(1.276)	
$NCSKEW\_h \times Mindex$	0.044***		-0.001		-0.026***		-0.018**	
	(5.480)		(-0.113)		(-2.718)		(-2.474)	
$DUVOL\_h$		-0.674***		-0.264***		0.825***		0.113
		(-5.326)		(-4.273)		(5.879)		(1.055)
$DUVOL\_h \times Mindex$		0.057***		0.001		-0.037***		-0.021**
		(5.161)		(0.133)		(-2.846)		(-2.056)
$Mindex$	0.016***	0.014***	-0.004***	-0.004***	0.003	0.003	-0.014***	-0.014***
	(6.567)	(6.093)	(-3.144)	(-3.362)	(0.933)	(1.193)	(-6.556)	(-6.364)
Age	-0.005***	-0.005***	-0.000	-0.000	0.004***	0.004***	0.001	0.001
	(-5.810)	(-5.887)	(-0.335)	(-0.465)	(4.065)	(4.193)	(1.289)	(1.287)
$Owner$	0.105***	0.105***	0.033***	0.033***	-0.128***	-0.128***	-0.010*	-0.010*
	(15.642)	(15.618)	(11.340)	(11.375)	(-16.466)	(-16.474)	(-1.824)	(-1.807)

（续上表）

变量名称	(1)	(2)	(3)	(4)	(5)	(6)	(7)	(8)
	信用借款期限结构				担保借款期限结构			
	$Credit\_s$		$Credit\_l$		$Secure\_s$		$Secure\_l$	
St	0.010	0.009	0.019***	0.018***	0.022	0.024	−0.051***	−0.051***
	(0.817)	(0.748)	(3.510)	(3.322)	(1.185)	(1.319)	(−3.612)	(−3.639)
$Roe(L)$	0.094***	0.092***	0.017**	0.015**	−0.158***	−0.154***	0.047***	0.047***
	(5.653)	(5.555)	(2.452)	(2.138)	(−7.338)	(−7.165)	(3.177)	(3.141)
$Cfo(L)$	0.127***	0.124***	0.088***	0.085***	−0.271***	−0.264***	0.056	0.056
	(2.931)	(2.859)	(4.545)	(4.376)	(−5.276)	(−5.150)	(1.417)	(1.411)
$Growth(L)$	0.004	0.005	−0.005**	−0.004*	−0.007	−0.008	0.007	0.007
	(0.780)	(0.986)	(−2.038)	(−1.858)	(−1.050)	(−1.259)	(1.270)	(1.243)
$Size(L)$	0.032***	0.026***	0.029***	0.025***	−0.087***	−0.077***	0.026***	0.026***
	(9.512)	(6.761)	(16.009)	(13.043)	(−23.331)	(−17.628)	(8.866)	(7.627)
$Leverage(L)$	−0.239***	−0.232***	−0.038***	−0.033***	0.113***	0.100***	0.164***	0.165***
	(−11.533)	(−11.119)	(−3.391)	(−2.922)	(4.519)	(3.985)	(8.427)	(8.385)
$Liva(L)$	−0.034	−0.033	0.081***	0.082***	−0.247***	−0.249***	0.200***	0.200***
	(−1.267)	(−1.245)	(4.511)	(4.568)	(−8.001)	(−8.074)	(7.406)	(7.410)
$Liq(L)$	−0.012***	−0.012***	0.013***	0.013***	−0.030***	−0.030***	0.029***	0.029***
	(−3.556)	(−3.567)	(4.420)	(4.403)	(−7.330)	(−7.304)	(7.770)	(7.773)
$Ndts(L)$	0.865***	0.851***	−0.224	−0.237	0.992***	1.020***	−1.633***	−1.634***
	(2.997)	(2.946)	(−1.540)	(−1.625)	(3.198)	(3.290)	(−6.834)	(−6.832)
$Control(L)$	0.001***	0.001***	−0.000	−0.000	−0.000*	−0.000*	−0.000	−0.000
	(2.803)	(2.751)	(−0.097)	(−0.189)	(−1.739)	(−1.652)	(−0.929)	(−0.930)
$Sep(L)$	−0.004	−0.004	−0.002	−0.002	0.003	0.003	0.003	0.003
	(−1.036)	(−1.095)	(−1.478)	(−1.514)	(0.705)	(0.756)	(0.951)	(0.968)
$NCSKEW(L)$	0.019***		0.003		−0.016**		−0.006	
	(3.358)		(1.226)		(−2.440)		(−1.337)	
$DUVOL(L)$		0.031***		0.006*		−0.030***		−0.007
		(3.845)		(1.659)		(−3.299)		(−1.084)
$Constant$	−0.514***	−0.374***	−0.622***	−0.523***	2.622***	2.385***	−0.486***	−0.488***
	(−6.893)	(−4.202)	(−15.712)	(−12.083)	(31.516)	(24.005)	(−7.627)	(−6.494)
$Year$	已控制	已控制	已控制	已控制	已控制	已控制	已控制	已控制
$Industry$	已控制	已控制	已控制	已控制	已控制	已控制	已控制	已控制
$Observations$	9 097	9 097	9 097	9 097	9 097	9 097	9 097	9 097
$Adjusted\ R^2$	0.148	0.148	0.142	0.144	0.260	0.261	0.173	0.173

注：括号内为经异方差调整后的稳健 t 值；***、**和*分别代表在1%、5%和10%统计水平上显著。

表 8 – 10 则进一步从担保借款子类的长、短期结构揭示出市场化水平的调节效应。其中，市场化水平对高风险公司担保借款占比的削弱主要体现为对抵押借款占比的削弱作用，而且无论长、短期皆是如此 [见表 8 – 10 第（5）~（8）列]；而从保证借款来看 [见表 8 – 10 第（1）~（4）列]，市场化水平的调节作用并不显著。这一结果进一步验证了本章有关担保资源有限性的假设，相比于保证借款，公司能够用于抵押的资源更加固化，因此抵押借款的比例随着市场化水平的提高呈现显著降低的特征。

表 8 – 10　市场化水平的调节效应：崩盘风险预期与担保借款子类期限结构

变量名称	（1）	（2）	（3）	（4）	（5）	（6）	（7）	（8）
	保证借款期限结构				抵押借款期限结构			
	Gua_s		Gua_l		Coll_s		Coll_l	
NCSKEW_h	0.022		– 0.013		0.331 ***		0.105 *	
	(0.246)		(– 0.272)		(4.206)		(1.758)	
NCSKEW_h × Mindex	0.011		0.003		– 0.037 ***		– 0.021 ***	
	(1.208)		(0.614)		(– 4.488)		(– 3.496)	
DUVOL_h		0.264 **		– 0.049		0.561 ***		0.162 *
		(2.015)		(– 0.698)		(4.852)		(1.830)
DUVOL_h × Mindex		0.014		0.008		– 0.051 ***		– 0.028 ***
		(1.155)		(1.126)		(– 4.537)		(– 3.402)
Mindex	0.018 ***	0.018 ***	– 0.006 ***	– 0.005 ***	– 0.015 ***	– 0.015 ***	– 0.009 ***	– 0.008 ***
	(6.094)	(6.253)	(– 3.877)	(– 3.782)	(– 5.738)	(– 5.616)	(– 4.912)	(– 4.761)
Age	– 0.004 ***	– 0.004 ***	– 0.003 ***	– 0.003 ***	0.009 ***	0.009 ***	0.004 ***	0.004 ***
	(– 4.813)	(– 4.722)	(– 5.949)	(– 5.946)	(9.989)	(10.020)	(6.031)	(6.031)
Owner	– 0.023 ***	– 0.023 ***	0.026 ***	0.026 ***	– 0.105 ***	– 0.105 ***	– 0.037 ***	– 0.037 ***
	(– 3.039)	(– 3.036)	(6.859)	(6.874)	(– 15.796)	(– 15.801)	(– 7.775)	(– 7.761)
St	– 0.078 ***	– 0.076 ***	– 0.022 ***	– 0.022 ***	0.100 ***	0.101 ***	– 0.029 **	– 0.030 **
	(– 4.325)	(– 4.253)	(– 2.698)	(– 2.699)	(5.401)	(5.457)	(– 2.476)	(– 2.504)
Roe(L)	– 0.086 ***	– 0.083 ***	0.031 ***	0.031 ***	– 0.073 ***	– 0.071 ***	0.016	0.015
	(– 4.094)	(– 3.986)	(4.010)	(4.012)	(– 3.632)	(– 3.532)	(1.235)	(1.191)
Cfo(L)	– 0.231 ***	– 0.227 ***	0.024	0.025	– 0.040	– 0.038	0.032	0.031
	(– 4.896)	(– 4.806)	(0.953)	(0.977)	(– 0.933)	(– 0.872)	(0.955)	(0.929)
Growth(L)	– 0.007	– 0.008	– 0.003	– 0.003	– 0.000	– 0.000	0.010 *	0.010 *
	(– 1.162)	(– 1.355)	(– 0.797)	(– 0.782)	(– 0.025)	(– 0.070)	(1.951)	(1.916)

（续上表）

变量名称	(1)	(2)	(3)	(4)	(5)	(6)	(7)	(8)
	保证借款期限结构				抵押借款期限结构			
	Gua_s		Gua_l		$Coll\_s$		$Coll\_l$	
$Size(L)$	- 0.040 ***	- 0.033 ***	0.020 ***	0.020 ***	- 0.047 ***	- 0.044 ***	0.006 **	0.006 **
	(- 11.401)	(- 8.140)	(10.198)	(9.111)	(- 14.874)	(- 11.715)	(2.384)	(1.980)
$Leverage(L)$	0.122 ***	0.114 ***	0.062 ***	0.063 ***	- 0.009	- 0.014	0.102 ***	0.102 ***
	(5.193)	(4.780)	(5.027)	(5.009)	(- 0.404)	(- 0.587)	(6.155)	(6.118)
$Liva(L)$	- 0.151 ***	- 0.152 ***	0.093 ***	0.093 ***	- 0.096 ***	- 0.097 ***	0.106 ***	0.106 ***
	(- 5.558)	(- 5.586)	(5.332)	(5.324)	(- 3.765)	(- 3.811)	(4.531)	(4.544)
$Liq(L)$	- 0.014 ***	- 0.014 ***	0.017 ***	0.017 ***	- 0.015 ***	- 0.015 ***	0.012 ***	0.012 ***
	(- 4.437)	(- 4.413)	(5.115)	(5.121)	(- 4.828)	(- 4.813)	(4.380)	(4.391)
$Ndts(L)$	0.816 ***	0.834 ***	- 0.472 ***	- 0.473 ***	0.176	0.186	- 1.160 ***	- 1.161 ***
	(2.942)	(3.012)	(- 2.917)	(- 2.923)	(0.692)	(0.729)	(- 5.710)	(- 5.707)
$Control(L)$	0.001 ***	0.001 ***	0.000	0.000	- 0.001 ***	- 0.001 ***	- 0.000	- 0.000
	(2.965)	(3.018)	(0.667)	(0.681)	(- 5.436)	(- 5.381)	(- 1.625)	(- 1.637)
$Sep(L)$	0.020 ***	0.020 ***	0.005 **	0.005 **	- 0.017 ***	- 0.017 ***	- 0.002	- 0.002
	(4.618)	(4.653)	(2.443)	(2.436)	(- 4.329)	(- 4.307)	(- 0.690)	(- 0.664)
$NCSKEW(L)$	- 0.010		- 0.001		- 0.006		- 0.005	
	(- 1.634)		(- 0.402)		(- 1.115)		(- 1.293)	
$DUVOL(L)$		- 0.022 ***		0.001		- 0.008		- 0.008
		(- 2.616)		(0.207)		(- 1.084)		(- 1.531)
$Constant$	1.234 ***	1.083 ***	- 0.369 ***	- 0.369 ***	1.389 ***	1.301 ***	- 0.118 **	- 0.119 *
	(15.562)	(11.495)	(- 8.706)	(- 7.615)	(19.400)	(15.340)	(- 2.204)	(- 1.867)
$Year$	已控制	已控制	已控制	已控制	已控制	已控制	已控制	已控制
$Industry$	已控制	已控制	已控制	已控制	已控制	已控制	已控制	已控制
$Observations$	9 097	9 097	9 097	9 097	9 097	9 097	9 097	9 097
$Adjusted\ R^2$	0.123	0.123	0.084	0.084	0.172	0.172	0.195	0.195

注：括号内为经异方差调整后的稳健 t 值；*** 、** 和 * 分别代表在 1%、5% 和 10% 的统计水平上显著。

综上所述，银行对存在崩盘风险预期公司的放款呈现避险特征，而且这一特征随着市场化水平的提高得以加强。具体表现在，一方面，银行在感知到企业风险的前提下，能够在信贷政策上做出相应调整，使其对存在潜在风险公司的放款向短期信用贷款和担保贷款调整；另一方面，市场化水平促进了金融供给方的市场化，市场化程度高的地区相应更容易获得银行借款，同时银行间的竞争也影响到其信贷政策及风险应对，严苛的贷款担保可能不再成为放款的必要条件。同时，由于担保借款占据企业债务结构中的绝大部分（均值72%，中位数90.8%），在企业无法提供更多担保的情况下，信用借款的相对增长幅度超过了担保借款的相对增长幅度，但这一现象仍然只体现在风险更为可控的短期信用借款上，表明银行的信贷政策是基于收益与风险的权衡，彰显了信息不对称条件下短期借款的治理效应。

8.5 稳健性检验

8.5.1 内生性问题

鉴于公司层面的信息不对称以及治理败坏会增加公司潜在的股价崩盘风险，而这些因素同样也有可能影响到公司的银行债务结构，因此本研究结果可能存在一定的内生性问题。为了控制这一问题对研究结论的影响，本研究参考叶康涛等（2015）的研究方法，采用 Heckman 两阶段模型，以尽可能克服内生性问题对结论的影响。

Heckman 模型第一阶段使用 Probit 模型估计崩盘风险预期的决定因素，并在此基础上计算逆米尔斯比（Inverse Mill's Ratio，IMR）。第一阶段的因变量为 D_NCSKEW 或 D_DUVOL，本研究有以下设定：如果公司已经观测到的股价崩盘风险（$NCSKEW$ 或 $DUVOL$）大于年度行业中位数，则设定 D_NCSKEW 或 D_DUVOL 为 1，表明其为高崩盘风险预期公司；否则 D_NCSKEW 或 D_DUVOL 为 0。第一阶段的控制变量主要参考许年行等（2012、2013）、Kim 等（2011a，2011b）、An 等（2015）等文献，包括偏态系数（$NCSKEW_{i,t-1}$），去趋势换手率（$Dtn_{i,t-1}$），市值账面比率（$Mtb\_e_{i,t-1}$），负债比率（$Ld_{i,t-1}$），公司周特质收益率均值（$Rw_{i,t-1}$）、标准差（$Sigw_{i,t-1}$），公司市值规模（$Size\_e_{i,t-1}$），资产收益率（$Roa_{i,t-1}$），公司盈余透明度（$Opaque_{i,t-1}$）以及行业固定效应和年度效应。此外，参考权小锋等（2015）的研究，本研究在第一阶段回归的控制变量中还添加了"公司社会责任（CSR）"这一变量，数据来源为润灵环球（RKS）对上市公司社会责任报告的评分结果。模型设定如下：

$$D\_NCSKEW \text{ 或 } D\_DUVOL = \alpha + \delta Z_{i,t-1} + \chi Ind\_dummy + \gamma Year\_dummy + e_{i,t}$$

$$(8-3)$$

其中，$Z_{i,t-1}$ 是一系列控制变量，Ind_dummy 和 $Year\_dummy$ 分别代表行业固定效应和年度效应。然后分别对 D_NCSKEW 和 D_DUVOL 进行回归，并计算各自的逆米尔斯比 IMR_n 和 IMR_d。

在第二阶段，分别将 *IMR_n* 和 *IMR_d* 作为控制变量加入回归模型，以修正潜在的内生性问题，回归结果仍然支持了本章主要结论。

8.5.2　系数显著性的再检验

在主检验的回归中，为了修正潜在的异方差问题，本研究采用怀特异方差稳健标准误（Robust 标准误）来计算回归系数的 *t* 统计量。进一步地，为了修正可能存在的样本分布偏误对系数估计有效性产生的影响，本研究使用"自助法"（Bootstrap）来估计模型系数的标准误，回归系数的显著性与主检验基本保持一致。

同时，为了消除可能存在的组间相关和序列相关对标准误的影响，本研究对回归系数的标准误分别在公司层面和年度层面进行聚类（Cluster）处理，回归结果对本研究结论无实质影响。

8.5.3　样本中 ST 公司可能对结果的影响

为了避免样本中 ST 公司对结果可能产生的影响，本研究将 ST 公司予以删除，检验结论不变。

8.6　结论与启示

股价崩盘不仅仅是股票价格的崩溃，更意味着公司实体经营中存在被隐藏的坏消息，因此当外部投资者感知到公司存在潜在的股价崩盘风险时，会相应提高其融资门槛。这种风险预期不仅导致公司资本结构调整速度的降低（An et al.，2015），而且影响到公司的债务结构。本章以沪深 A 股上市公司为样本，考察了债权人（银行）对公司潜在崩盘风险预期值与公司债务结构之间的关系，以及不同地区的市场化程度差异是如何影响到这种风险预期所表现出的债务结构特征。

本章的研究发现，银行对具有崩盘风险预期公司的放款具有明显的避险意图：①从期限结构来看，具有较高崩盘风险预期的公司，其银行短期借款更多，而银行长期借款更少。②从优先级结构来看，公司崩盘风险预期越高，其信用借款越少、担保借款越多。其中，随着潜在崩盘风险的增加，长、短期信用借款都在减少，而担保借款尤其是短期担保借款则有明显增长。③随着市场化水平的提高，银行对存在崩盘风险预期公司的信用贷款限制虽然有所缓解，但是主要体现在风险相对更为可控的短期信用贷款上；与之相对应，担保借款中的抵押借款占比相对降低。上述结论进一步支持了 Ivashina（2009）提及的在信息不对称条件下逆向选择和道德风险对银行借款的影响。

本章的研究结论具有重要的文献与政策启示性。首先，潜在的股价崩盘风险实际上反映出公司实体层面隐藏着坏消息，并影响到公司的财务决策。虽然外部人无法准确把握坏消息究竟是什么，但是为了应对潜在的逆向选择和道德风险，其会采取一定的风险应对措施，本章从公司债务结构的角度揭示了这种潜在风险预期的影响。其次，存在崩盘风险预期公司的债务结构特征实际上反映出债权人（银行）在与公司博弈过程中的避险行为，而且市场化水平越高，这种风险感知与风险应对能力就越强，这一点在债务期限结构上表现得尤为明显。最后，值得重视的是，尽管银行感知到融资企业的潜在风险，但是抵押借款受规模所限，无法支撑更多风险融资需求，而短期信用贷款作为银行的主要避险手段，抑制了高风险公司短期信用借款的减少，但这也同样增加了高风险公司短期资金链的压力。

综上所述，本章的重要政策意义在于，经过多年的金融体制改革，银行的信贷决策渐趋理性，市场化进程的推进有助于改善信息不对称状况，可以部分地缓解高风险企业的融资约束。对监管层来说，虽然市场能够自发地进行风险调整，但仍然要加强对潜在金融风险的监控和应对。

9 股价崩盘风险预期与公司资本结构调整

9.1 引　言

第 7 章和第 8 章分别从股价崩盘风险经济后果的角度考察了股价崩盘风险对公司借款合同契约条款及其银行债务结构的影响，本章将进一步考察投资者或债权人对公司未来股价暴跌风险的预期是如何影响公司的资本结构调整行为。

2017 年"乐视网"（股票代码：300104）危机备受资本市场瞩目，从财务学视角看，其饱受诟病之处在于借助大量关联交易，通过掩盖公司经营的坏消息，从而屡获融资。类似现象在中国资本市场并不鲜见。部分存在"累积坏消息"的高风险公司，为了以低成本获取融资，通过操纵会计核算和经营业务，营造公司未来成长与现金流假象，借以对冲内部隐藏的坏消息来掩盖风险（Jin & Myers，2006），进一步弱化投资者或债权人的风险意识，将实体层面的风险传导到金融市场，引发资本市场波动。因此，公司"特定风险累积"这一信息不对称表象引发的融资效率损失，仍然是中国资本市场上不可回避的话题。

为明确这一研究问题，本章以公司股价崩盘风险特征为研究视角，考虑融资公司真实业务操纵等行为，测算公司"累积坏消息"风险敞口，实证检验其对公司资本结构实际调整策略的影响，并进一步给出中国资本市场情境下外部资金融出方与融资公司关于信息风险和融资行为所发生的经济博弈与效率变化的经验证据。

已有资本结构理论认为，为实现价值最大化，公司会权衡不同条件下的财务调整成本与收益，动态持续地调整资本结构（Fischer et al.，1989）。而当公司存在"累积坏消息"时（Jin & Myers，2006；Hutton et al.，2009），公司外部人（包括投资者或债权人）会根据高风险公司特有的财务特征及股价运动态势，判断潜在暴跌风险（Kim et al.，2011a），调整风险溢价并提高融资门槛，以规避资金风险，从而进一步影响融资公司的资金调整成本及资本结构动态调整速度。

为改变相关利益者预期，降低融资成本，高风险公司内部人也有动机利用信息不对称隐藏坏消息、释放好消息，以弱化资金外部各方的风险判断，增加公司资本结构调整便利，实现融资诉求。因此本研究预期，公司股价暴跌风险、信息操纵与其财务政策调整行为之间存在合理的内在逻辑关系。鉴于此，本章根据 2006—2018 年 2 390 家沪深 A 股上市公司数据，研究公司在投资者或债权人对股价暴跌风险可预期情境下，其融资活动的应激调整行为。本研究发现：①公司未来股价暴跌可能性越大，其资本结构调整速度越慢。②在市场化程度较高的地区，真实盈余管理显著缓解了公司股价暴跌风险与资本结构调整速度之间的负向关系。上述结论揭示了当前中国资本市场发展过程中进行资金融通时的信息传递与信息识别问题。

就研究贡献而言，本章的研究结论兼具文献与政策启示：首先，本研究立足行为金融学理论，拓展了股价暴跌风险与资本结构动态调整的研究框架，将暴跌风险视作外部投资者与内部经理人之间信息不对称的动态博弈过程，在以往静态研究暴跌风险影响因素的文献基础上将研究向后延展至经济后果。同时，本研究选用沪深 A 股上市公司作为研究样本，为 An 等（2015）的研究提供了不同信息环境制度背景下的经验证据，亦从微观层面检验了公司特定风险向外部传导的机制与条件。

其次，本研究为真实盈余管理的信号作用提供了进一步证据。过往研究已经发现，真实盈余管理能够降低公司的融资成本（Graham et al.，2005），或促进股权融资（Mizik & Jacobson，2007；Cohen & Zarowin，2010）。本研究进一步指出，真实盈余管理弱化了投资者的风险预期，加快了高风险公司的资本结构调整。由于市场并没有去识别这种经过操纵的信息，故有可能扭曲金融资源配置。

更为重要的是，本章有关暴跌风险识别与公司财务政策行为的关系研究，刻画了公司个体风险向资金融出方转移的具体路径，表明了在中国经济的市场化推进过程中信息甄别能力的重要性。这与陈雨露等（2010）从信息视角解读美国次贷危机的逻辑是一致的，即在市场主导的金融体系中，只有当市场参与者能够接收到真实、准确的信息并反映出真实的市场交易状态时，信息的传递才是有效的。因此本章的政策意义在于，在推进市场化的过程中，提高金融市场的信息甄别能力，有助于真正落实金融资源的优化配置，防范金融风险。

9.2　文献回顾与研究假设

9.2.1　股价崩盘风险与资本结构调整速度

有研究认为，公司股价暴跌是由于长期隐藏的坏消息被集中释放（Jin & Myers，2006；Hutton et al.，2009）。较大的暴跌风险，通常意味着公司内外部相关利益者存在较严重的信息不对称情况（Hong et al.，2017）。但由于分析师等信息中介以及卖空投资者的存在，资本市场的参与者能够根据上市公司的过往信息，判断其未来发生暴跌风险的可能性，并有所作为（Staley，1996）。Callen 和 Fang（2015a）指出，短期卖空投资者会通过解析公司财务报告、管理层内部报告、市场测评、交易模式及媒体新闻等内容，判定公司的坏信息聚集程度及股价崩盘风险。

中国作为全球最大的新兴市场，历经四十多年的改革开放和经济转轨之后，银行体系与多层次资本市场逐步完善，市场规则与信息机制在企业融资行为中逐步发挥作用。一方面，外部人会根据公有或私有信息评判融资公司的资金风险，调整融资供给或提高融资成本。例如，关联方在识别到公司未来存在较大股价暴跌风险时，会拒绝公司的融资要求或者提高其融资成本，增加其融资难度。Gu 等（2019）研究了中国上市公司的银行贷款数据后发现，贷款银行发放贷款时会预先评估上市公司的信息风险，从而调整给其的贷款利率。Dang V. A. 等（2018）认为，短期贷款人会监督经理人隐藏坏消息的行为。另一方面，根据动态权衡理论，融资公司亦会根据面临融资成本的大小，在次优资本结构和调整成本之间进行权衡，改变资本结构调整速度（Fischer et al.，1989；An et al.，2015；Goldstein et al.，2001；Strebulaev，2007；Oztekin，2015）。Drobetz 等（2015）通过比较不同国家公司的资本结构调整行为发现，受宏观和微观资金供给约束影响，公司会根据调整成本对自身资本结构做出不同的调整。故本章预期：

H_1：保持其他条件不变，在中国资本市场上，公司股价暴跌风险可能性越大，则公司资本结构调整速度越慢。

9.2.2　真实盈余管理的信号作用

Trueman 和 Titman（1988）认为平滑收益有助于缓解外界对公司盈余估计的波动，进而降低公司借贷成本。事实上，上市公司的会计盈余具有信息价值，内部人可以通过应计或真实盈余管理，影响外部会计信息使用者对公司经营业绩的理解，调整其对公司未来经营的预期。Graham 等（2005）研究发现，当公司存在较大信息风险并偏离盈余基准点时，公司管理层会通过真实盈余管理活动调整盈余水平，向外部投资者传递公司未来成长良好的信号，提升公司在资本市场的信誉以及管理团队的外部声誉，增强利益相关者对公司的信心，减少股票的信息风险并降低融资成本（Gunny，2010；Zhao et al.，2012）。在股权融资方面，Mizik 和 Jacobson（2007）以及 Cohen 和 Zarowin（2010）均发现公司在股票增发时会通过多种方式进行盈余管理。Commerford 等（2019）也发现，公司在发放股利时，存在通过真实盈余管理行为进行业绩操纵的现象，以进一步释放公司未来业绩成长的信号。

当公司存在较大股价暴跌风险时，公司经营难度和融资成本会上升。出于自利动机，公司会通过信息操纵向外部传递公司经营良好的信号，以利自身经营，从而增加资本市场的风险识别难度，使得资本结构调整变得相对容易。而我国自 2006 年新会计准则与审计准则实施后，监管力量和外部审计不断加强，相较于应计盈余管理，真实盈余管理隐蔽且难以监管。因此，当公司存在较大信息风险时，相较于应计操纵，管理层更倾向于通过真实盈余管理向外部传递公司经营良好的信号，特别是那些在法律和监管框架下但缺乏实际经济效益的业绩包装，将更具有迷惑性。Abad 等（2018）对西班牙上市公司的数据进行研究后发现，由于不透明度及难以理解的特性，公司更倾向于采用真实盈余管理策略，以加剧权益市场的信息不对称。据此，本章进一步提出以下假设：

H_2：保持其他条件不变，真实盈余管理会削弱股价暴跌风险识别与资本结构调整速度之间的负向关系。

9.2.3 市场化问题探讨

前文的假设探讨了公司暴跌风险预期下的财务调整行为，考虑到中国资本市场的特性，本章进一步从市场化进程角度加以阐述。从宏观层面上看，市场化进程在我国取得了长足发展，但不同地区的市场化发育程度仍存在较大不平衡（樊纲等，2011），并进一步影响微观层面的企业行为特征。市场化程度高的地区，行政干预力量更少，要素市场发育更加成熟，信息机制在资本市场交易中发挥了更重要的作用（Xie，2017；Yang，2019），市场参与人更有可能利用信息机制实现交易目的。而市场化进程落后的地区，更有可能依赖于行政力量或者社会资本实现资源配置目的。因此，如果信息机制发挥作用的条件充分，则企业更有可能通过信息操控实现融资目的。故本章预期：

H_3：在市场化程度较高的地区，真实盈余管理的信号作用更有可能削弱股价暴跌风险识别与资本结构调整速度之间的负向关系。

9.3 数据、样本与研究设计

本章的公司财务数据来源于 CSMAR 数据库和 Wind 数据库，市场化进程数据来源于樊纲和王小鲁《中国市场化指数：各地区市场化相对进程 2011 年报告》和王小鲁等《中国市场化八年进程报告》。全部样本数据涵盖中国沪深两市 2 390 家 A 股上市公司，样本期间为 2006—2018 年[1]。

9.3.1 变量设定

1. 真实盈余管理的构建

参考 Roychowdhury（2006）和 Zang（2012）的观点，企业可以通过销售操控（如放宽销售条件限制和信用条件、加大销售折扣等）、生产操控（如利用规模效应大量生产以降低单位产品成本）以及费用性操控（如削减广告和维修等日常开支）来实现真实盈余管理。通过估计每个公司每年度生产成本和可操控性费用的正常水平，然后估算异常生产成本和异常可操控性费用的水平，以此作为真实盈余管理的代理变量。据此，本章分行业和年度进行截面回归估计，模型如下：

首先，估计正常生产成本（$PROD_t$）。

$$\frac{PROD_t}{A_{t-1}} = \alpha_0 + \alpha_1\left(\frac{1}{A_{t-1}}\right) + \beta_0 \frac{S_t}{A_{t-1}} + \beta_1 \frac{\Delta S_t}{A_{t-1}} + \beta_2 \frac{\Delta S_{t-1}}{A_{t-1}} + \varepsilon_t \tag{9-1}$$

其中，A_{t-1} 是 $t-1$ 年的公司账面资产；$PROD_t$ 为公司 t 年的生产成本，等于公司 t 年销售成本与 t 年存货期末增量之和。S_t 代表 t 年的销售额；ΔS_t 为 t 年的销售额增量。

其次，估计正常费用性开支。

$$\frac{Disexp_t}{A_{t-1}} = \alpha_0 + \alpha_1\left(\frac{1}{A_{t-1}}\right) + \beta \frac{S_{t-1}}{A_{t-1}} + \varepsilon_t \tag{9-2}$$

其中，$Disexp_t$ 等于 t 年销售费用与管理费用之和。

式（9-1）和式（9-2）在每个"行业—年"中进行截面回归，并要求每个"行业—年"中至少存在 15 个观测值，以反映出估计系数在不同行业和不同年度的变化。其中，行业分类是依据 2001 年证监会行业分类标准。

根据上述模型，在每个年度 t 上得到每家公司 i 的估计残差，分别记作 $Abn\_PROD_{i,t}$ 和 $Abn\_Disexp_{i,t}$，代表了两种方式进行真实盈余管理的程度。$Abn\_PROD_{i,t}$ 越大，说明异常生产成本越大，而销售成本越小，从而使得利润增加。$Abn\_Disexp_{i,t}$ 越小，则说明企业削减了费用性开支，利润越大。参考 Zang（2012）的研究，本研究将这两种真实盈余操纵活动整合为一个综合的盈余管理代理变量：

---

[1] 由于市场化指数仅发布到 2016 年，所以相应数据仅更新到 2016 年；即使自行扩充后续年度数据值，对本研究结论也无实质性影响。

$$REM\_1_{i,t} = Abn\_PROD_{i,t} - Abn\_Disexp_{i,t} \tag{9-3}$$

该指标越大，说明公司利润增加越多。此外，参考 Zhao 等（2012）的研究，本研究将异常现金流纳入总的真实盈余管理指标中进行考察，用作稳健性检验：

将正常经营现金流水平（CFO_t）表示为销售（S_t）及销售增量（ΔS_t）的线性函数，按照式（9-4）来估计每个公司的年度正常经营现金流水平。

$$\frac{CFO_t}{A_{t-1}} = \alpha_0 + \alpha_1 \left(\frac{1}{A_{t-1}}\right) + \beta_1 \frac{S_t}{A_{t-1}} + \beta_2 \frac{\Delta S_t}{A_{t-1}} + \varepsilon_t \tag{9-4}$$

其中，CFO_t 为 t 年的经营活动现金净流量，其他变量与前述相同。该模型在每个年度 t 上得到每家公司 i 的残差记作 $Abn\_CFO_{i,t}$，单纯从销售行为来看，通过刺激销售，增大利润，则现金流低于正常现金流水平，从而表现为残差 $Abn\_CFO_{i,t}$ 越小。考虑这一因素后，参考 Zhao 等（2012）的研究，本章构造了替代性的真实盈余管理指标：

$$REM\_2_{i,t} = Abn\_PROD_{i,t} - Abn\_Disexp_{i,t} - Abn\_CFO_{i,t} \tag{9-5}$$

2. 股价暴跌风险识别

股价暴跌风险识别的计算可参考第 7 章。本章还借鉴 Hutton 等（2009）的研究引入股价崩盘的虚拟变量 Crash，定义公司特有周收益率 $W_{i,t}$ 低于年度内公司周收益率均值 3.09 个标准差的观测周为发生股价暴跌的周。当公司 i 在年度 t 内至少发生一次暴跌，那么 Crash 值为 1，否则为 0。在具体估计过程中，本章使用线性模型对 NCSKEW、DUVOL 进行拟合，使用 Logit 模型对 Crash 进行拟合，将上述变量的拟合值 $\widehat{CR}_{i,t}$ 作为公司未来发生股价暴跌的可能性，也即资本市场对公司暴跌的风险识别，$\widehat{CR}_{i,t} \in \{NCSKEW\_h_{i,t}, DUVOL\_h_{i,t}, Crash\_h_{i,t}\}$。

3. 目标资本结构

过往研究发现，新兴市场由于投资者保护程度低、信息透明度低、信息搜索成本高等因素，其股价同步性高于成熟市场（Durnev et al., 2003；Chan & Hameed, 2006；Fernandes & Ferreira, 2008, 2009；Kim & Shi, 2012）。尤其是当股市处于"新兴＋转轨"的发展阶段时，市场力量薄弱，市场制度规则、市场结构和市场功能等方面还不成熟，政府对证券市场的干预行为都会使得股票市场与实体经济呈现背离，股票市场走势也容易受到非理性预期和媒体舆论偏误的影响，因此公司的市值杠杆率有可能脱离真实情况，按照公司市场价值计算的目标杠杆缺乏足够的可信性。同时，后续研究中考虑到真实盈余管理对资本市场的影响也有可能抵消资本结构调整的作用，比如管理层希望通过业绩信号获得银行借款而增加杠杆率，导致市场对公司估值的增加。这在非理性的市场中可能引发股票市值过度增长，导致向目标资本结构调整失效。因此笔者认为，在中国市场上，相比于市场杠杆率，考察账面杠杆率（BL）的调整速度更具有可信性。

参考 An 等（2015）、盛明泉等（2012）的研究，本章将公司账面杠杆率（BL）对一系列决定因素进行回归：

$$BL_{i,t} = \alpha + \eta X_{i,t-1} + Ind\_dummy + Year\_dummy + \varepsilon_{i,t} \qquad (9-6)$$

其中，α 为常数项，$X_{i,t}$ 代表一系列滞后一期的公司和行业变量，包括公司规模（$Size\_a_{i,t-1}$）、有形资产比率（$Tang_{i,t-1}$）、市值账面比率（$Mtb\_a_{i,t-1}$）、盈利能力（$Prof_{i,t-1}$）、折旧率（$Dep_{i,t-1}$）、研发费用（$R\&D_{i,t-1}$）、研发费用是否公布的虚拟变量（$R\&D dum_{i,t-1}$）、行业杠杆率的中位数（$BL\_ind\_med_{i,t-1}$ 或者 $PBL\_ind\_med_{i,t-1}$）。本章同时控制了行业（Ind_dummy）和年度（$Year\_dummy$）的固定效应。最后，将式（9-6）的回归拟合值（$\widehat{BL}_{i,t}$）作为目标资本结构。

4. 资本结构的偏调整模型

根据式（9-6）得到的目标资本结构，本章采用如下资本结构偏调整模型：

$$BL_{i,t} - BL_{i,t-1} = f_i + \lambda_{i,t-1}(\widehat{BL}_{i,t} - BL_{i,t-1}) + Year\_dummy + u_{i,t} \qquad (9-7)$$

其中，f_i 代表公司的个体效应，$\lambda_{i,t-1}$ 为公司 i 在 $t-1$ 年向资本结构的调整速度。

根据本章的假设，资本结构调整速度 $\lambda_{i,t-1}$ 受到资本市场对公司暴跌风险识别的影响，其表示形式为：

$$\lambda_{i,t-1} = \beta + \theta \widehat{CR}_{i,t} + \gamma X_{i,t-1} \qquad (9-8)$$

综合式（9-7）和式（9-8），$\widehat{CR}_{i,t}$ 代表 $t-1$ 期公司 i 对未来 t 期的股价暴跌风险预期（$\widehat{CR}_{i,t}$ 为 $CR_{i,t-1}$ 的拟合值），反映出资本市场在 $t-1$ 期根据公司的各种情况对其未来发生股价暴跌的风险识别程度，$\widehat{CR}_{i,t} \in \{NCSKEW\_h_{i,t}, DUVOL\_h_{i,t}, Crash\_h_{i,t}\}$。$X_{i,t-1}$ 与前文相同，代表滞后一期公司层面的控制变量。上述变量设置一方面可将股价暴跌风险的识别度分解出来，另一方面也较好地解决了潜在的内生性问题。

为了验证假设 H_1，本章将中国市场作为一个整体进行回归。根据假设 H_1，系数 θ

应该显著为负。

此外，考虑到账面杠杆变动包括被动变化和主动调整（Faulkender et al.，2012），本章使用经过调整的 $t-1$ 期的账面杠杆率（$PBL_{i,t-1}$）带入式（9-7）进行回归：

$$PBL_{i,t-1} = \frac{D_{i,t-1}}{A_{i,t-1} + NI_{i,t}} \tag{9-9}$$

其中，$D_{i,t-1}$ 是公司 i 在 $t-1$ 期末的账面债务；$A_{i,t-1}$ 是公司 i 在 $t-1$ 期末的账面总资产；$NI_{i,t}$ 是公司 i 在 t 期的净利润。此时用 $PBL_{i,t-1}$ 代替 $BL_{i,t-1}$ 以反映出公司资本结构主动调整的部分。出于稳健性考虑，本章在主检验中将会分别使用 BL 和 PBL 两种账面杠杆率进行检验。

假设 H_2 认为，真实盈余管理能够调节公司潜在崩盘风险对其资本结构调整速度的影响。本章将真实盈余管理与暴跌风险拟合值的交乘项（$REM \times \widehat{CR}$）代入式（9-7）和式（9-8）：

$$\lambda_{i,t-1} = \beta + \theta \widehat{CR}_{i,t} + \chi REM_{i,t-1} + \kappa REM_{i,t-1} \times \widehat{CR}_{i,t} + \gamma X_{i,t-1} \tag{9-10}$$

如果假设 H_2 正确，式（9-10）中的系数 κ 应该为正。

5. 市场化程度的差异

为了检验假设 H_3，本章按照年度对市场化指数依据细分维度指数分为高、低组，分别对式（9-8）和式（9-10）进行检验。

9.3.2 描述性统计和相关性分析

本章的数据处理过程为：①删除账面杠杆率大于 1 或者小于 0 的异常值，连续变量在 1% 统计水平上予以缩尾。②删除存在缺漏的观测值。③删除金融类上市公司。最终样本包括了 2006—2018 年的 2 390 家沪深 A 股上市公司，共 17 354 个"公司—年"观测值，但是个别变量由于数据缺失，且缺失的"公司—年"观测值不同，在实际回归中样本量会稍有不同，这是本章根据数据可得性所能获得的全部样本。

表 9-1 报告了变量定义及描述性统计。各变量整体上都在合理取值范围之内。其中股价暴跌风险 NCSKEW 和 DUVOL 均值为负，符合收益率负偏的特征，与 Xu 等（2014）、Xin 等（2015）有关中国资本市场股价暴跌风险指标计算结果是相近的。Crash 显示，样本期内大约有 10.9% 的观测值发生了暴跌，与表 9-1 的结果一致。账面杠杆率（BL）的均值为 0.491，这一结果与 Xu 等（2014）和 Li 等（2009）所报告的

中国资本市场账面杠杆率基本一致，真实盈余管理指标（*REM_1* 和 *REM_2*）也分别与 Zang（2012）和 Zhao 等（2012）的研究结果可比。由于存在数据缺漏，计算所得的真实盈余管理数据为 17 198 个"公司—年"观测值。

表 9 - 1　变量定义与描述性统计

变量名称	变量定义	观测值	均值	标准差	最小值	最大值
NCSKEW	个股异质性周收益率的负收益偏态系数	17 354	− 0.279	0.742	− 3.310	3.442
DUVOL	个股异质性周收益率的上下波动比率	17 354	− 0.194	0.493	− 1.777	1.858
Crash	年度内个股是否发生暴跌的虚拟变量	17 354	0.109	0.312	0.000	1.000
BL	账面资本结构：账面负债除以账面总资产	17 354	0.491	0.200	0.018	0.999
PBL（*L*）	被动账面资本结构：账面负债除以账面资产与下期净利润之和	17 354	0.474	0.202	0.007	0.997
Size_a（*L*）	公司规模：公司账面资产的自然对数	17 354	22.136	1.295	16.764	28.509
Tang（*L*）	有形净资产比率：固定资产净值除以资产的账面价值	17 354	0.250	0.182	0.000	0.880
Mtb_a（*L*）	资产市值账面比率	17 354	2.459	2.251	0.563	45.411
Prof（*L*）	盈利能力：息税折旧摊销前利润除以总资产	17 354	0.079	0.072	− 2.341	1.019
Dep（*L*）	折旧率	17 354	0.026	0.017	0.000	0.163
R&D（*L*）	研发费用	17 354	0.010	0.017	0.000	0.150
R&D dum（*L*）	是否报告研发费用的虚拟变量	17 354	0.423	0.494	0.000	1.000
BL_ind_med（*L*）	账面资本结构的行业中位数	17 354	0.466	0.103	0.250	0.742
PBL_ind_med（*L*）	被动账面资本结构的行业中位数	17 354	0.448	0.102	0.235	0.724
REM_1（*L*）	真实盈余管理，$Abn\_PROD - Abn\_Disexp$（Zang，2012）	17 198	− 0.001	0.231	− 2.399	2.384
REM_2（*L*）	真实盈余管理，$Abn\_PROD - Abn\_Disexp - Abn\_CFO$（Zhao et al.，2012）	17 198	− 0.003	0.284	− 2.683	2.674
Mindex	市场化指数	13 543	7.452	1.865	0.000	10.920

9.4　实证分析

参考 An 等（2015）的研究，本章分两步进行假设检验。第一步，估计每个公司在 $t-1$ 年的股价暴跌风险拟合值（$\widehat{CR}$），作为 t 年公司股价发生暴跌的可能性，也即反映出资本市场对公司发生暴跌的风险预期；同时估计每家公司在 $t-1$ 年度的资本结构拟合值，作为公司在 t 年度的目标资本结构。第二步，首先，分别使用 BL 和 PBL 考察中国资本市场上股价暴跌风险的识别度对资本结构全部调整速度和主动调整速度的影响（H_1）；然后，将真实盈余管理与公司风险识别度的交乘项加入模型，考察真实盈余管理所发挥的作用（H_2）；最后，分别在市场化程度高、低两个子样本中考察真实盈余管理所发挥效应的不同（H_3）。

9.4.1 暴跌风险识别与资本结构调整速度

表 9 − 2 报告了资本市场对公司股价暴跌风险的识别度对于公司账面资本结构的调整速度［第（1）～（3）列］以及主动调整速度［第（4）～（6）列］的影响，所有结果均在 1% 的显著性水平上表明股价崩盘风险减缓了资本结构调整速度。这一结果与 An 等（2015）的观点保持一致，即资本市场对公司未来发生股价暴跌风险的识别度越大，则资本结构调整速度越慢。假设 H_1 得以证实，说明在中国资本市场上，市场规则和信息机制逐步发挥作用，面临高股价暴跌风险的公司更有可能面临较高的融资成本，从而使其资本结构调整速度趋缓。

表 9 − 2　暴跌风险识别与资本结构调整速度

变量名称	(1)	(2)	(3)	(4)	(5)	(6)
	BL			PBL		
NCSKEW_ h	− 0.273 *** (− 4.634)			− 0.311 *** (− 5.683)		
DUVOL_ h		− 0.397 *** (− 4.838)			− 0.478 *** (− 6.113)	
Crash_ h			− 1.196 *** (− 4.500)			− 1.623 *** (− 5.455)
Size_ a	− 0.007 (− 0.707)	− 0.010 (− 0.993)	− 0.008 (− 0.795)	− 0.015 (− 1.474)	− 0.018 * (− 1.810)	− 0.017 * (− 1.745)
Tang	0.052 (0.591)	0.054 (0.612)	0.040 (0.490)	0.084 (1.021)	0.085 (1.034)	0.067 (0.875)
Mtb_ a	0.020 *** (3.784)	0.019 *** (3.723)	0.018 *** (3.549)	0.013 ** (2.095)	0.013 ** (2.112)	0.011 * (1.951)
Prof	0.185 (1.492)	0.187 (1.498)	0.151 (1.218)	0.287 *** (3.167)	0.290 *** (3.189)	0.238 *** (2.686)

（续上表）

变量名称	(1)	(2)	(3)	(4)	(5)	(6)
	BL			PBL		
Dep	-1.901 ** (-2.078)	-1.916 ** (-2.092)	-1.979 ** (-2.362)	-2.380 *** (-3.029)	-2.386 *** (-3.028)	-2.453 *** (-3.495)
R&D	0.179 (0.255)	0.189 (0.269)	-0.126 (-0.181)	0.608 (0.839)	0.600 (0.832)	0.076 (0.106)
R&D dum	-0.054 ** (-2.003)	-0.053 ** (-1.989)	-0.069 ** (-2.562)	-0.058 ** (-2.187)	-0.056 ** (-2.142)	-0.076 *** (-2.873)
BL_ind_med	-0.060 (-0.493)	-0.059 (-0.482)	-0.088 (-0.722)			
PBL_ind_med				-0.129 (-1.013)	-0.129 (-1.021)	-0.171 (-1.375)
Constant	0.009 *** (2.819)	0.009 *** (2.813)	0.010 *** (3.058)	0.019 *** (6.129)	0.019 *** (6.086)	0.020 *** (6.527)
Firm - effect	是	是	是	是	是	是
Year - effect	是	是	是	是	是	是
Observations	17 354	17 354	17 354	17 354	17 354	17 354
Number of Stk	2 390	2 390	2 390	2 390	2 390	2 390
Adjusted R^2	0.195	0.195	0.196	0.189	0.191	0.195

注：括号中为经异方差调整后的稳健 t 值；***、** 和 * 分别代表 1%、5% 和 10% 的显著性水平。

9.4.2 真实盈余管理的调节效应

在这一部分，将继续检验高风险企业所面临的较慢的资本结构调整速度是否能够因为真实盈余管理而有所缓解。表 9-3 报告了真实盈余管理（REM_1）所发挥的调节作用，可以看到，无论对于 BL 还是 PBL，真实盈余管理都能够削弱股价暴跌风险与资本结构调整速度之间的负向关系。这一结果与本章的预期（H_2）相符，也进一步验证了真实盈余管理对于那些暴跌风险识别度较大的企业，能够发挥一定的信号作用，有助于缓解其融资困境。这说明真实盈余管理具有一定的"包装"效果，在一定程度上掩盖了企业的潜在风险，验证了本章的假设 H_2。

本章以表 9-3 中 NCSKEW_h、REM_1 以及账面资本结构（BL）的调整速度为例，计算股价暴跌风险敞口（NCSKEW_h）对资本结构调整速度的综合影响：

$$0.503 \times (-0.001) - 0.278 = -0.278\ 5\ 或 -27.85\%$$

其中，-0.278 是股价暴跌风险敞口 $NCSKEW\_h$ 的系数，0.503 是交乘项 $NCSKEW\_h \times REM\_1$ 的系数，-0.001 是表 9 – 1 中所报告的真实盈余管理指标 REM_1 的均值。

进一步地，真实盈余管理（REM_1）变动一个标准差能够削弱股价暴跌风险敞口（$NCSKEW\_h$）和账面资本结构（BL）之间负相关性的量级为：

$$0.503 \times 0.231 = 0.116 \text{ 或 } 11.6\%$$

其中，0.231 是表 9 – 1 中所报告的真实盈余管理指标 REM_1 的标准差。

表 9 – 3　真实盈余管理（REM_1）的调节效应

变量名称	(1)	(2)	(3)	(4)	(5)	(6)
	BL			PBL		
$NCSKEW\_h$	-0.278^{***} (-4.757)			-0.312^{***} (-5.829)		
$NCSKEW\_h \times REM\_1$	0.503^{***} (2.818)			0.465^{***} (2.846)		
$DUVOL\_h$		-0.402^{***} (-4.934)			-0.477^{***} (-6.252)	
$DUVOL \times REM\_1$		0.593^{**} (2.142)			0.576^{**} (2.270)	
$Crash\_h$			-1.279^{***} (-4.830)			-1.704^{***} (-5.709)
$Crash\_h \times REM\_1$			1.211^{**} (2.028)			1.042 (1.636)
REM_1	0.107^{*} (1.824)	0.096 (1.427)	-0.147^{**} (-2.034)	0.086 (1.615)	0.081 (1.342)	-0.143^{*} (-1.858)
Control variables	是	是	是	是	是	是
Firm – effect	是	是	是	是	是	是
Year – effect	是	是	是	是	是	是
Observations	17 198	17 198	17 198	17 198	17 198	17 198
Number of Stk	2 386	2 386	2 386	2 386	2 386	2 386
Adjusted R^2	0.195	0.195	0.195	0.189	0.191	0.195

注：括号中为经异方差调整后的稳健 t 值；***、** 和 * 分别代表 1%、5% 和 10% 的显著性水平。

9.4.3 不同市场化程度下真实盈余管理的信号效应

表9－3展示了真实盈余管理的信号作用，即真实盈余管理所释放出的好消息似乎弱化了外部人对公司的风险判断，使得那些风险公司的资本结构调整速度更快了。进一步地，考虑到中国不同省份之间的不平衡性，本研究有必要考虑不同区域之间上市公司财务行为及其效果可能存在的差异，即在哪些区域这种信号作用更被市场接受。

表9－4报告了真实盈余管理（REM_1）在不同市场化水平下对股价暴跌风险敞口和账面资本结构调整速度关系的调节效应。从本章可以看到，处于市场化程度较高地区的上市公司至少在5%的显著性水平上削弱股价暴跌风险敞口与账面资本结构调整速度之间的负向关系［见表9－4第（1）～（3）列］。即使本章考虑了被动调整的部分，从主动调整的角度来看［见表9－4第（4）～（6）列］，也至少在5%的显著性水平上支持了本研究的结论。而在市场化程度较低的地区，真实盈余管理似乎并没有发挥信号作用。

这一结果支持了本章的假设 H_3，进一步说明了市场化程度越高，市场机制和信息规则越能发挥作用，也从另一个角度巩固了表9－3的结论。在此需要解释一下为什么在市场化程度较低的地区并没有观测到这一现象。一方面，从样本量来看，市场化程度较低地区的样本公司数和样本观测值远低于市场化程度较高的地区，说明在市场化程度较高的地区有更多的公司上市，因此公司财务行为特征能够得到更明显的体现。另一方面，在市场化程度较低地区的上市公司往往是地方的龙头企业，它们更可能得到各种社会资源的资助，市场规则和信息机制对它们来说可能并不重要；而在市场化程度较高的地区，大量企业在市场规则和信息机制下竞争，为了获取更多的资源，能够规避监管的真实业绩操纵更可能被其所采用。

表9－4 不同市场化水平下真实盈余管理（REM_1）的调节效应

变量名称	(1)	(2)	(3)	(4)	(5)	(6)
	BL			PBL		
Panel A：高市场化水平						
NCSKEW_h	− 0.334 ***			− 0.345 ***		
	（− 4.750）			（− 4.921）		
NCSKEW_h × REM_1	0.613 ***			0.583 ***		
	（2.988）			（2.989）		
DUVOL_h		− 0.500 ***			− 0.537 ***	
		（− 5.246）			（− 5.491）	
DUVOL_h × REM_1		0.767 **			0.751 **	
		（2.393）			（2.418）	

（续上表）

变量名称	（1）	（2）	（3）	（4）	（5）	（6）
	BL			PBL		
Panel A：高市场化水平						
Crash_h			− 1.687 ***			− 1.927 ***
			（− 5.586）			（− 5.968）
Crash_h × REM_1			1.825 ***			1.929 ***
			（3.068）			（3.270）
REM_1	0.190 ***	0.184 ***	− 0.172 **	0.188 ***	0.186 ***	− 0.183 **
	（3.178）	（2.723）	（− 2.099）	（3.197）	（2.841）	（− 2.123）
Control variables	是	是	是	是	是	是
Firm − effect	是	是	是	是	是	是
Year − effect	是	是	是	是	是	是
Observations	10 518	10 518	10 518	10 518	10 518	10 518
Number of Stk	1 902	1 902	1 902	1 902	1 902	1 902
Adjusted R^2	0.213	0.214	0.216	0.204	0.205	0.209
Panel B：低市场化水平						
NCSKEW_h	− 0.094			− 0.063		
	（− 0.730）			（− 0.559）		
NCSKEW_h × REM_1	− 1.006 *			− 0.543		
	（− 1.689）			（− 0.950）		
DUVOL_h		− 0.130			− 0.094	
		（− 0.755）			（− 0.632）	
DUVOL_h × REM_1		− 1.389 **			− 0.821	
		（− 1.969）			（− 1.206）	
Crash_h			− 0.503			− 0.735
			（− 1.035）			（− 1.553）
Crash_h × REM_1			− 4.745 ***			− 2.319
			（− 3.110）			（− 1.477）
REM_1	− 0.503 ***	− 0.481 ***	0.215	− 0.346 **	− 0.348 **	0.005
	（− 3.275）	（− 3.975）	（1.325）	（− 2.153）	（− 2.575）	（0.030）
Control variables	是	是	是	是	是	是
Firm − effect	是	是	是	是	是	是
Year − effect	是	是	是	是	是	是
Observations	3 025	3 025	3 025	3 025	3 025	3 025

（续上表）

变量名称	(1)	(2)	(3)	(4)	(5)	(6)
	BL			*PBL*		
Panel B：低市场化水平						
Number of Stk	584	584	584	584	584	584
Adjusted R²	0.199	0.199	0.201	0.186	0.186	0.188

注：括号中为经异方差调整后的稳健 t 值；*** 和 ** 和 * 分别代表 1%、5% 和 10% 的显著性水平。

9.4.4　实证结果的深层解读

上述实证结果为假设 H_1、H_2 和 H_3 提供了经验证据，揭示出市场化进程中可能存在的潜在问题：股价暴跌风险识别与资本结构调整速度之间的负向关系是资本市场在进行资源配置下的自发行为，也是金融资源优化配置的外在表现，而真实盈余管理通过扭曲的信号效应弱化了资本市场的资源配置效率，并将个体公司潜在的暴跌风险传导至资金融出方。这种情况在市场化程度较高的地区更为明显，凸显了当前中国经济市场化进程的复杂性：一方面，作为全球最大的新兴经济体，中国社会主义市场经济建设取得了举世瞩目的成就，市场化进程对经济的巨大推动有目共睹；另一方面，自 2008 年美国次贷危机爆发之后，新自由主义学说（Neo-liberalism）备受质疑，人们不禁会问：为何这场严重的经济灾难会在经济高度自由化的美国爆发？这是否意味着自由市场也不可避免存在先天缺陷？而中国当前问题的复杂性则在于，我们正处于市场化进程之中，四十多年改革开放成果已经充分证明市场化进程对经济的巨大促进作用，而美国次贷危机所带来的巨大破坏力又让人们对市场化进程的推进充满了未知的恐慌。因此，如何精准地应对市场化进程可能存在的潜在问题，是摆在实务界和学术界面前的一个现实问题。

本研究结果揭示出资本市场的参与者有可能利用市场规则与信息机制来实现其特定的目的，说明来自市场本身的因素也可能造成金融市场信息处理的失真（陈雨露等，2010）。因此，在市场规则和信息机制发挥作用的过程中，如果金融市场要依靠信息来实现风险定价，那么信息的质量、信息传递的有效性以及信息甄别能力就显得尤为重要。

9.5　稳健性检验

9.5.1　内生性问题讨论

内生性是影响本章结论能否成立的关键。在主检验的设计中，本研究已经充分考虑了这一问题。一方面，从反向因果的角度来看，本章基于 $t-1$ 期的公司特征去估计 t 期的风险预期，考察其对 t 期资本结构调整速度的影响。虽然调整速度可以影响未来的崩盘风险，但是不会影响过去的公司特征和过去的风险预期，这也是 An 等（2015）所使用的方法。另一方面，从遗漏变量的角度来看，本章在式（9－10）中使用双向固定效应模型进行估计，以尽可能控制那些不可观测的个体效应和时间效应。为了进一步解决可能存在的内生性问题疑虑，本研究又设计了如下检验：

1. 真实盈余管理（REM_1）的内生性问题

本研究在模型中使用了真实盈余管理与暴跌风险预期的交乘项，由于无法排除真实盈余管理与资本结构调整速度之间的内生性，所以交乘项的内生性问题仍然需要解决。为此，本章将真实盈余管理（REM_1）等分为高、低组，再与主检验中的分组变量市场化水平（Mindex）进行交叉分组，得到四个子样本组，分别为高市场化高操纵组、高市场化低操纵组、低市场化高操纵组、低市场化低操纵组，然后分别在各个子样本中考察式（9－8）。这样，在回归方程的右边剔除了交乘项，避免了真实盈余管理与资本结构调整速度之间可能存在的内生性问题。如果本章主检验结论正确的话，笔者预期将会在"高市场化水平、低盈余管理组"中观测到更为明显的资本结构调整速度与暴跌风险预期之间的负向关系；而在"高市场化水平、高盈余管理组"中，其真实操纵的业绩包装及其信号效应将会弱化投资人对公司的风险意识。换句话说，在相同风险条件下，投资人更愿意将资金投给那些具有华丽业绩的公司，此时风险与调整速度之间的负向关系将会弱化，这一结果使本章主检验的结论得到更为稳健的支持。

表9－5　分组回归

变量名称	（1）	（2）	（3）	（4）
	高市场化高操纵组	高市场化低操纵组	低市场化高操纵组	低市场化低操纵组
BL 的回归结果				
NCSKEW_h	－ 0.074	－ 0.697 ***	－ 0.055	－ 0.158
	（－ 0.479）	（－ 3.772）	（－ 0.167）	（－ 0.450）
DUVOL_h	－ 0.185	－ 0.968 ***	－ 0.076	－ 0.180
	（－ 0.895）	（－ 3.863）	（－ 0.181）	（－ 0.380）
Crash_h	－ 0.988	－ 1.675 **	－ 1.011	0.359
	（－ 1.527）	（－ 2.071）	（－ 0.728）	（0.306）
PBL 的回归结果				
NCSKEW_h	0.009	－ 0.812 ***	0.077	－ 0.248
	（0.062）	（－ 3.902）	（0.259）	（－ 0.612）
DUVOL_h	－ 0.084	－ 1.135 ***	0.133	－ 0.296
	（－ 0.458）	（－ 3.975）	（0.353）	（－ 0.548）

（续上表）

变量名称	（1）高市场化高操纵组	（2）高市场化低操纵组	（3）低市场化高操纵组	（4）低市场化低操纵组
	PBL 的回归结果			
Crash_ h	− 0.951	− 2.532 **	− 0.530	0.296
	（− 1.494）	（− 2.317）	（− 0.436）	（0.204）

注：括号中为经异方差调整后的稳健 *t* 值；***、**和*分别代表1%、5%和10%的显著性水平。

2. 自我选择偏误

为了进一步解决资本结构调整速度和崩盘风险之间自我选择偏误的疑虑，本章根据 Maddala（1983）的研究设计了处置效应模型（Treatment Effect），考察发生暴跌的公司（*Crash* = 1）其资本结构调整速度是否降低，这也能够消除潜在的遗漏变量问题。结果如表9-6所示，可以在1%的显著性水平上观测到股价暴跌与资本结构调整速度的负向关系，而且其交乘项也在高市场化水平下表现出一定的显著性，与主检验一致。

表9-6 基于 *Crash* 的 Heckman 检验

变量名称	（1）基本回归	（2）	（3）交乘项回归 高市场化水平	（4）	（5）低市场化水平	（6）
	BL	*PBL*	*BL*	*PBL*	*BL*	*PBL*
Crash	− 1.148 ***	− 1.542 ***	− 1.073 ***	− 1.459 ***	− 1.673 **	− 1.581 **
	（− 4.928）	（− 6.167）	（− 3.674）	（− 4.449）	（− 2.451）	（− 2.560）
Crash × REM_ 1			0.362 **	0.371 **	− 0.109	0.101
			（2.181）	（2.478）	（− 0.112）	（0.152）
REM_ 1			− 0.027	− 0.020	− 0.286 ***	− 0.216 ***
			（− 0.493）	（− 0.368）	（− 3.939）	（− 2.607）
IMR	0.823 ***	0.164 ***	0.552 ***	0.770 ***	0.880 **	0.810 **
	（6.116）	（3.241）	（3.477）	（4.382）	（2.221）	（2.309）
Control variables	是	是	是	是	是	是
Firm − effect	是	是	是	是	是	是
Year − effect	是	是	是	是	是	是
Observations	17 354	16 989	8 220	8 220	1 692	1 692
Number of Stk	2 390	2 383	1 557	1 557	314	314
Adjusted R²	0.195	0.564	0.226	0.219	0.198	0.183

注：括号中为经异方差调整后的稳健 *t* 值；***、**和*分别代表1%、5%和10%的显著性水平。

9.5.2　替代性变量的测试

本章采用真实盈余管理 *REM_*1 的替代性变量 *REM_*2，其结果与主检验基本一致。

9.5.3　其他检验

此外，本研究考虑到真实盈余管理和应计盈余管理之间的替代性（Cohen & Zarowin，2010；Zang，2012；龚启辉等，2015），对应计盈余管理予以控制，对本检验结果无实质影响。同时，考虑到公司目标资本结构估计方法（Flannery & Hankins，2013；黄继承等，2014），使用最小二乘虚拟变量法（Least Squares Dummy Variable Correction）估计，结果基本不变。

9.6　结论与启示

本章在 An 等（2015）的研究基础上，进一步考察了中国资本市场中投资者与债权人对于上市公司股价暴跌风险的识别程度对上市公司资本结构调整行为的影响。本章特别考察了企业真实盈余管理活动对暴跌风险识别与资本结构调整速度之间关系的调节效应。最后，结合中国资本市场"转轨＋新兴"发展阶段的特殊性，考察了不同市场化水平下上述现象的差异化表现。

本章研究发现：第一，当公司股价暴跌风险较大时，其资本结构调整速度会显著降低，这与 An 等（2015）的结论保持一致，说明中国资本市场中市场规则和信息机制能够发挥作用，资本市场的参与者能够根据公司个体情况调整其资金融出行为，保持"风险—收益"的均衡。第二，真实盈余管理能够显著削弱暴跌风险识别与资本结构调整速度之间的负向关系。这在一定程度上表明，真实盈余管理作为一种盈余调节手段，向外部投资者传递公司成长良好的信号，可以缓解有潜在暴跌风险公司的融资困难，促进其资本结构的调整。第三，在市场化水平较高的地区，真实盈余管理能够更显著地削弱暴跌风险识别与资本结构调整速度之间的负向关系，而在市场化水平较低的地区未观测到这一现象。

本章研究具有重要的文献与政策启发意义，在理论上扩展了股价崩盘风险的研究框架，承接股价崩盘风险影响因素的文献脉络，将研究视角向后延伸至经济后果层面，对后续研究具有一定启发。同时，真实盈余管理减缓了高暴跌风险公司的资本结构调整速度，这种通过扭曲实体经营现状完成金融资源配置的做法，有可能将个体公司的风险向资本市场传递，隐藏着一定风险。对于监管当局和金融机构而言，为防范资本市场参与者利用市场规则与信息机制实现其特定目的，造成金融市场信息处理失真，在强调信息质量、信息传递有效性的同时，亦需要重视信息甄别能力的提升，防止信息机制被市场参与者扭曲使用而导致市场低效。

10 研究结论与展望

10.1 研究结论

本书沿着 Morck 等（2000）以及 Jin 和 Myers（2006）的研究线，聚焦于股价崩盘风险影响因素的研究。通过进一步扩展 Jin 和 Myers（2006）所设计的"有限信息下的控制权和风险分担模型"（A model of control and risk – bearing when outside investors have limited information），进一步探索了在既定的不透明度水平下影响股价崩盘风险的其他因素。笔者认为，假如存在一个能够导致股价崩盘的不透明度水平，并且内部人隐藏了坏消息，那么在累积的坏消息被释放之前，如果能够有效化解这些降低公司价值的因素，那么股价崩盘风险也会相应得到缓解。结合 Friedman 等（2003）的支持模型，本书通过模型证明了这一思想：无论是从"放弃边界"的角度还是从"临界状态"来看，实际控制股东在公司中的利益份额 γ 越大，他们之间的利益趋同性就越强（或者说他们的持有成本就越大），因此他们不会轻易放弃公司，反而会出于自身利益的考虑而为其所控制的上市公司提供支持，化解公司所面临的困难（亏空）。这种支持既可以是直接的"输血"和"填窟窿"，也可以通过提升公司治理水平，真正提高公司的价值。本书通过模型也指出，如果单纯依靠"输血"式的补亏，公司最终会成为实际控制股东的累赘而被放弃，从而引发更可怕的崩盘。

在建立模型的基础上，本书利用沪深 A 股上市公司的数据进一步对本研究设想予以实证检验，结果发现：保持其他因素不变，实际控制股东现金流权越大，公司股价崩盘风险越小；实际控制股东的控制权与现金流权的分离程度会显著削弱现金流权与股价崩盘风险之间的负向关系。上述结果在国有企业子样本中得到显著、稳健的体现，而在民营企业子样本中表现得并不显著。这一结果直接验证了本书的模型结论，并表明控制权结构中所蕴含的治理效应在资本市场上得以体现。

在控制权结构与股价崩盘风险的基础上，笔者认为，现金股利在一定程度上体现出实际控制股东、其他中小股东和公司之间的利益博弈，现金股利也是这一博弈的结果。

因此本书进一步扩展了 Jin 和 Myers（2006）模型中的"均衡股利"等式，发现当股东对公司现金股利索取过度时，往往会引发较高的股价崩盘风险。利用沪深 A 股上市公司数据的实证检验进一步支持了本书的模型结论，过度支付现金股利会显著增加上市公司的股价崩盘风险，实际控制股东的控制权与现金流权的分离程度会加剧现金股利支付水平与股价崩盘风险之间的正向关系。这一结果体现出现金股利中所蕴含的股东治理效应。

上述研究始终围绕着公司微观层面的治理因素展开，如果从更广义的范围来讲，公司治理只是市场竞争机制下的衍生组织形态和制度体系（林毅夫等，1997）。因此本书进一步预期宏观治理环境同样会影响股价崩盘风险，并借此考察了行业竞争结构、公司市场势力及其异常规模对股价崩盘风险的影响。结果显示，行业集中度越高、垄断性越强，则上市公司所面临的股价崩盘风险也会越高；行业内竞争的均衡性有助于降低股价崩盘风险；虽然公司市场势力并未显著降低股价崩盘风险，但是它通过公司异常规模（即行业均值调整后的公司规模）对股价崩盘风险产生显著影响。

从股价崩盘风险的后果来看，本书进一步从公司借款契约条款的角度进行了考察。研究结果表明，随着中国利率市场化的推进，银行能够自主地对公司未来的潜在崩盘风险进行定价，即风险越大，合同利差越大。但是在市场化程度较为落后的地区，银行的国有背景和公司的政治关联都会削弱银行市场化的风险定价能力；而在市场化程度较为发达的地区，银行的风险定价能力并没有受到影响。上述结果为股票和信贷市场之间的风险传导机制提供了经验证据，即外部非市场化力量的干预有可能将股票市场的风险传导到债务市场。

从公司银行债务结构的角度上，本研究发现，具有较高崩盘风险预期的公司，其银行短期借款更多，而银行长期借款更少；公司崩盘风险预期越高，其信用借款越少、担保借款越多。其中，随着潜在崩盘风险的增加，长、短期信用借款都在减少，而担保借款尤其是短期担保借款则有明显增长。随着市场化水平的提高，银行对存在崩盘风险预期公司的贷款限制有所缓解，主要体现为公司可以获取更多的短期借款和信用借款，而银行对抵押物的要求相对放松。总的来说，在预期风险增加时，银行会利用短期借款和抵押借款进行风险控制，从而表明经过多年的金融体制改革，银行的信贷决策渐趋理性；而市场化进程的推进可以部分地缓解高风险企业的融资约束。

投资者和债权人对公司未来股价崩盘风险的预期会影响公司的资本结构调整行为。研究发现，公司未来股价崩盘可能性越大，其资本结构调整速度越慢；而真实盈余管理显著削弱了这一关系。研究结果表明，真实盈余管理作为一种盈余调节手段，向外部投资者传递着公司成长良好的信号，可以缓解有潜在崩盘风险公司的融资困难，促进其资本结构调整。在市场化水平较高的地区，真实盈余管理能够更显著地削弱暴跌风险识别与资本结构调整速度之间的负向关系，而在市场化水平较低的地区未观测到这一现象。

10.2　现实意义

在上述模型推导和实证检验的基础之上，本书进一步引申出其对现实经济的指导意义：

（1）实际控制股东所持有的上市公司股份决定了他们之间利益的一致性。这种利益的一致性不仅在实体层面解决了"搭便车"问题，而且在资本市场层面缓解了股价崩盘风险。

（2）国有企业改革应该充分利用政府（或国有资产管理机构）与企业之间利益的一致性，提升企业的治理水平，规范管理，提高效益，进而培育出独立自主、具有竞争力的国有企业，尽量减少以"输血"的方式帮助企业解决内部存在的问题。而对于民营企业来说，这种利益的一致性并非不存在，而是实际控制人对公司的支持力度和支持能力比较有限（尤其是在支持能力方面），因此相应的治理效应无法在股价上得以显著体现。

（3）股权结构的治理效应同样也在现金股利中得以体现。在我国资本市场成熟程度不高的背景之下，对上市公司的股利政策做出比较严格的规定有一定的现实必要性，但是，仍然要把握好"度"。单纯地要求提高股利发放额度未必是保护投资者的有效手段，政策监管最终还是要着力于治"本"，即通过提升公司治理水平，使股利分配真正立足于保护全体股东的利益，而非被个别股东故意操纵。

（4）从宏观治理环境的角度来看，竞争同样影响着个体公司的股价崩盘风险。这一结果告诉我们，实体经济层面的经济结构调整不能简单地着眼于企业数量多少，更应该关注产业内的竞争结构，避免两极分化情形的出现。既要避免垄断，也要避免过度竞争，培育适度竞争的产业竞合格局，有助于保持实体经济的稳定、持续、健康发展。从监管的角度来看，既要加强对大型垄断企业信息披露的监管，也要从完善治理机制的角度提升小企业的规范化水平。

（5）从股价崩盘风险的后果来看，股票市场的风险能够向债务市场传导。这种传导机制是通过削弱银行对风险的定价能力实现的，其中非市场化的力量发挥了"催化剂"的作用，导致债务市场"风险—收益"失衡。因此，在推动利率市场化改革的进程中，管理层培育金融机构自主风险定价能力显得尤为重要，特别要关注并改革那些弱化风险定价的"潜规则"，加强金融机构自身的独立性，提高风险识别和防范能力。

（6）存在股价崩盘风险预期的公司债务结构特征实际上反映出债权人（银行）与公司博弈过程中的避险行为，而且市场化水平越高，这种风险感知与风险应对能力就越强。然而，尽管银行感知到融资企业潜在的风险，但是抵押借款受规模所限，无法支撑更多风险融资需求，而短期信用贷款作为银行主要的避险手段，则抑制了高风险公司短期信用借款的减少，但这也同样增加了高风险公司短期资金链的压力。经过多年的金融体制改革，银行的信贷决策渐趋理性；而市场化进程的推进有助于缓解信息不对称问题，可以部分地缓解高风险公司的融资约束。对监管层来说，虽然市场能够自发地进行风险调整，但仍然要加强潜在金融风险的监控和应对。

（7）对股价崩盘风险的预期，会影响公司的资本结构调整行为。真实盈余管理减缓了高暴跌风险公司的资本结构调整速度，这种通过扭曲实体经营现状完成金融资源配置的做法，有可能将个体公司的风险向资本市场传递，隐藏着一定风险。对于监管当局和金融机构而言，为防范资本市场参与者利用市场规则与信息机制实现其特定目的，造成金融市场信息处理失真，在强调信息质量、信息传递有效性的同时，亦需要重视信息甄别能力的提升，防止信息机制被市场参与者扭曲使用而导致市场低效。

附录一　Hong 和 Stein（2003）的异质信念模型

一、模型设置

1. 时间和信息结构

模型有四个时期，分别定义为第 0、1、2、3 期。最初，将整个市场组合看作一只特殊的股票，其在第 3 期支付股利 D；同时，市场上存在三种潜在交易者——投资者 A、投资者 B 以及风险中性的套利者 C。投资者 A 和 B 不能卖空，而套利者 C 可以卖空〔在这个模型中，并不依赖于参与者不能卖空，C 是市场上绝大多数购买力的代表（可以理解为 C 原来手头持有大量股票），模型真正依赖的是市场上存在的信息严重受限的投资者〕。

投资者 A 和 B 轮流获得最终股利 D 的信号。投资者 B 在第 1 期观测到信息 S_B，投资者 A 在第 2 期观测到信息 S_A，而对于套利者 C 来说，这两个信号的信息价值是等同的，所以其最终股利可以写成如下形式：

$$D = (S_A + S_B)/2 + \varepsilon \tag{1}$$

ε 是符合标准正态分布的随机冲击（shock）。

对于投资者 A 和 B 来说，他们只相信自己所观测到的信号是真实的，这种行为上的偏差可以看作一种过度自信，并引发了投资者之间对于股票价值的异质信念。对于乐观投资者 A，他认为在第 2 期股票的期望价值为 S_A，从而忽略了 S_B 的信息。

假定 A、B 均为价格承受者（price taker），如果投资者 A 是一个风险回避者（assuming for simplicity investor A has CARA utility with a risk aversion coefficient of one），那么在第 2 期，股票价格为 p_2〔代表正在测试的价格（a trial price），而非最终的均衡价格〕时，他的需求为：

$$Q_A (p_2) = \max [S_A - p_2, 0] \tag{2}$$

对于投资者 B 来说，他在时期 t（$t = 1, 2$）的需求将根据价格 p_t 来确定，其需求可以写为：

$$Q_B \ (p_t) \ = \max \ [S_B - p_t, \ 0] \tag{3}$$

对于在第 1 期观测到的 S_B，假定其在区间 （0， $2V$） 内呈正态分布，那么 S_B 在时点 0 的期望值 $E_0 \ [S_B] \ = V$。对于在第 2 期观测到的 S_A，假定其在区间 $[H, \ H + 2V]$ 内为独立的正态分布，那么 $E_0 \ [S_A] \ = E_1 \ [S_A] \ = V + H$。$H$ 可以看作 A 和 B 之间的异质性 （differences of opinion）。

2. 价格形成机制

由于套利者属于风险中性，模型设定股票的供给为 0。那么在时点 0，均衡价格应该为：

$$P_0 \ = V + H/2 \tag{4}$$

这个价格是在 A、B 收到各自信息之前套利者对于股票的期望价值。但是，一旦 A、B 得到各自的信息，价格形成机制就会变得复杂。

假定市场中存在套利者、投资者 A 和投资者 B 以及股票拍卖商 （auctioneer），当拍卖商推出一个测试价格 p_t，参与者们将根据自己的预期决定是否买入。由于存在卖空限制，A 和 B 只能买入或者不买；而套利者可以决定买入或卖出股票 （可以理解为套利者手中持有一定的股票）。套利者可以观测到 A 和 B 的购买决定，并据此判断出他们所了解到的信息。

拍卖商从高到低报价，最初他可能按照最高价格 "$H + 2V$" 报出，在这一价格下，当然没有人会买入，套利者只会卖出股票；然后，拍卖商逐步降低报价，他的准则就是，只要有人卖出股票，他就继续降低报价，当有人买入股票，他就马上升价。这个过程一直持续到市场出清 （market clear）。在这个机制下，A 或者 B 只要在某个价位愿意买入股票，他们所获得的信息价值就被揭示出来。

3. 均衡状态下的理性预期价格

在市场中，如果每个参与者都是理性的，那么他们对股票价格的预期应该是基于全面信息 S_A、S_B 所得出的，即 （$S_A + S_B$） /2，而非仅仅依靠各自的信息。那么在时点 1，由于此 S_A 未能揭示，只能观测到 S_B，所以对于 S_A 只能取期望值，此时的均衡价格为：

$$P_1 \ = (V + H + S_B)/2 \tag{5A}$$

在时点 2，S_A、S_B 全部揭示，此时均衡价格为：

$$P_2 \ = \ (S_A + S_B)/2 \tag{5B}$$

二、异质性模型的解

1. 时点 1：隐藏信息的可能性

在时点 1，均衡价格的形成有两种情况：

CASE 1：B 的信息 S_B 被揭示，此时均衡价格为：

$$P_1 = (V + H + S_B)/2 \tag{6}$$

CASE 2：B 的信息 S_B 被隐藏，此时均衡价格为：

$$P_1 = (V + H)/2 + E_1[S_B \mid NR]/2 \tag{7}$$

$E_1[S_B \mid NR]$ 是在时点 1 时 S_B 未被揭示条件下的期望值。

那么什么时候第二种情况会出现呢？在本研究的价格形成机制中，S_B 被隐藏的必要条件是 $S_B \leqslant P_1$，即投资者 B 的估值不可以超过市场出清的价格，否则 B 会购入股票，从而使得套利者发现 S_B。当套利者对股价的预期固定，那么 S_B 越高，越难以隐瞒。据此可以推断存在一个临界值 $S_B{}^*$，当 $S_B > S_B{}^*$，那么 S_B 的信息必然被揭示。

当 $S_B < S_B{}^*$ 时，S_B 的信息被隐藏，据此可以推断此时 S_B 在未被揭示条件下的期望 $E_1[S_B \mid NR] = S_B{}^*/2$。将此式代入第二种情况可以得到：

$$P_1 = (V + H)/2 + S_B{}^*/4 \tag{8}$$

如果假定均衡价格 $P_1 = S_B{}^*$（so one solves for the cutoff $S_B{}^*$ by setting it equal to P_1），可以这样理解：由于 $S_B < S_B{}^*$，$S_B < P_1$，所以 $E_1[S_B \mid NR] = E[S_B \mid S_B < p_1] = S_B{}^*/2 = p_1/2$；$p_1$ 逐渐下降直到均衡时，$p_1 = P_1$。

据此可得到临界值 $S_B{}^*$：

$$S_B{}^* = 2(V+H)/3 \tag{9}$$

那么，以下分别就 $S_B > S_B{}^*$ 和 $S_B < S_B{}^*$ 两种情况进行讨论：

第一种情况：当 $S_B > S_B{}^*$，在时点 1，S_B 会被揭示出来。此时可以进一步细分为两种情况：

（1）S_B 非常高，大于 A 的事前均值预期（ex ante expectation），即 $S_B > V + H$。随着拍卖商测试价格的降低，当 $p_1 = S_B$ 时，投资者 B 将会行动（call out），从而使得 S_B 揭示，套利者意识到真正的股票价值是 $(V + H + S_B)/2$，由于 $S_B > V + H$，所以均衡价格 $P_1 < S_B$。在测试价格 $p_1 = S_B$ 时，套利者明白此时价格仍然过高，所以他仍然会卖出股

票，直到价格达到 $(V+H+S_B)/2$，此时市场出清，均衡时 B 持有股票。

（2） S_B 适度高（moderately high），即 $S_B{}^* < S_B < V + H$。当 $p_1 = S_B$ 时，投资者 B 将会行动，从而使得 S_B 揭示，套利者意识到真正的股票价值是 $(V + H + S_B)/2$，由于 $S_B < V + H$，所以均衡价格 $P_1 > S_B$。此时套利者对股价的预期会迅速"跳"（jump）到均衡价格 $(V + H + S_B)/2$，因此会出现拍卖商不得不提高股票的价格，以满足套利者新的估价，直到市场出清，均衡时 B 不持有股票。

第二种情况：当 $S_B < S_B{}^*$，在时点 1， S_B 会被隐藏。

当拍卖商持续降低叫价时，对于套利者来说，其对股票的预期价格是：

$$(V + H)/2 + E[S_B \mid S_B \leqslant S_1]/2 = (V + H)/2 + p_1/4$$

前文已知在 $S_B \leqslant S_B{}^*$ 时均衡价格为： $P_1 = (V + H)/2 + E_1[S_B \mid NR]/2$， $P_1 = (V + H)/2 + S_B{}^*/4$ ，所以当测试价格 $p_1 = S_B{}^*$ 时，预期价格、均衡价格以及测试价格相等。

前文已经推导出： $S_B{}^* = 2(V + H)/3$ ，这说明测试价格 p_1 不断下降到 $p_1 = S_B{}^*$，使得均衡价格和套利者的预期价格相等，即 $(V + H)/2 + S_B{}^*/4 = (V + H)/2 + p_1/4 = P_1$，而此时的测试价格 p_1 就达到均衡价格 P_1，从而可得 $p_1 = P_1 = S_B{}^*$。

那么，在 B 没有进行市场交易之前已经形成均衡，把式（9）代入式（8）即可得到（必须是在逐步叫价的机制下能够形成这种均衡，信息可以被隐藏）：

$$P_1 = (V + H)/2 + S_B{}^*/4 = 2(V + H)/3 \tag{10}$$

2. 时点 2：以前隐藏的信息被揭示

（1）对于 CASE 1： B 的信息在时点 1 被揭示。

如果 A 对 S_A 的预期价格足够高，那么 S_A 在时点 2 能够被揭示出来；如果 A 对 S_A 的预期价格足够低，那么 S_A 在时点 2 将会被隐藏。因此存在一个临界值 $S_A{}^*$。

在 A 尚未参与市场时，套利者对 S_A 的估计价格为 $E[S_A \mid S_A < p_2] = [H + p_2]/2$；套利者对股票的预期价格为 $\{S_B + E[S_A \mid S_A < p_2]\}/2$；市场的均衡价格为 $(S_B + S_A)/2 = P_2$。

当测试价格 p_2 逐渐降低到 P_2 时，预期价格等于均衡价格，此时：

$$\{S_B + E[S_A \mid S_A < p_2]\}/2 = (S_B + S_A)/2 = P_2$$
$$\{S_B + [H + p_2]/2\}/2 = (S_B + S_A)/2 = P_2$$

当 S_A 小于临界值 $S_A{}^*$ 时， p_2 一直下降到 P_2，从而达到均衡，此时 $p_2 = P_2 = S_A{}^*$；否则 p_2 下降到 S_A 就达到均衡，使得 S_A 被揭示。

根据 $\{S_B + [H + p_2]/2\}/2 = (S_B + S_A)/2 = P_2$ 以及 $p_2 = P_2 = S_A{}^*$ 解得：

$$S_A{}^* = (2S_B + H)/3 \tag{11}$$

那么可推导出：

CASE 1a：当处于时点 1，$S_B > 2(V+H)/3$，B 的信息被揭示的前提下，在时点 2，$S_A > S_A{}^*$ 时，均衡价格为：

$$P_2 = (S_A + S_B)/2 \tag{12}$$

CASE 1b：当处于时点 1，$S_B > 2(V+H)/3$，B 的信息被揭示的前提下，在时点 2，$S_A \leqslant S_A{}^*$ 时，均衡价格为：

$$P_2 = \{S_B + [H + p_2]/2\}/2 = S_B/2 + (H + S_A{}^*)/4 = (2S_B + H)/3 \tag{13A}$$

（2）对于 CASE 2：B 的信息在时点 1 被隐藏，即 $S_B < 2(V+H)/3$。

在时点 2，S_B 的信息仍然被隐藏的情况下，时点 1 的均衡价格仍然是：$P_1 = (V+H)/2 + S_B{}^*/4$。

在 A 对 S_A 的预期高于均值的情况下，即 $S_A > V+H$ 时，对于时点 2，会有测试价格 $p_2 > P_1$［因为 $S_A/2 > (V+H)/2$，可以得到 $S_A/2 + S_B{}^*/4 > (V+H)/2 + S_B{}^*/4$］，那么随着 p_2 的降低，当 $p_2 \leqslant A$ 对 S_A 的预期时，A 会行动，从而形成均衡，此时：

$$P_2 = S_A/2 + S_B{}^*/4 = S_A/2 + (V+H)/6 \tag{13B}$$

CASE 2a（1−B 未揭示；2−B 未揭示；2−A 揭示）：当处于时点 1，$S_B < 2(V+H)/3$，B 的信息未被揭示的前提下，如果 $S_A \geqslant (V+H)$ ［即 $S_A/2 + S_B/2 > (V+H)/2 + S_B/2$，也即 $P_2 > P_1$，说明时点 2 的均衡价格高于时点 1 的均衡价格 $P_1 = S_B{}^* = 2(V+H)/3$，所以在时点 2，S_B 仍然不会被揭示］，那么在时点 2 的均衡价格为：

$$P_2 = S_A/2 + S_B{}^*/4 = S_A/2 + (V+H)/6 \tag{14}$$

在 A 对 S_A 的预期小于均值的情况下，即 $S_A < (V+H)$ 时，对于时点 2，会有测试价格 $p_2 < P_1$［因为 $S_A/2 < (V+H)/2$，可以得到 $S_A/2 + S_B{}^*/4 < (V+H)/2 + S_B{}^*/4$］，此时存在测试价格 p_2 小于 $S_B{}^*$ 的情况。

在时点 2，S_B 的信息不被揭示的临界值 $S_B{}^{**}$ 的推导如下：

如果 S_B 在时点 2 仍然不被揭示出来，必须满足 B 对 S_B 的估值小于在时点 2 的测试价格 p_2，即 $S_B \leqslant p_2$，那么在这个条件下，套利者对股票的估值为：$E[D \mid S_B \leqslant p_2] = S_A/2 + p_2/4$。当 p_2 下降到达到均衡时，$p_2 = P_2$，可以推出 $p_2 = P_2 = 2S_A/3$，此时的 p_2 就是在时点 2 时 S_B 不被揭示的临界值 $S_B{}^{**}$，$p_2 = P_2 = 2S_A/3 = S_B{}^{**}$，可得到：

$$S_B^{**} = 2S_A/3 \tag{15}$$

当 $S_B > S_B^{**}$ 时，S_B 将在时点2被揭示；当 $S_B < S_B^{**}$ 时，S_B 在时点2无法完全揭示。

CASE 2b（$1-B$ 未揭示；$2-B$ 未揭示；$2-A$ 揭示）：当 $S_A < （V+H）$、$S_B \leqslant S_B^{**}$ 时，在时点2，S_B 仍然被隐藏，S_A 被揭示，此时的均衡价格为：

$$P_2 = S_A/2 + S_B^{**}/2 = 2S_A/3 \tag{16}$$

如果 $S_B > S_B^{**}$，那么 S_B 在时点2将会被完全揭示，实际上在 S_B 被完全揭示的情况下，又会分为两种情况：

第一种情况：S_B 完全揭示（$S_B > S_B^{**}$），S_A 在临界值下被隐藏（$S_A \leqslant S_A^{*}$）。

这种情况可称之为 CASE 2c（$1-B$ 未揭示；$2-B$ 揭示；$2-A$ 未揭示）。

S_B 在时点1被隐藏，$S_A < V+H$，S_A 的临界值为：

$$S_A^{*} = （2S_B + H）/3 \tag{17}$$

此时均衡价格 $P_2 = S_A/2 + S_B/2 = E（S_A \mid S_A \leqslant p_2）/2 + S_B/2 = （H + p_2）/4 + S_B/2$。

随着测试价格 p_2 不断下降，当测试价格与均衡价格相等时，即 $p_2 = P_2$ 时形成均衡，此时可以解得：

$$P_2 = S_B/2 + （H + S_A^{*}）/4 = （2S_B + H）/3 \tag{18}$$

如果 $S_A \leqslant S_A^{*} = （2S_B + H）/3$，同时假定 $S_B > H$，根据这两个条件，可以推导出 $3S_A < 2S_B + H < 3S_B$，得到 $S_A < S_B$，此时 S_B 先被揭示，S_A 被隐藏。

第二种情况：S_B 完全揭示（$S_B > S_B^{**}$），S_A 在临界值之上也被揭示（$S_A > S_A^{*}$）。

这种情况可称之为 CASE 2d（$1-B$ 未揭示；$2-B$ 揭示；$2-A$ 揭示）。

S_B 在时点1被隐藏，$S_A < V+H$，S_A 的临界值为：$S_A^{*} = （2S_B + H）/3$。

由于 $S_A > S_A^{*}$，所以 S_A 和 S_B 都被揭示出来，均衡价格为：

$$P_2 = （S_A + S_B）/2 \tag{19}$$

以上的推导，实际上概括了 CASE 1a、CASE 1b、CASE 2a、CASE 2b、CASE 2c、CASE 2d 六种情况，可用图1概括。

根据上述六种情况，Hong 和 Stein（2003）分别定义两期的收益（return）为：

$$R_1 = P_1 - P_0 \tag{20}$$

$$R_2 = P_2 - P_1 \tag{21}$$

第 0、1、2 期的均衡价格和收益已列示在表 1 中。

由表 1 可以看出，在第 1 期，最大的收益为 $V/2$，最小的收益为 $H/6 - V/3$（由于 $H \leq 2V$，所以最小的收益为负值）；在第 2 期，最大的收益为 $V/2$，最小的收益为 $-2V/3$（出现在 CASE 2b）或者 $(-6V - H)/9$（出现在 CASE 2c）[Hong 和 Stein（2003）认为最小的负值为 $-2V/3$]。在这两期中，最大跌幅 $[-2V/3$ 或者 $(-6V - H)/9]$ 绝对大于最大涨幅 $(V/2)$，尤其在 CASE 2c 中，$R_2 = (2S_B - 2V - H)/3$。当异质信念 H 越大时，R_2 越小，收益负偏越严重。因此 Hong 和 Stein（2003）的模型刻画了股票收益的负偏特征。

Hong 和 Stein（2003）也在上述模型的基础上，通过 Mathematica 编程计算收益分布的偏度（Skewness），发现短期内投资者异质性 H 越大，收益越呈现负偏。

由于异质性 H 和负偏呈正相关关系，而根据 Harris 和 Raviv（1993）、Kandel 和 Pearson（1995）以及 Odean（1998）的研究，异质性也推动了股票的交易量（trading volume）。Hong 和 Stein（2003）预期较高交易量的股票也更容易负偏。他们在上述模型的基础上予以证明，具体过程如下：

假定 $H > V$，$P_1 = S_B/2 + (V + H)/2 > S_B$，那么 B 在时点 1 不会买入股票，所有的交易将在时点 2 发生。在时点 2，如果 A 有较高的估值，即 $S_A > S_B$，那么股票的交易量与 $S_A - P_2$ 成正比；如果 B 有较高的估值，即 $S_B > S_A$，那么股票的交易量与 $S_B - P_2$ 成正比。

如果 $S_A > S_B$，可以将时点 2 的均衡价格写为 $P_2 = S_A/2 + \widehat{S_B}/2$，其中 $\widehat{S_B} = E[S_B | Arbitrageurs' \ estimate]$。当 $S_A > S_B$ 时，交易量与 $S_A/2 - \widehat{S_B}/2$ 成正比；当 $S_B > S_A$ 时，交易量与 $S_B/2 - \widehat{S_A}/2$ 成正比。

根据期望迭代法则，当 $S_A > S_B$ 时，预期交易量正比于 $E[S_A/2 - \widehat{S_B}/2] = E[S_A/2 - E(S_B | Arbitrageurs' \ estimate)] = E[S_A/2] - E[E(S_B | Arbitrageurs' \ estimate)] = E(S_A/2 - S_B/2)$；同样，当 $S_B > S_A$ 时，预期交易量正比于 $E(S_B/2 - \widehat{S_A}/2) = E(S_B/2 - S_A/2)$。上述两式联立，可以写为预期交易量正比于 $E[|S_A/2 - S_B/2|]$。

由于 S_B 和 S_A 分别是在 $[0, 2V]$ 与 $[H, 2V + H]$ 区间上的均匀分布，可以计算 $E[|S_A/2 - S_B/2|] = H/2$，所以预期的交易量正比于异质性 H。

Hong 和 Stein（2003）通过上述模型说明了股票收益的负偏性特征，而且证明了异质性程度和股票收益负偏性的正比关系，其还特别推演了交易量、投资者异质性程度和股票收益负偏性的关系，为今后的实证研究奠定了基础。

CASE 2b
1-B隐藏
2-B隐藏
2-A揭示

CASE 2c
1-B隐藏
2-B揭示
2-A隐藏

CASE 2d
1-B隐藏
2-B揭示
2-A揭示

CASE 1a
1-B揭示　2-A揭示

CASE 1b
1-B揭示　2-A隐藏

CASE 2a
1-B隐藏　2-B隐藏

在测试价格p_2下降到S_B^{***}之前，A有行动，形成均衡价格
$P_2=2S_A/3=S_B^{***}$

$S_A \leq S_A^* = (2S_B+H)/3$
均衡价格
$P_2= (2S_B+H)/3$
$=S_A^*$

$S_A > S_A^* = (2S_B+H)/3$
均衡价格
$P_2= (S_A+S_B)/2$

$S_B \leq S_B^{***}=2S_A/3$

$S_B > S_B^{***}=2S_A/3$

$S_A > S_A^* = (2S_B+H)/3$
S_a在第2期揭示均衡价格
$P_2= (S_A+S_B)/2$

$S_A \leq S_A^* = (2S_B+H)/3$
S_a在第2期隐藏均衡价格
$P_2= (2S_B+H)/3$

由$S_A>V+H$推出$P_2>P_1=S_B^*$
在测试价格$p_2=S_B^*$之前，
A行动，构成均衡。
均衡价格
$P_2=S_A/2 + (V+H)/6$

由$S_A<V+H$推出$P_2<P_1=S_B^*$，
即当测试价格p_2已经小于
P_1时，A、B均未行动，此时
S_B的信息被部分披露，即
S_B的真实的$S_B<$于S_B^*，此时重
新推导出S_B的临界值
$S_B^{**}=2S_A/3$

1-B揭示$S_B>S_B^*=2(V+H)/3$
均衡价格$P_1=S_B/2 + (V+H)/2$

1-B隐藏$S_B \leq S_B^*=2(V+H)/3$
均衡价格$P_1=S_B^*=2(V+H)/3$

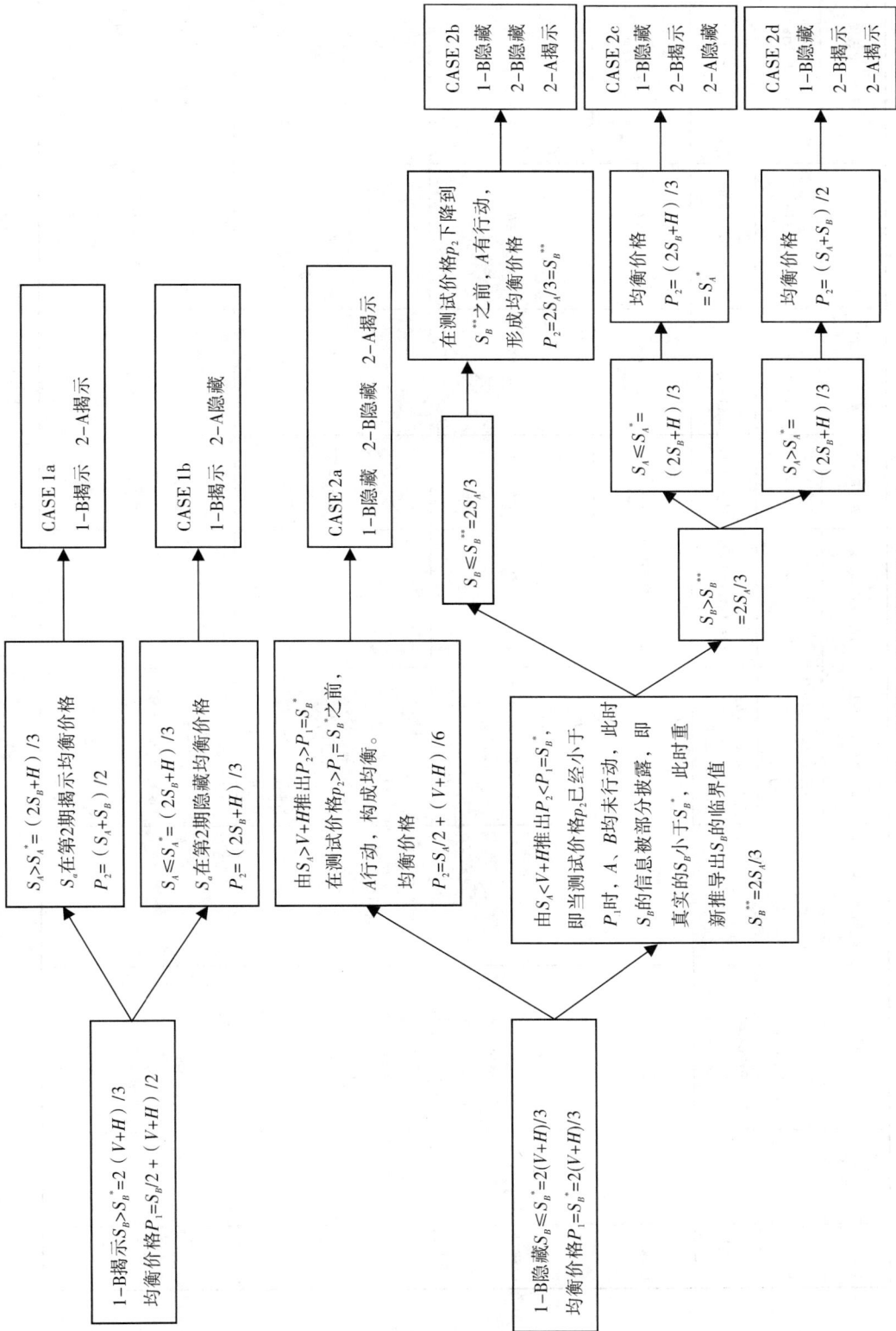

图1 异质信念价格形成机制

219

表 1　异质信念均衡价格

情形	时点 0 的均衡价格	时点 1 的取值条件	时点 1 的均衡价格	时点 2 的取值条件	时点 2 的均衡价格	$R_1 = P_1 - P_0$	R_1 的取值范围	$R_2 = P_2 - P_1$	R_2 的取值范围
CASE 1a	$P_0 = V + H/2$	$S_B \leq S_B^* = 2(V+H)/3$ $0 \leq S_B \leq 2V$	$P_1 = S_B/2 + (V+H)/2$	$S_A > S_A^* = (2S_B+H)/3$ $H \leq S_A \leq 2V+H$	$P_2 = (S_A + S_B)/2$	$R_1 = P_1 - P_0$ $(S_B - V)/2$	$[5(V+H)/6, V/2]$	$S_A/2 - (V+H)/2$	$[(-5V-2H)/18, V/2]$
CASE 1b				$S_A \leq S_A^* = (2S_B+H)/3$ $H \leq S_A \leq 2V+H$	$P_2 = (2S_B+H)/3$	$(S_B - V)/2$	$[5(V+H)/6, V/2]$	$S_B/6 - V/2 - H/6$	$[(-7V-H)/18, (-V-H)/6]$
CASE 2a			$P_1 = 2(V+H)/3$	$S_A > V+H$	$P_2 = S_A/2 + (V+H)/6$	$H/6 - V/3$	$H/6 - V/3$	$S_A/2 - (V+H)/2$	$(0, V/2]$
CASE 2b		$S_B \leq S_B^* = 2(V+H)/3$ $0 \leq S_B \leq 2V$		$S_A < V+H$ $P_2 > P_1 = S_B^*$ （即 $S_A < S_B^*$, $S_A < S_B^*$） $S_B \leq S_B^{**} = 2S_A/3$ $H \leq S_A \leq 2V+H$	$P_2 = 2S_A/3$	$H/6 - V/3$	$H/6 - V/3$	$2(S_A - V - H)/3$	$[-2V/3, 0]$
CASE 2c				$S_A < V+H$ $P_2 < P_1 = S_B^*$ （即 $S_A < S_B^*$, $S_B < S_B^*$） $S_B > S_B^{**} = 2S_A/3$ $S_A \leq S_A^* = (2S_B+H)/3$ $H \leq S_A \leq 2V+H$	$P_2 = (2S_B+H)/3$	$H/6 - V/3$	$H/6 - V/3$	$(2S_B - 2V - H)/3$	$[(-6V-H)/9, (H-2V)/9]$; 如果使用条件 $S_B > H$ 那么 R_2 的范围在 $[(H-2V)/3, (H-2V)/9]$
CASE 2d				$S_A < V+H$ $P_2 > P_1 = S_B^*$ （即 $S_A < S_B^*$, $S_B < S_B^*$） $S_B > S_B^{**} = 2S_A/3$ $S_A > S_A^* = (2S_B+H)/3$ $H \leq S_A \leq 2V+H$	$P_2 = (S_A + S_B)/2$	$H/6 - V/3$	$H/6 - V/3$	$(S_A + S_B)/2 - 2(V+H)/3$	$[(H-4V)/6, (V+H)/6]$; 考虑到 $P_2 < P_1$, 其取值范围为 $[(H-4V)/6, 0]$

附录二 Jin 和 Myers（2006）的股价崩盘模型推导[①]

由于本书的研究主要扩展了 Jin 和 Myers（2006）的模型，所以以下对该模型予以详尽的推导。

Jin 和 Myers（2006）认为，对于一个特定公司的投资者来说，他们所获得的有关公司的信息既包括外部宏观信息，也包括公司层面的特质信息，而宏观信息对所有公司股价的影响是相同的，所以导致个股股价异质性波动的主要因素在于公司特质信息是否能够被投资者所了解，从而反映在股价中。当外部投资者无法了解到公司的真实情况时，内部人（管理层）可以通过隐藏坏消息对公司利益进行侵占。

Jin 和 Myers（2006）的模型设定所有的投资者是外部人，内部人是公司的管理层；而且外部人可以采取一致行动（a cost of collective action）来接管公司。定义 K_t 是公司的内在价值（intrinsic value），即未来经营现金流 C_t 的现值；折现率是常资金成本（a constant cost of capital）r，或者为无风险收益率。此时基于时点 t 的信息集 I_t 的公司价值可以表示为：

$$K_t（I_t）= PV\{E（C_{t+1} \mid I_t），E（C_{t+2} \mid I_t），\cdots; r\} \tag{1}$$

Jin 和 Myers（2006）指出，内部管理层会尽可能侵占公司的现金流（可以理解成类似于在职消费等情形），直到这种侵占会影响到他们继续管理这家公司；任何剩余的现金流都将作为股利支付给外部股东。此时可以看到，在这个模型中，现金流分别被内部人和外部投资者共同分享，在信息完全透明的情况下，所有的现金流都将作为股利被分配给股东，而内部人无法侵占任何现金流。

外部人可以解雇管理层，并接管公司，但是这需要他们付出一致行动的成本，假定

这个成本是 $1-\alpha$（$\alpha<1$），那么外部人接管公司后获得的净价值就是 αK_t，α 越高，意味着对投资者保护的效率越高。在时点 t 外部人是否接管公司取决于其对未来获得预期现金流的现值和接管公司后获得的净价值 αK_t 的权衡比较。在信息完全透明的情况下，最少的股利支付为 $Y=r\alpha K_t$（I_t）。

总之，内部管理层在每一个会计期间必须决定是支付让投资者满意的股利，还是放弃现有的职位，侵占所有当期现金流，引发投资者对公司的接管。如果他们决定采取后者行动的话，Jin 和 Myers（2006）将其定义为一种放弃期权（abandonment option），那么他们必然会在收益与成本之间做出权衡。这种放弃意味着坏消息的集中释放，从而引发股价崩盘。

一、模型设置

公司现金流的产生过程为：

$$C_t = K_0 X_t \tag{2}$$

K_0 是初始投资，为一个常数；X_t 是对现金流的随机冲击（random shocks），包括三个独立的冲击：

$$X_t = f_t + \theta_{1,t} + \theta_{2,t} \tag{3}$$

其中，f_t 代表市场宏观因素的冲击；$\theta_{1,t}$、$\theta_{2,t}$ 代表公司特质信息的冲击，而内部人可以同时观察到 $\theta_{1,t}$、$\theta_{2,t}$，但是外部人只能观察到 $\theta_{1,t}$。由于三者互相独立，观测到其中一个，并不能影响到对其他信息的了解。

假定三个冲击 f_t、$\theta_{1,t}$、$\theta_{2,t}$ 是一个平稳的 AR（1）过程，还假定它们具有相同的 AR（1）系数：

$$f_{t+1} = f_0 + \varphi f_t + \varepsilon_{t+1} \tag{4}$$

$$\theta_{1,t+1} = \theta_{1,0} + \varphi \theta_{1,t} + \xi_{1,t+1} \tag{5}$$

$$\theta_{2,t+1} = \theta_{2,0} + \varphi \theta_{2,t} + \xi_{2,t+1} \tag{6}$$

其中，$0<\varphi<1$。

这个假定也使得 X_t 的分布是一个平稳的 AR（1）过程：

$$X_{t+1} = X_0 + \varphi X_t + \lambda_{t+1} \tag{7}$$

其中，$X_0 = f_0 + \theta_{1,0} + \theta_{2,0}$；$\lambda_t = \varepsilon_t + \xi_{1,t} + \xi_{2,t}$。

定义公司特质信息方差与市场信息方差的比值为 κ：

$$\kappa = \mathrm{Var}(\theta_{1,t} + \theta_{2,t}) / \mathrm{Var}(f_t) \tag{8}$$

定义透明度为可被外部人观测到的信息 $\theta_{1,t}$ 与可被内部人观测到的信息 $\theta_{1,t}$、$\theta_{2,t}$ 方差的比值：

$$\eta = \mathrm{Var}(\theta_{1,t}) / \mathrm{Var}(\theta_{1,t} + \theta_{2,t}) = \mathrm{Var}(\theta_{1,t}) / [\mathrm{Var}(\theta_{1,t}) + \mathrm{Var}(\theta_{2,t})] \tag{9}$$

其中，η 越接近于 1，公司透明度越高，公司的信息越能够被外部投资者所掌握；η 越接近于 0，公司的信息越不透明。由于 $\theta_{1,t}$ 与 $\theta_{2,t}$ 是 AR（1）过程，所以 η 为一个常数。

二、外部投资者对现金流和公司价值的估计

首先证明公司的现金流和内在价值也是一个 AR（1）过程：

因为

$$C_{t+1} = K_0 X_{t+1} = K_0(X_0 + \varphi X_t + \lambda_{t+1}) = K_0 X_0 + \varphi K_0 X_t + K_0 \lambda_{t+1} = K_0 X_0 + \varphi C_t + K_0 \lambda_{t+1} \tag{10}$$

所以现金流 C_t 是一个 AR（1）过程。

由

$$E(C_{t+K} \mid C_t) = E[K_0 X_0 + \varphi K_0 X_{t+K-1} + K_0 \lambda_{t+1} \mid C_t] = K_0 X_0 + E[\varphi K_0 X_{t+K-1} \mid C_t] = \cdots =$$
$$K_0 X_0(1 + \varphi + \cdots + \varphi^{K-1}) + \varphi^K [C_t \mid C_t] = K_0 X_0(1 - \varphi^K)/(1 - \varphi) + \varphi^K C_t \tag{11}$$

得到：

$$E(C_{t+1} \mid C_t) = K_0 X_0 + \varphi C_t$$

由

$$K_t\ (I_t)\ = PV\ \{E\ (C_{t+1} \mid I_t),\ E\ (C_{t+2} \mid I_t),\ \cdots; r\}$$
$$E(C_{t+1} \mid C_t)\ = K_0 X_0 + \varphi C_t$$
$$\cdots$$
$$E(C_{t+K} \mid C_t)\ = K_0 X_0 (1 - \varphi^K)/(1 - \varphi) + \varphi^K C_t$$

得到：

$$K_t(C_t)\ = (K_0 \dot{X}_0 + \varphi C_t)/(1 + r) + \cdots + [K_0 X_0 (1 - \varphi^K)/(1 - \varphi) + \varphi^K C_t]/(1 + r)^K + \cdots =$$
$$\frac{1}{r}\Big[1 - \Big(\frac{1}{1+r}\Big)^n\Big]\frac{1}{1-\varphi}K_0 X_0 + \frac{-\varphi}{1+r-\varphi}\Big[1 - \Big(\frac{\varphi}{1+r}\Big)^n\Big]\frac{1}{1-\varphi}K_0 X_0 + \frac{\varphi}{1+r-\varphi}\Big[1 - \Big(\frac{\varphi}{1+r}\Big)^n\Big]C_t$$

因为 $0 < \varphi < 1$，$0 < r < 1$，
所以

$$K_t(C_t)\ = \frac{1}{r} \times \frac{K_0 X_0}{1-\varphi} + \frac{\varphi}{1+r-\varphi} \times \frac{-K_0 X_0}{1-\varphi} + \frac{\varphi}{1+r-\varphi}C_t\ = E[K_t \mid C_t] \qquad (12)$$

因为 C_t 是 AR(1) 过程，

所以

$$C_{t+1}\ = C_0 + \varphi C_t + \varepsilon_{t+1}\ = \cdots\ = (1 + \varphi + \varphi^2 + \varphi^3 + \cdots + \varphi^{t+1})C_0 + \varphi^{t+1}\varepsilon_0 + \cdots + \varepsilon_{t+1}\ =$$
$$\frac{C_0}{1-\varphi} + \sum_{i=1}^{t+1} \varphi^i \varepsilon_{t+1-i}$$

$$\Rightarrow E(C_{t+1})\ = E(C_{t+1-i})\ = E(C_t)\ = \frac{C_0}{1-\varphi}\ = \frac{K_0 X_0}{1-\varphi}$$

$$E[E(K_t \mid C_t)]\ = \frac{1}{r} \times \frac{K_0 X_0}{1-\varphi} + \frac{\varphi}{1+r-\varphi}\Big[\frac{-K_0 X_0}{1-\varphi} + E(C_t)\Big]$$

$$E(K_t)\ = \frac{1}{r} \times \frac{K_0 X_0}{1-\varphi}\ = \frac{1}{r}E(C_t) \qquad (13)$$

可得公司内在价值的无条件期望值：

$$E(K_t)\ = \frac{1}{r} \times \frac{K_0 X_0}{1-\varphi} \qquad (14)$$

根据式（12），可得到公司内在价值 K_t 是年度现金流 C_t 的一个线性方程：

$$K_t(C_t) = a + bC_t \qquad (15)$$

其中：

$$a = \frac{K_0 X_0}{1 - \varphi}\left(\frac{1}{r} - \frac{\varphi}{1 + r - \varphi}\right)$$

$$b = \frac{\varphi}{1 + r - \varphi}$$

那么：

$$E(K_{t+1} \mid C_t) = E(a + bC_{t+1} \mid C_t) = a + bE(C_{t+1} \mid C_t) = a + b[K_0 X_0 + \varphi C_t] = a + bK_0 X_0 + b\varphi C_t$$

由式（12）可推导出：

$$C_t = \frac{K_t - a}{b}$$

那么：

$$E(K_{t+1} \mid C_t) = a + bK_0 X_0 + b\varphi C_t = a + bK_0 X_0 + b\varphi\left(\frac{K_t - a}{b}\right) = a(1 - \varphi) + bK_0 X_0 + \varphi K_t \qquad (16)$$

将 a、b 值代入，得到：

$$E(K_{t+1} \mid K_t) = \frac{1}{r}K_0 X_0 + \varphi K_t \qquad (17)$$

所以，公司内在价值也是一个 AR（1）过程。

在此基础之上，外部投资者根据所观测到的信息 f_t 和 $\theta_{1,t}$ 对公司做出价值评估，这个评估值用数学公式表达为：$E（K_t \mid f_t，\theta_{1,t}）$。下面将求出这个值，即将 K_t 用 f_t 和 $\theta_{1,t}$ 表示出来。

根据 $X_t = f_t + \theta_{1,t} + \theta_{2,t}$，由于外部投资者只能观测到 f_t 和 $\theta_{1,t}$，所以 $（X_0 \mid f_t，\theta_{1,t}）= f_t + \theta_{1,t} + E（\theta_{2,t}）$

根据 $\theta_{2,t}$ 是 $AR（1）$ 过程，所以 $E（\theta_{2,t}）= \dfrac{\theta_{2,0}}{1-\varphi}$

$$\Rightarrow E（X_t \mid f_t，\theta_{1,t}）= f_t + \theta_{1,t} + \frac{\theta_{2,0}}{1-\varphi} \tag{18}$$

$$\Rightarrow E（C_t \mid f_t，\theta_{1,t}）= E（K_0 X_t \mid f_t，\theta_{1,t}）= K_0（f_t + \theta_{1,t} + \frac{\theta_{2,0}}{1-\varphi}） \tag{19}$$

根据期望迭代法则：

$$E（C_{t+k} \mid f_t，\theta_{1,t}）= E\big[E（C_{t+k} \mid C_t）\mid f_t，\theta_{1,t}\big]$$

将式（11）、（19）代入上式，得到：

$$E（C_{t+k} \mid f_t，\theta_{1,t}）= E\big[E（C_{t+k} \mid C_t）\mid f_t，\theta_{1,t}\big]= \frac{K_0 X_0（1-\varphi^k）}{1-\varphi} + \varphi^k E（C_t \mid f_t，\theta_{1,t}）= \frac{K_0 X_0（1-\varphi^k）}{1-\varphi} + \varphi^k K_0（f_t + \theta_{1,t} + \frac{\theta_{2,0}}{1-\varphi}） \tag{20}$$

同理：$E（K_t \mid f_t，\theta_{1,t}）= E\big[E（K_t \mid C_t）\mid f_t，\theta_{1,t}\big]$

将式（12）、（19）代入上式，得到：

$$E（K_t \mid f_t，\theta_{1,t}）= E\big[E（K_t \mid C_t）\mid f_t，\theta_{1,t}\big]= \frac{1}{r}\times\frac{K_0 X_0}{1-\varphi} - \frac{\varphi}{1+r-\varphi}\times\frac{K_0 X_0}{1-\varphi} + \frac{\varphi}{1+r-\varphi}E（C_t \mid f_t，\theta_{1,t}）= \frac{1}{r}\times\frac{K_0 X_0}{1-\varphi} - \frac{\varphi}{1+r-\varphi}\times\frac{K_0 X_0}{1-\varphi} + \frac{\varphi}{1+r-\varphi}K_0（f_t + \theta_{1,t} + \frac{\theta_{2,0}}{1-\varphi}） \tag{21}$$

进一步转化形式，可得：

$$E（K_t \mid f_t，\theta_{1,t}）= \frac{1}{r}\times\frac{K_0 X_0}{1-\varphi} + \frac{\varphi}{1+r-\varphi}\bigg[K_0（f_t + \theta_{1,t} + \frac{\theta_{2,0}}{1-\varphi}）- \frac{K_0 X_0}{1-\varphi}\bigg] \tag{22}$$

上式即为外部投资者基于所观测到的信息 f_t 和 $\theta_{1,t}$ 对公司做出的价值评估。根据式（14）、（19）以及现金流 C_t 的 AR（1）性质，可以看出，式（22）所反映的基于 f_t 和 $\theta_{1,t}$ 条件下的公司内在价值 K_t 的期望就是无条件期望下的公司内在价值加上条件期望下的现金流与无条件期望下现金流价值之差的一定比例。

三、均衡股利政策

定义 V_t^{ex} 作为公司除息后的市场价值（ex-dividend market value of the firm），那么对于外部投资者来说，基于信息 f_t 和 $\theta_{1,t}$ 条件下公司的除息市场价值为：

$$V_t^{ex} = \frac{E\left(Y_{t+1} \mid f_t, \theta_{1,t}\right) + E\left(V_{t+1}^{ex} \mid f_t, \theta_{1,t}\right)}{1+r} \tag{23}$$

其中，Y_{t+1} 是 $t+1$ 期支付的股利。

内部管理层为了让外部投资者同意其继续运作公司，至少要让公司的除息市场价值等于外部投资者接管公司后的清算价值，即 $E\left(\alpha k_t \mid f_t, \theta_{1,t}\right)$，由此得到：

$$V_t^{ex} = E\left(\alpha K_t \mid f_t, \theta_{1,t}\right) \tag{24}$$

任何满足式（23）、（24）的股利政策都会达成均衡。

考虑到外部投资者一致行动的成本，他们所获得的公司净值是公司价值的一定比例 α，因此在每期现金流中，股东所要求的比例也不应低于 α。那么，每期支付股利的均衡条件为：

$$Y_t^* = \alpha E\left(C_t \mid f_t, \theta_{1,t}\right) \ \forall t \tag{25}$$

对于内部管理层来说，每一期他们可以得到的现金流为：

$$Z_t = C_t - Y_t = C_t - \alpha E\left(C_t \mid f_t, \theta_{1,t}\right) \tag{26}$$

其中，"C_t 是公司真实的现金流，当内部管理层隐藏坏消息时，会导致公司真实的现金流低于外部投资者预期的现金流，甚至低于外部投资者所要求支付的股利，所以 Z_t 可能很小甚至为负数。当其为负数时，管理层不得不削减薪水或者用其他资源来弥补给股东，以换取继续运营的资格。当然，如果消息足够坏，管理层将放弃隐藏，而将这部分风险完全转嫁给外部投资者，引起股价崩盘"。

四、股价波动同步性（R^2）

定义股票在 $t+1$ 期外部股东的收益率为：

$$\tilde{r}_{i,t+1} = \frac{V_{t+1}^{ex}\ (f_{t+1},\ \theta_{1,t+1})\ +Y_{t+1}\ (f_{t+1},\ \theta_{1,t+1})}{V_t^{ex}\ (f_t,\ \theta_{1,t})} - 1 \tag{27}$$

根据公司 V_t^{ex} 除息市场价值的定义，将式（24）、（25）代入式（27），得到：

$$\tilde{r}_{i,t+1} = \frac{E\ (\alpha K_{t+1}\mid f_{t+1},\ \theta_{1,t+1})\ +\alpha E\ (C_{t+1}\mid f_{t+1},\ \theta_{1,t+1})}{E\ (\alpha K_t\mid f_t,\ \theta_{1,t})} - 1 \tag{28}$$

将式（19）、（21）代入式（28），得到：

$$\tilde{r}_{i,t+1} = \frac{\dfrac{1}{r}\times\dfrac{K_0X_0}{1-\varphi} - \dfrac{\varphi}{1+r-\varphi}\times\dfrac{K_0X_0}{1-\varphi} + \dfrac{1+r}{1+r-\varphi}K_0\big[f_{t+1}+\theta_{1,t+1}+E(\theta_{2,t})\big]}{\dfrac{1}{r}\times\dfrac{K_0X_0}{1-\varphi} - \dfrac{\varphi}{1+r-\varphi}\times\dfrac{K_0X_0}{1-\varphi} + \dfrac{\varphi}{1+r-\varphi}K_0\big[f_t+\theta_{1,t}+E(\theta_{2,t})\big]} - 1$$

如果外部人认为自己看到的就是全部信息，那么 $E(\theta_{2,t})=0$，得到：

$$\tilde{r}_{i,t+1} = \frac{\dfrac{1}{r}\times\dfrac{K_0X_0}{1-\varphi} - \dfrac{\varphi}{1+r-\varphi}\times\dfrac{K_0X_0}{1-\varphi} + \dfrac{1+r}{1+r-\varphi}K_0(f_{t+1}+\theta_{1,t+1})}{\dfrac{1}{r}\times\dfrac{K_0X_0}{1-\varphi} - \dfrac{\varphi}{1+r-\varphi}\times\dfrac{K_0X_0}{1-\varphi} + \dfrac{\varphi}{1+r-\varphi}K_0(f_t+\theta_{1,t})} - 1 \tag{29}$$

其分母可以写成：

$$\frac{K_0X_0(1+r)(1-\varphi)}{r(1-\varphi)(1+r-\varphi)} + \frac{\varphi}{1+r-\varphi}K_0(f_t+\theta_{1,t})$$

继续推导式（29）：

$$\tilde{r}_{i,t+1} = \frac{\dfrac{1+r}{1+r-\varphi}K_0(f_{t+1}+\theta_{1,t+1}) - \dfrac{\varphi+r\varphi-r\varphi}{1+r-\varphi}K_0(f_t+\theta_{1,t})}{\dfrac{K_0X_0(1+r)(1-\varphi)}{r(1-\varphi)(1+r-\varphi)} + \dfrac{\varphi}{1+r-\varphi}K_0(f_t+\theta_{1,t})} =$$

$$\frac{\frac{r\varphi}{1+r-\varphi}K_0(f_t+\theta_{1,t})+\frac{1+r}{1+r-\varphi}(f_{t+1}+\theta_{1,t+1}-\varphi f_t-\varphi\theta_{1,t})+r\frac{K_0X_0(1+r)(1-\varphi)}{r(1-\varphi)(1+r-\varphi)}-r\frac{K_0X_0(1+r)(1-\varphi)}{r(1-\varphi)(1+r-\varphi)}}{\frac{K_0X_0(1+r)(1-\varphi)}{r(1-\varphi)(1+r-\varphi)}+\frac{\varphi}{1+r-\varphi}K_0(f_t+\theta_{1,t})}$$

$$= r + \frac{-r\frac{K_0X_0(1+r)(1-\varphi)}{r(1-\varphi)(1+r-\varphi)}+\frac{1+r}{1+r-\varphi}K_0(f_{t+1}+\theta_{1,t+1}-\varphi f_t-\varphi\theta_{1,t})}{\frac{K_0X_0(1+r)(1-\varphi)}{r(1-\varphi)(1+r-\varphi)}+\frac{\varphi}{1+r-\varphi}K_0(f_t+\theta_{1,t})} \tag{30}$$

$$= r + \frac{-\frac{K_0X_0(1+r)}{1+r-\varphi}+\frac{1+r}{1+r-\varphi}K_0(f_{1,0}+\theta_{1,0})+\frac{1+r}{1+r-\varphi}K_0(\varepsilon_{t+1}+\xi_{1,t+1})}{\frac{K_0X_0(1+r)(1-\varphi)}{r(1-\varphi)+(1+r-\varphi)}+\frac{\varphi}{1+r-\varphi}K_0(f_t+\theta_{1,t})}$$

$$= r + \frac{(1+r)(\varepsilon_{t+1}+\xi_{1,t+1})}{X_0(1+r)/r+\varphi(f_t+\theta_{1,t})} \tag{31}$$

所以，外部投资者的收益取决于其可观测信息的残差 ε_{t+1} 和 $\xi_{1,t+1}$，即

$$\tilde{r}_{i,t+1} = r + \frac{(1+r)(\tilde{\varepsilon}_{t+1}+\tilde{\xi}_{1,t+1})}{X_0(1+r)/r+\varphi(f_t+\theta_{1,t})} \tag{32}$$

同理，整个市场的收益满足：

$$\tilde{r}_{m,t+1} = r + \frac{(1+r)(\tilde{\varepsilon}_{t+1})}{X_0(1+r)/r+\varphi f_t} \tag{33}$$

也就是说，市场组合的收益取决于市场冲击因素的波动（残差）。那么，基于所观测到的信息 f_t 和 $\theta_{1,t}$，个股波动方差能够被市场波动方差所解释的比例是固定的：

$$R^2 = \frac{\mathrm{Var}(\varepsilon_{t+1})}{\mathrm{Var}(\varepsilon_{t+1})+\mathrm{Var}(\xi_{1,t+1})} = \frac{1}{1+\frac{\mathrm{Var}(\xi_{1,t+1})}{\mathrm{Var}(\varepsilon_{t+1})}}$$

根据式（8）、（9），$\kappa\eta = \mathrm{Var}(\theta_{1,t})/\mathrm{Var}(f_t) = \mathrm{Var}(\xi_{1,t})/\mathrm{Var}(\varepsilon_t)$
所以，

$$R^2 = \frac{1}{1+\kappa\eta} \tag{34}$$

根据此式可以看出，如果个股和大盘有较高的波动同步性，那么要么说明公司相对于大盘来说没有异质性区别，即 κ 较低，要么说明公司的透明度较低，外部股东无法观测到异质性风险，即 η 较低。

五、放弃行为

内部人拥有放弃的选择权，一旦内部管理层不得不吸收大量公司层面的坏消息，在超出其限度的情况下，其将选择使用这项权利，并导致累积的坏消息集中释放。但是，在不透明的环境下，这种坏消息可能很容易被隐藏。

Jin 和 Myers（2006）指出："这种放弃行为至少意味着三种情况：①内部管理层能够离开，并将公司留给外部股东或者债权人；②管理层继续留在公司，但是揭示坏消息，同时管理层也会承担坏消息带来的后果；③内部管理层隐藏坏消息的成本巨大，以致他们无法再隐藏下去。"

如果内部人选择了放弃，说明企业内部存在未被外部人观测到的负向冲击 $\theta_{2,t}$；如果内部人决定继续掩盖，那么他需要将这一部分负向冲击造成的现金流损失支付给外部投资者，其现值为：

$$K_0\theta_{2,t} + PV\left\{K_0E\left(\theta_{2,t+1}\mid\theta_{2,t}\right),\ K_0E\left(\theta_{2,t+2}\mid\theta_{2,t}\right),\ \cdots;\ r\right\} = K_0\left[\theta_{2,t} + \frac{1}{r}\times\frac{\theta_{2,0}}{1-\varphi} + \frac{\varphi}{1+r-\varphi}\left(-\frac{\theta_{2,0}}{1-\varphi}+\theta_{2,t}\right)\right] \tag{35}$$

上式为内部人为掩盖坏消息（亏空）而需要支付给外部人的现金流现值，这个值与放弃公司的成本相比，如果 $\theta_{2,t}$ 引起的损失大于放弃公司的损失，那么内部人会放弃公司，否则其会继续隐藏消息，并予以逐步消化。从另一个角度来说，如果内部人要对公司的亏空进行弥补，那么其是否放弃取决于自身是否有足够的实力。

放弃成本并不固定，其取决于公司的价值。公司当期现金流越大，公司价值越大，放弃的成本也就越大。假定放弃成本是公司价值的一定比例 p，如果继续隐藏坏消息，内部人得到的价值是：

$$K_0\left[\theta_{2,t} + \frac{1}{r}\times\frac{\theta_{2,0}}{1-\varphi} + \frac{\varphi}{1+r-\varphi}\left(-\frac{\theta_{2,0}}{1-\varphi}+\theta_{2,t}\right)\right] + p\left\{\frac{1}{r}\times\frac{K_0X_0}{1-\varphi} + \frac{\varphi}{1+r-\varphi}\left[-\frac{K_0X_0}{1-\varphi} + K_0(f_t + \theta_{1,t} + \theta_{2,t})\right]\right\} \tag{36}$$

当式（36）<0 时，说明内部人继续隐藏坏消息将得不偿失，所以其会行使放弃权。从式（36）中可以看出，是否行使放弃权同时受到公共信息 f_t、$\theta_{1,t}$ 和内部信息 $\theta_{2,t}$

的影响。内部信息决定了内部人如果继续运作下去不得不吸收的负向冲击，而公共信息影响了公司的股票价值（内部人的放弃成本）。内部信息 $\theta_{2,t}$ 的影响越恶劣，越可能招致放弃，引发崩盘；而公共信息 f_t 和 $\theta_{1,t}$ 越好，越能够提升公司价值，增加内部人的放弃成本，内部人就更可能继续经营，并通过提供各种支持来化解坏消息，避免崩盘。

六、透明度与风险分担

Jin 和 Myers（2006）通过这个模型进一步指出："内部管理层没有可靠的方式向外部投资者传递公司所有特质信息。内部管理层总是更希望报告坏消息，从而减轻其经营压力；外部投资者当然也明白内部人这种低报收入的倾向，所以其需要得到关于公司经营情况的鉴证，例如审计。然而要获得高质量的外部鉴证，对所有公司特质信息全部掌控，其成本也是巨大的，甚至是不可能的。在这种情况下，外部股东在雇佣管理层时，必然会要求其在经营过程中能够妥善处理这种无法观测的公司特质风险，管理层也要向股东承诺能够规避这些无法观测的公司特质风险。外部人无法获得可靠的公司所有特质信息这一特点，决定了内部人和外部人需共同分担公司特质风险。这也导致另外一种可能性，即管理层会避免投资于具有过高公司特质风险的项目；投资于相对安全、风险低的领域更有利于公司透明度的提高。一个懂得规避风险的内部人更愿意让股东了解所有的信息，但是成本巨大。依靠可靠的审计鉴证，可减少股东对公司的监控成本，提高投资者的产权，在模型中即代表：具有较高的 α，内部人获得的现金流减少，获得较高的股利等。"

新成立的成长型公司由于对外部资本需求巨大，会有更强的动机来增加其透明度，为的是让投资者对其更加信任。基于这种原因，此类公司会有较小的 R^2。当然，内部人也未必愿意揭示全部的公司特质信息，尤其是在公司运营良好的情况下，内部人可以从中获得更大的好处。

附录三　不透明度水平 *Opaque* 的计算

不透明度是根据修正的琼斯模型计算的过去三年的年度可自由支配应计项目绝对值之和。为了计算不透明度，首先要对中国证监会行业分类（2001 年）中公司数据的每年横截面回归方程进行估算：

$$\frac{TA_{j,t}}{Assets_{j,t-1}} = \alpha_0 \frac{1}{Assets_{j,t-1}} + \beta_1 \frac{\Delta Sales_{j,t}}{Assets_{j,t-1}} + \beta_2 \frac{PPE_{j,t}}{Assets_{j,t-1}} + \varepsilon_{j,t} \tag{1}$$

其中，$TA_{j,t}$ 表示公司 j 在 t 年期间的总应计项目，$Assets_{j,t-1}$ 表示公司 j 在 $t-1$ 年末的总资产，$\Delta Sales_{j,t}$ 表示公司 j 在 t 年的销售变化，$PPE_{j,t}$ 表示公司 j 在 t 年末的固定资产。

然后，使用式（1）中的参数估计值，计算公司 j 在 t 年（$DisAcc_{j,t}$）可自由操控的金额：

$$DisAcc_{j,t} = \frac{TA_{j,t}}{Assets_{j,t}} - (\widehat{\alpha_0} \frac{1}{Assets_{j,t-1}} + \widehat{\beta_1} \frac{\Delta Sales_{j,t} - \Delta Receivables_{j,t}}{Assets_{j,t-1}} + \widehat{\beta_2} \frac{PPE_{j,t}}{Assets_{j,t-1}}) \tag{2}$$

其中，系数上带"⁀"表示式（1）中相应系数的估计值。$\Delta Receivables_{j,t}$ 是公司 j 在 t 年的应收账款变化。

最后，用过去三年的年度可自由支配应计项目绝对值之和计算不透明度：

$$Opaque_{j,t} = |DisAcc_{j,t-1}| + |DisAcc_{j,t-2}| + |DisAcc_{j,t-3}| \tag{3}$$

参考文献

[1] ABAD D, CUTILLAS – GOMARIZ M F, SÁNCHEZ – BALLESTA J P, et al. Real earnings management and information asymmetry in the equity market [J]. European accounting review, 2018, 27 (2): 209 – 235.

[2] AGHION P & BOLTON P. An incomplete contracts approach to financial contracting [J]. The review of economic studies, 1992, 59 (3): 473 – 494.

[3] ALCHIAN A A & DEMSETZ H. Production, information costs, and economic organization [J]. The American economic review, 1972, 62 (5): 777 – 795.

[4] ALLEN F, QIAN J & QIAN M J. Law, finance, and economic growth in China [J]. Journal of financial economics, 2005, 77 (1): 57 – 116.

[5] ALTMAN E I. Financial ratios, discriminant analysis and the prediction of corporate bankruptcy [J]. The journal of finance, 1968, 23 (4): 589 – 609.

[6] AN H & ZHANG T. Stock price synchronicity, crash risk, and institutional investors [J]. Journal of corporate finance, 2013, 21: 1 – 15.

[7] AN Z, LI D H & YU J. Firm crash risk, information environment, and speed of leverage adjustment [J]. Journal of corporate finance, 2015, 31: 132 – 151.

[8] ANDREOU P C, LOUCA C & PETROU A P. CEO age and stock price crash risk [J]. Review of finance, 2017, 21 (3): 1287 – 1325.

[9] ATTIG N, FONG W M, GADHOUM Y, et al. Effects of large shareholding on information asymmetry and stock liquidity [J]. Journal of banking & finance, 2006, 30 (10): 2875 – 2892.

[10] BAKER M & WURGLER J. A catering theory of dividends [J]. The journal of finance, 2004, 59 (3): 1125 – 1165.

[11] BALL R. Market and political regulatory perspectives on the recent accounting scandals [J]. Journal of accounting research, 2009, 47 (2): 277 – 323.

[12] BANZ R W. The relationship between return and market value of common stocks [J]. Journal of financial economics, 1981, 9 (1): 3 – 18.

［13］ BARNEA A, HAUGEN R A & SENBET L W. A rationale for debt maturity structure and call provisions in the agency theoretic framework ［J］. The journal of finance, 1980, 35 （5）: 1223 – 1234.

［14］ BASU S. Investment performance of common stocks in relation to their price – earnings ratios: a test of the efficient market hypothesis ［J］. The journal of finance, 1977, 32 （3）: 663 – 682.

［15］ BECK T & LEVINE R. Industry growth and capital allocation: does having a market or bank – based system matter? ［J］. Journal of financial economics, 2002, 64 （2）: 147 – 180.

［16］ BENMELECH E, GARMAISE M J & MOSKOWITZ T J. Do liquidation values affect financial contracts? Evidence from commercial loan contracts and zoning regulation ［J］. The quarterly journal of economics, 2005, 120 （3）: 1121 – 1154.

［17］ BENMELECH E, KANDEL E & VERONESI P. Stock – based compensation and CEO （dis ） incentives ［J］. The quarterly journal of economics, 2010, 125 （4）: 1769 – 1820.

［18］ BERGER A N, FRAME W S & IOANNIDOU V. Tests of ex ante versus ex post theories of collateral using private and public information ［J］. Social science electronic publishing, 2011, 100 （1）: 85 – 97.

［19］ BERGER A N, HASAN I & ZHOU M M. Bank ownership and efficiency in China: what will happen in the world's largest nation? ［J］. Journal of banking and finance, 2009, 33 （1）: 113 – 130.

［20］ BERGER A N, MILLER N H, PETERSEN M A, et al. Does function follow organizational form? Evidence from the lending practices of large and small banks ［J］. Journal of financial economics, 2005, 76 （2）: 237 – 269.

［21］ BERLE A A & MEANS C C. The modern corporation and private property ［M］. New York: Commerce Clearing House, 1932.

［22］ BESANKO D & THAKOR A V. Competitive equilibrium in the credit market under asymmetric information ［J］. Journal of economic theory, 1987, 42 （1）: 167 – 182.

［23］ BESTER H. Screening vs rationing in credit markets with imperfect information ［J］. American economic review, 1985, 75 （4）: 850 – 855.

［24］ BESTER H. The role of collateral in a model of debt renegotiation ［J］. Journal of money credit and banking, 1994, 26 （1）: 72 – 86.

［25］ BHANDARI L C. Debt/equity ratio and expected common stock returns: empirical evidence ［J］. The journal of finance, 1988, 43 （2）: 507 – 528.

［26］ BHARATH S T, SUNDER J & SUNDER S V. Accounting quality and debt contracting ［J］. The accounting review, 2008, 83 （1）: 1 – 28.

[27] BLACK F & COX J C. Valuing corporate securities: some effects of bond indenture provisions [J]. The journal of finance, 1976, 31 (2): 351 – 367.

[28] BLACK F & SCHOLES M. The pricing of options and corporate liabilities [J]. Journal of political economy, 1973, 81 (3): 637 – 654.

[29] BLECK A & LIU X W. Market transparency and the accounting regime [J]. Journal of accounting research, 2007, 45 (2): 229 – 256.

[30] BOOT A W A, THAKOR A V & UDELL G F. Secured lending and default risk: equilibrium analysis, policy implications and empirical results [J]. The economic journal, 1991, 101 (406): 458 – 472.

[31] BOUBAKER S, MANSALI H & RJIBA H. Large controlling shareholders and stock price synchronicity [J]. Journal of banking & finance, 2014, 40: 80 – 96.

[32] CALLEN J L & FANG X H. Institutional investor stability and crash risk: monitoring versus short – termism? [J]. Journal of banking & finance, 2013, 37 (8): 3047 – 3063.

[33] CALLEN J L & FANG X H. Short interest and stock price crash risk [J]. Journal of banking and finance, 2015a, 60 (11): 181 – 194.

[34] CALLEN J L & FANG X H. Religion and stock price crash risk [J]. Journal of financial & quantitative analysis, 2015b, 50 (1 – 2): 169 – 195.

[35] CAMPBELL J Y & AMMER J. What moves the stock and bond markets? A variance decomposition for long – term asset returns [J]. The journal of finance, 1993, 48 (1): 3 – 37.

[36] CAMPBELL J Y & HENTSCHEL L. No news is good news: an asymmetric model of changing volatility in stock returns [J]. Journal of financial economics, 1992, 31 (3): 281 – 318.

[37] CAMPBELL J Y. Stock returns and the term structure [J]. Journal of financial economics, 1987, 18 (2): 373 – 399.

[38] Canales R & Nanda R. A darker side to decentralized banks: market power and credit rationing in SME lending [J]. Journal of financial economics, 2012, 105 (2): 353 – 366.

[39] CAO H H, COVAL J D & HIRSHLEIFER D. Sidelined investors, trading – generated news, and security returns [J]. Review of financial studies, 2002, 15 (2): 615 – 648.

[40] CAO X P, WANG Y C & ZHOU S L. Anti-corruption campaigns and corporate information release in China [J]. Journal of corporate finance, 2018, 49: 186 – 203.

[41] CAREY M, POST M & SHARPE S A. Does corporate lending by banks and finance companies differ? Evidence on specialization in private debt contracting [J]. The journal of finance, 1998, 53 (3): 845 – 878.

[42] CARVALHO D. The real effects of government – owned banks: evidence from an emerging market [J]. The journal of finance, 2014, 69 (2): 577 – 609.

[43] CHAN K & HAMEED A. Stock price synchronicity and analyst coverage in emerging markets [J]. Journal of financial economics, 2006, 80 (1): 115 – 147.

[44] CHAN Y S & KANATAS G. Asymmetric valuation and the role of collateral in loan guarantee [J]. Journal of money, credit and banking, 1985, 17 (1): 85 – 97.

[45] CHEN D H, JIAN M & XUM. Dividends for tunneling in a regulated economy: the case of China [J]. Pacific – basin finance journal, 2009, 17 (2): 209 – 223.

[46] CHEN H W, HUANG H H, LOBO G J, et al. Religiosity and the cost of debt [J]. Journal of banking and finance, 2016, 70: 70 – 85.

[47] CHEN J, CHAN K C, DONG W, et al. Internal control and stock price crash risk: evidence from China [J]. European accounting review, 2017, 26: 125 – 152.

[48] CHEN J, HONG H & STEIN J C. Forecasting crashes: trading volume, past returns, and conditional skewness in stock prices [J]. Journal of financial economics, 2001, 61 (3): 345 – 381.

[49] CHEN P C. Banks' acquisition of private information about financial misreporting [J]. Accounting review, 2016, 91 (3): 835 – 857.

[50] CHEUNG S Y L, JING L H, LU T, et al. Tunneling and propping up: an analysis of related party transactions by Chinese listed companies [J]. Pacific – basin finance journal, 2009, 17 (3): 372 – 393.

[51] CHUI A C W, KWOK C C Y & ZHOU G G. National culture and the cost of debt [J]. Journal of banking & finance, 2016, 69: 1 – 19.

[52] CLAESSENS S, DJANKOV S & LANG L H P. The separation of ownership and control in East Asian corporations [J]. Journal of financial economics, 2000, 58 (1): 81 – 112.

[53] CLAESSENS S, DJANKOV S, FAN J P H, et al. Disentangling the incentive and entrenchment effects of large shareholdings [J]. The Journal of finance, 2002, 57 (6): 2741 – 2771.

[54] CLAESSENS S, FEIJEN E & LAEVEN L. Political connections and preferential access to finance: the role of campaign contributions [J]. Journal offinancial economics, 2008, 88 (3): 554 – 580.

[55] CLARKE D C. The independent director in Chinese corporate governance [J]. Delaware journal of corporate law, 2006, 31 (1): 125 – 228.

[56] COASE R H. The nature of the firm [J]. Economica, 1937, 4 (16): 386 – 405.

[57] COCHRAN P L & WARTICK S L. Corporate governance : a review of the literature [M]. Financial Executives Research Foundation, 1988.

[58] COHEN D A & ZAROWIN P. Accrual – based and real earnings management activities around seasoned equity offerings [J]. Journal of accounting and economics, 2010, 50 (1): 2 – 19.

[59] COLLIN – DUFRESNE P, GOLDSTEIN R S & MARTIN J S. The determinants of credit spread changes [J]. Journal of finance, 2001, 56 (6): 2177 – 2207.

[60] COMMERFORD B P, HERMANSON D R, HOUSTON R W, et al. Auditor sensitivity to real earnings management: the importance of ambiguity and earnings context [J]. Contemporary accounting research, 2019, 36 (2): 1055 – 1076.

[61] CULL R & XU L C. Who gets credit? The behavior of bureaucrats and state banks in allocating credit to Chinese state – owned enterprises [J]. Journal of development economics, 2003, 71 (2): 533 – 559.

[62] DANG T L, FAFF R W, LUONG L H, et al. Individualistic cultures and crash risk [J]. European financial management, 2019, 25 (3): 622 – 654.

[63] DANG V A, LEE E, LIU Y K, et al. Corporate debt maturity and stock price crash risk [J]. European financial management, 2018, 24 (3): 451 – 484.

[64] DANIEL K, GRINBLATT M, TITMAN S, et al. Measuring mutual fund performance with characteristic-based benchmarks [J]. The journal of finance, 1997, 52 (3): 1035 – 1058.

[65] DEFOND M L & PARK C W. The effect of competition on CEO turnover [J]. Journal of accounting and economics, 1999, 27 (1): 35 – 56.

[66] DEMIRGÜÇ – KUNT A & MAKSIMOVIC V. Law, finance, and firm growth [J]. Journal of finance, 1998, 53 (6): 2107 – 2137.

[67] DHALIWAL D, HOGAN C, TREZEVANT R, et al. Internal control disclosures, monitoring, and the cost of debt [J]. The accounting review, 2011, 86 (4): 1131 – 1156.

[68] DIAMOND D W. Debt maturity and liquidity risk [J]. Quarterly journal of economics, 1991, 106 (3): 709 – 737.

[69] DIAMOND D W. Seniority and maturity of debt contracts [J]. Journal of financial economics, 1993, 33 (3): 341 – 368.

[70] DIEMONT D, MOORE K & SOPPE A. The downside of being responsible: corporate social responsibility and tail risk [J]. Journal of business ethics, 2016, 137 (2): 213 – 229.

[71] DOH T & RYU K. Analysis of loan guarantees among the Korean chaebol affiliates [J]. International economic journal, 2004, 18 (2): 161 – 178.

[72] DROBETZ W, DIRK S & HENNING S. Heterogeneity in the speed of capital structure adjustment across countries and over the business cycle [J]. European financial management, 2015, 21 (5): 936 – 973.

[73] DUFFIE D & LANDO D. Term structures of credit spreads with incomplete accounting information [J]. Econometrica, 2001, 69 (3): 633 – 664.

[74] DURNEV A, ALLMORCK R, YEUNG B & ZAROWIN P. Does greater firm – specific return variation mean more or less informed stock pricing [J]. Journal of accounting research, 2003, 41 (5): 797 – 836.

[75] DYCK A & ZINGALES L. Private benefits of control: an international comparison [J]. The journal of finance, 2004, 59 (2): 537 – 600.

[76] EASLEY D & O'HARA M. Information and the cost of capital [J]. The journal of finance, 2004, 59 (4): 1553 – 1583.

[77] EASTERBROOK F H. Two agency – cost explanations of dividends [J]. American economic review, 1984, 74 (4): 650 – 659.

[78] FACCIO M. Politically connected firms [J]. The American economic review, 2006, 96 (1): 369 – 386.

[79] FACCIO M, LANG L H P & YOUNG L. Dividends and expropriation [J]. American economic review, 2001, 91 (1): 54 – 78.

[80] FACCI, M, MASULIS R W & MCCONNELL J J. Political connections and corporate bailouts [J]. The journal of finance, 2006, 61 (6): 2597 – 2635.

[81] FAMA E F & FRENCH K R. Common risk factors in the returns on stocks and bonds [J]. Journal of financial economics, 1993, 33 (1): 3 – 56.

[82] FAMA E F & FRENCH K R. Disappearing dividends: changing firm characteristics or lower propensity to pay? [J]. Journal of financial economics, 2001, 60 (1): 3 – 43.

[83] FAMA E F & JENSEN M C. Separation of ownership and control [J]. Journal of law & economics, 1983, 26 (2): 301 – 325.

[84] FAMA E F & MACBETH J D. Risk, return, and equilibrium: empirical tests [J]. The journal of political economy, 1973, 81 (3): 607 – 636.

[85] FAMA E F. Efficient capital markets: a review of theory and empirical work [J]. The journal of finance, 1970, 25 (2): 383 – 417.

[86] FAMA E F. What's different about Banks? [J]. Journal of monetary economics, 1985, 15 (1): 29 – 39.

[87] FAN J P H & WONG T J. Corporate ownership structure and the informativeness of accounting earnings in East Asia [J]. Journal of accounting and economics, 2002, 33 (3): 401 – 425.

[88] FAN J P H, WONG T J & ZHANG T. Politically connected CEOs, corporate governance, and post – IPO performance of China's newly partially privatized firms [J]. Journal of financial economics, 2007, 84 (2): 330 – 357.

[89] FATEMI A & BILDIK R. Yes, dividends are disappearing: worldwide evidence [J]. Journal of banking & finance, 2012, 36 (3): 662 – 677.

[90] FAULKENDER M, FLANNERY M J, HANKINS K W, et al. Cash flows and leverage adjustments [J]. Journal of financial economics, 2012, 103 (3): 632 – 646.

[91] FENG X N & JOHANSSON A C. Escaping political extraction: political participation, institutions, and cash holdings in China [J]. China economic review, 2014, 30 (4): 98 – 112.

[92] FERNANDES N & FERREIRA M A. Does international cross – listing improve the information environment [J]. Journal of financial economics, 2008, 88 (2): 216 – 244.

[93] FERNANDES N & FERREIRA M A. Insider trading laws and stock price informativeness [J]. The review of financial studies, 2009, 22 (5): 1845 – 1887.

[94] FISCHER E O, HEINKEL R & ZECHNER J. Dynamic capital structure choice: theory and tests [J]. The journal of finance, 1989, 44 (1): 19 – 40.

[95] FISMAN R. Estimating the value of political connections [J]. The American economic review, 2001, 91 (4): 1095 – 1102.

[96] FLANNERY M. Asymmetric information and risk debt maturity structure choice [J]. Journal of finance, 1986, 41 (1): 19 – 37.

[97] FLANNERY M J & HANKINS K W. Estimating dynamic panel models in corporate finance [J]. Journal of corporate finance, 2013, 19 (1): 1 – 19.

[98] FRANCIS J R, KHURANA I K & PEREIRA R. Disclosure incentives and effects on cost of capital around the world [J]. The accounting review, 2005, 80 (4): 1125 – 1162.

[99] FRENCH K R, SCHWERT G W & STAMBAUGH R F. Expected stock returns and volatility [J]. Journal of financial economics, 1987, 19 (1): 3 – 29.

[100] FRIEDMAN E, JOHNSON S & MITTON T. Propping and tunneling [J]. Journal of comparative economics, 2003, 31 (4): 732 – 750.

[101] GASPAR J M & MASSA M. Idiosyncratic volatility and product market competition [J]. The journal of business, 2006, 79 (6): 3125 – 3152.

[102] GIBBONS M R. Multivariate tests of financial models: a new approach [J]. Journal of financial economics, 1982, 10 (1): 3 – 27.

[103] GOLDSTEIN R, JU N J & LELAND H. An EBIT-based model of dynamic capital structure [J]. The journal of business, 2001, 74 (4): 483 – 512.

[104] GRAHAM J R, HARVEY C R & RAJGOPAL S. The economic implications of corporate financial reporting [J]. Journal of accounting & economics, 2005, 40 (1): 3 – 73.

[105] GRAHAM J R, LI S & QIU J P. Corporate misreporting and bank loan contracting [J]. Journal of financial economics, 2008, 89 (1): 44 – 61.

［106］ GROSSMAN S J & HART O D. Corporate financial structure and managerial incentives. In McCall J, ed. The economics of information and uncertainty ［M］. Chicago：University of Chicago Press, 1982, 107 – 140.

［107］ GROSSMAN S J & HART O D. Takeover bids, the free – rider problem, and the theory of the corporation ［J］. The bell journal of economics, 1980, 11 （1）：42 – 64.

［108］ GROSSMAN S J & HART O D. The costs and benefits of ownership：a theory of vertical and lateral integration ［J］. The journal of political economy, 1986, 96 （4）：691 – 719.

［109］ Gu X L, Xin Y & Xu L P. Expected stock price crash risk and bank loan pricing：evidence from China's listed firms ［J］. Pacific – basin finance journal, Volume 57, October 2019.

［110］ GUL F A, KIM J & QIU A A. Ownership concentration, foreign shareholding, audit quality, and stock price synchronicity：evidence from China ［J］. Journal of financial economics, 2010, 95 （3）：425 – 442.

［111］ GULATI R. Social structure and alliance formation patterns：a longitudinal analysis ［J］. Administrative science quarterly, 1995, 40 （4）：619 – 652.

［112］ GUNNY K A. The relation between earnings management using real activities manipulation and future performance：evidence from meeting earnings benchmarks ［J］. Contemporary accounting research, 2010, 27 （3）：855 – 888.

［113］ HABIB A, HASAN M M & JIANG H. Stock price crash risk：review of the empirical literature ［J］. Accounting & finance, 2018, 58 （S1）：211 – 251.

［114］ HACKENBRACK K E, JENKINS N T & PEVZNER M. Relevant but delayed information in negotiated audit fees ［J］. Auditing：a journal of practice & theory, 2014, 33 （4）：95 – 117.

［115］ HAN Q & LIANG J F. Index futures trading restrictions and spot market quality：evidence form the recent Chinese stock market crash ［J］. The journal of futures markets, 2017, 37 （4）：411 – 428.

［116］ HART O D & MOORE J. Property rights and the nature of the firm ［J］. Journal of political economy, 1990, 98 （6）：1119 – 1158.

［117］ HART O D. Firms, contracts, and financial structure ［M］. Oxford：Oxford University Press, 1995.

［118］ HART O D. The market mechanism as an incentive scheme ［J］. The bell journal of economics, 1983, 14 （2）：366 – 382.

［119］ HASAN I, WACHTEL P & ZHOU M M. Institutional development, financial deepening and economic growth：evidence from China ［J］. Journal of banking & finance,

2009, 33 (1): 157 – 170.

[120] HELMKE G & LEVITSKY S. Informal institutions and comparative politics: a research agenda [J]. Perspectives on politics, 2004, 2 (4): 725 – 740.

[121] HOLDERNESS C G & SHEEHAN D P. The role of majority shareholders in publicly held corporations: an exploratory analysis [J]. Journal of financial economics, 1988, 20: 317 – 346.

[122] HOLLANDER S & VERRIEST A. Bridging the gap: the design of bank loan contracts and distance [J]. Journal of financial economics, 2016, 119 (2): 399 – 419.

[123] HOLMSTROM B. Moral hazard in teams [J]. The bell journal of economics, 1982, 13 (2): 324 – 340.

[124] HONG H & STEIN J C. A unified theory of underreaction, momentum trading, and overreaction in asset markets [J]. Journal of finance, 1999, 54 (6): 2143 – 2184.

[125] HONG H & STEIN J C. Differences of opinion, short – sales constraints, and market crashes [J]. The review of financial studies, 2003, 16 (2): 487 – 525.

[126] HONG H A, KIM J & WELKER M. Divergence of cash flow and voting rights, opacity, and stock price crash risk: international evidence [J]. Journal of accounting research, 2017, 55 (5): 1167 – 1212.

[127] HOU K & ROBINSON D T. Industry concentration and average stock returns [J]. The journal of finance, 2006, 61 (4): 1927 – 1956.

[128] HOUSTON J F, JIANG L L, LIN C, et al. Political connections and the cost of bank loans [J]. Journal of accounting research, 2014, 52 (1): 193 – 243.

[129] HUTTON A P, MARCUS A J & TEHRANIAN H. Opaque financial report, R^2, and crash risk [J]. Journal of financial economics, 2009, 94 (1): 67 – 86.

[130] INFANTE L & PIAZZA M. Political connections and preferential lending at local level: some evidence from the Italian credit market [J]. Journal of corporate finance, 2014, 29: 246 – 262.

[131] IRVINE P J & PONTIFF J. Idiosyncratic return volatility, cash flows, and product market competition [J]. Review of financial studies, 2009, 22 (3): 1149 – 1177.

[132] IVASHINA V. Asymmetric information effects on loan spreads [J]. Journal of financial economics, 2009, 92 (2): 300 – 319.

[133] JENSEN M C & MECKLING W H. Theory of the firm: managerial behavior, agency costs and ownership structure [J]. Journal of financial economics, 1976, 3 (4): 305 – 360.

[134] JENSEN M C. Agency costs of free cash flow, corporate finance, and takeovers [J]. The American economic review, 1986, 76 (2): 323 – 329.

［135］JIAN M & WONG T J. Propping through related party transactions ［J］. Review of accounting studies, 2010, 15 (1): 70 – 105.

［136］JIN L & MYERS S C. R^2 around the world: new theory and new tests ［J］. Journal of financial economics, 2006, 79 (2): 257 – 292.

［137］JOHN K & WILLIAMS J. Dividends, dilution, and taxes: a signalling equilibrium ［J］. The journal of finance, 1985, 40 (4): 1053 – 1070.

［138］JOHNSON S, BOONE P, BREACH A, et al. Corporate governance in the Asian financial crisis ［J］. Journal of financial economics, 2000a, 58 (1): 141 – 186.

［139］JOHNSON S, LA PORTA R, LOPEZ – DE – SILANES F, et al. Tunnelling ［J］. American economic review, 2000b, 90 (2): 22 – 27.

［140］KALE J R & NOE T H. Risk debt maturity choice in a sequential equilibrium ［J］. Journal of financial research, 1990, 13 (2): 155 – 166.

［141］KATZ A W. An economic analysis of the guaranty contract ［J］. University of Chicago law review, 1999, 66 (1): 47 – 116.

［142］KEIM D B & STAMBAGUH R F. Predicting returns in the stock and bond market ［J］. Journal of financial economics, 1986, 17 (2): 357 – 390.

［143］KHAN M & WATTS R L. Estimation and empirical properties of a firm – year measure of accounting conservatism ［J］. Journal of accounting and economics, 2009, 48 (2): 132 – 150.

［144］KHWAJA A I & MIAN A. Do lenders favor politically connected firms? Rent provision in an emerging financial market ［J］. The quarterly journal of economics, 2005, 120 (4): 1371 – 1411.

［145］KIM J B & SHI H N. IFRS reporting, firm – specific information flows, and institutional environments: international evidence ［J］. Review of accounting studies, 2012, 17 (3): 474 – 517.

［146］KIM J B & ZHANG L D. Accounting conservatism and stock price crash risk: firm – level evidence ［J］. Contemporary accounting research, 2016, 33 (1): 412 – 441.

［147］KIM J B & ZHANG L D. Financial reporting opacity and expected crash risk: evidence from implied volatility smirks ［J］. Contemporary accounting research, 2014, 31 (3): 851 – 875.

［148］KIM J B, LI Y H & ZHANG L D. Corporate tax avoidance and stock price crash risk: firm-level analysis ［J］. Journal of financial economics, 2011a, 100 (3): 639 – 662.

［149］KIM J B, LI Y H & ZHANG L D. CFOs versus CEOs: equity incentives and crashes ［J］. Journal of financial economics, 2011b, 101 (3): 713 – 730.

［150］KIM J B, SONG B Y & ZHANG L D. Internal control weakness and bank loan contracting: evidence from SOX section 404 disclosures [J]. The accounting review, 2011c, 86 (4): 1157 – 1188.

[151] KIM J B, WANG Z & ZHANG L D. CEO overconfidence and stock price crash risk [J]. Contemporary accounting research, 2016, 33 (4): 1720 – 1749.

[152] KIM Y, LI H D & LI S Q. Corporate social responsibility and stock price crash risk [J]. Journal of banking & finance, 2014, 43 (1): 1 – 13.

[153] KOTHARI S P, SHU S & WYSOCKI P D. Do managers withhold bad news? [J]. Journal of accounting research, 2009, 47 (1): 241 – 276.

[154] KWAN S H. Firm – specific information and the correlation between individual stocks and bonds [J]. Journal of financial economics, 1996, 40 (1): 63 – 80.

[155] LA PORTA R, LOPEZ – DE – SILANES F & SHLEIFER A. Corporate ownership around the world [J]. The journal of finance, 1999, 54 (2): 471 – 517.

[156] LA PORTA R, LOPEZ – DE – SILANES F & SHLEIFER A. Government ownership of banks [J]. Journal of finance, 2002, 57 (1): 265 – 301.

[157] LA PORTA R, LOPEZ – DE – SILANES F, SHLEIFER A, et al. Agency problems and dividend policies around the world [J]. The journal of finance, 2000, 55 (1): 1 – 33.

[158] LAFOND R & WATTS R L. The information role of conservatism [J]. The accounting review, 2008, 83 (2): 447 – 478.

[159] LAKONISHOK J, SHLEIFER A & VISHNY R W. Contrarian investment, extrapolation, and risk [J]. The journal of finance, 1994, 49 (5): 1541 – 1578.

[160] LAMBERT R, LEUZ C & VERRECCHIA R E. Accounting information, disclosure, and the cost of capital [J]. Journal of accounting research, 2007, 45 (2): 385 – 420.

[161] LEE K. Corporate voluntary disclosure and the separation of cash flow rights from control rights [J]. Review of quantitative finance and accounting, 2007, 28 (4): 393 – 416.

[162] LELAND H E. Corporate debt value, bond covenants, and optimal capital structure [J]. The journal of finance, 1994, 49 (4): 1213 – 1252.

[163] LEUZ C & OBERHOLZER – GEE F. Political relationships, global financing, and corporate transparency: evidence from Indonesia [J]. Journal of financial economics, 2006, 81 (2): 411 – 439.

[164] LI K, YUE H & ZHAO L K. Ownership, institutions, and capital structure: evidence from China [J]. Journal of comparative economics, 2009, 37 (3): 471 – 490.

[165] LI X. The impacts of product market competition on the quantity and quality of voluntary disclosures [J]. Review of accounting studies, 2010, 15 (3): 663 – 711.

[166] LI X R, WANG S S & WANG X. Trust and stock price crash risk: evidence from China [J]. Journal of banking & finance, 2017, 76: 74 – 91.

[167] LIN C, MA Y, MALATESTA P, et al. Ownership structure and the cost of corporate borrowing [J]. Journal of financial economics, 2011, 100 (1): 1 – 23.

[168] LINS K V. Equity ownership and firm value in emerging markets [J]. The journal of financial and quantitative analysis, 2003, 38 (1): 159 – 184.

[169] LINTNER J. Security prices, risk, and maximal gains from diversification [J]. The journal of finance, 1965, 20 (4): 587 – 615.

[170] LITZENBERGER R H & RAMASWAMY K. The effect of personal taxes and dividends on capital asset prices: theory and empirical evidence [J]. Journal of financial economics, 1979, 7 (2): 163 – 195.

[171] LV H L, LI W L & GAO S. Dividend tunneling and joint expropriation: empirical evidence from China's capital market [J]. The european journal of finance, 2012, 18 (3 – 4): 369 – 392.

[172] MADDALA G S. Limited dependent and qualitative variables in econometrics [M]. Cambridge: Cambridge University Press, 1983.

[173] MARKOWITZ H. Portfolio selection [J]. The journal of finance, 1952, 7 (1): 77 – 91.

[174] MERTON R C & BODIE Z. On the management of financial guarantees [J]. Financial management, 1992, 21 (4): 87 – 109.

[175] MERTON R C. On the pricing of corporate debt: the risk structure of interest rates [J]. Journal of finance, 1974, 29 (2): 449 – 470.

[176] MILGROM P & ROBERTS J. Economics, organization and management [M]. New Jersey: Prentice – Hall Internat. , 1992.

[177] MILLER M H & MODIGLIANI F. Dividend policy, growth, and the valuation of shares [J]. The journal of business, 1961, 34 (4): 411 – 433.

[178] MILLER M H & ROCK K. Dividend policy under asymmetric information [J]. The journal of finance, 1985, 40 (4): 1031 – 1051.

[179] MITTON T. A cross – firm analysis of the impact of corporate governance on the East Asian financial crisis [J]. Journal of financial economics, 2002, 64 (2): 215 – 241.

[180] MIZIK N & JACOBSON R. Myopic marketing management: evidence of the phenomenon and its long – term performance consequences in the SEO context [J]. Marketing science, 2007, 26 (3): 361 – 379.

[181] MODIGLIANI F & MILLER M H. The cost of capital, corporation finance and the theory of investment [J]. The American economic review, 1958 , 48 (3): 261 – 297.

[182] MORCK R, SHLEIFER A & VISHNY R W. Management ownership and market valuation: an empirical analysis [J]. Journal of financial economics, 1988, 20 (88): 293 – 315.

[183] MORCK R, YEUNG B & YU W. The information content of stock markets: why do emerging markets have synchronous stock price movements? [J]. Journal of financial economics, 2000, 58 (1 – 2): 215 – 260.

[184] MYERS S C. Determinants of corporate borrowing [J]. Journal of financial economics, 1977, 5 (2): 147 – 175.

[185] MYERSON R B. Incentive compatibility and the bargaining problem [J]. Econometrica: journal of the econometric society, 1979, 47 (1): 61 – 73.

[186] NICKELL S J. Competition and corporate performance [J]. Journal of political economy, 1996, 104 (4): 724 – 746.

[187] OZTEKIN O. Capital structure decisions around the world: which factors are reliably important? [J]. Journal of financial and quantitative analysis, 2015, 50 (3): 301 – 323.

[188] PERESS J. Product market competition, insider trading, and stock market efficiency [J]. The journal of finance, 2010, 65 (1): 1 – 43.

[189] PINDYCK R S. Risk, inflation, and the stock market [J]. American economic review, 1984, 74 (3): 335 – 351.

[190] PIOTROSKI J D & WONG T J. Institutions and information environment of Chinese listed firms. In FAN J P H & MORCK R, eds. Capitalizing China [M]. Chicago: University of Chicago Press, 2012: 201 – 242.

[191] PIOTROSKI J D, WONG T J & ZHANG T Y. Political incentives to suppress negative information: evidence from Chinese listed firms [J]. Journal of accounting research, 2015, 53 (2): 405 – 459.

[192] ROLL R. Presidentialaddress: R^2 [J]. The journal of finance, 1988, 43 (3): 540 – 566.

[193] ROMER D. Rational asset price movements without news [J]. The American economic review, 1993, 83 (5): 1112 – 1130.

[194] ROYCHOWDHURY S. Earnings management through real activities manipulation [J]. Journal of accounting and economics, 2006, 42 (3): 335 – 370.

[195] SAPIENZA P. The effects of government ownership on bank lending [J]. Journal of financial economics, 2004, 72 (2): 357 – 384.

[196] SCHARFSTEIN D. Product – market competition and managerial slack [J]. The rand journal of economics, 1988, 19 (1): 147 – 155.

[197] SENGUPTA P. Corporate disclosure quality and the cost of debt [J]. The accounting review, 1998, 73 (4): 459 – 474.

[198] SHANE S & CABLE D. Network ties, reputation, and the financing of new ventures [J]. Management science, 2002, 48 (3): 364 – 381.

[199] SHARMA V. Stock returns and product market competition: beyond industry concentration [J]. Review of quantitative finance and accounting, 2011, 37 (3): 283 – 299.

[200] SHARPE S. Asymmetric information, bank lending, and implicit contracts: a stylized model of customer relationships [J]. Journal of finance, 1990, 45 (4): 1069 – 1087.

[201] SHARPE W F. Capital asset prices: a theory of market equilibrium under conditions of risk [J]. The journalof finance, 1964, 19 (3): 425 – 442.

[202] SHLEIFER A & VISHNY R W. A survey of corporate governance [J]. The journal of finance, 1997, 52 (2): 737 – 783.

[203] SHLEIFER A & VISHNY R W. Large shareholders and corporate control [J]. The journal of political economy, 1986, 94 (3): 461 – 488.

[204] SMITH C W & WARNERJ B. On financial contracting: an analysis of bond covenants [J]. Journal of financial economics, 1979, 7 (2): 117 – 161.

[205] SMITH A. The wealth of nations [M]. New York: The Modern Library, 1776.

[206] STALEY K F. The art of short selling [M]. New York: John Wiley & Sons, 1996.

[207] STAMBAUGH R F. On the exclusion of assets from tests of the two – parameter model: a sensitivity analysis [J]. Journal of financial economics, 1982, 10 (3): 237 – 268.

[208] STREBULAEV I A. Do tests of capital structure theory mean what they say [J]. Journal of finance, 2007, 62 (4): 1747 – 1787.

[209] STULZ R. Does financial structure matter for economic growth? A corporate finance perspective. Working paper, Ohio State University, 2000: 1 – 53.

[210] STULZ R. Managerial discretion and optimal financing policies [J]. Journal of financial economics, 1990, 26 (1): 3 – 27.

[211] SUN J, YUAN R L, CAO F, et al. Principal – principal agency problems and stock price crash risk: evidence from the split-share structure reform in China [J]. Corporate governance: an international review, 2017, 25 (3): 186 – 199.

[212] TIROLE J. Incomplete contracts: where do we stand? [J]. Econometrica, 1999, 67 (4): 741 – 781.

[213] TOWNSEND R M. Optimal contracts and competitive markets with costly state verification [J]. Journal of economic theory, 1979, 21 (2): 265 – 293.

[214] TRUEMAN B & TITMAN S. An explanation for accounting income smoothing [J]. Journal of accounting research, 1988, 26: 127 – 139.

[215] UZZI B. The sources and consequences of embeddedness for the economic performance of organizations: the network effect [J]. American sociological review, 1996, 61

（4）：674 –698.

[216] VALTA P. Competition and the cost of debt [J]. Journal of financial economics, 2012, 105 （3）：661 –682.

[217] VICKERS J & YARROW G. Regulation of privatised firms in Britain [J]. European economic review, 1988, 32 （2 –3）：465 –472.

[218] WILLIAMSON O E. Corporate finance and corporate governance [J]. Journal of finance, 1988, 43 （3）：567 –591.

[219] WILLIAMSON O E. Markets and hierarchies：analysis and antitrust implications [M]. New York：The Free Press, 1975.

[220] WILLIAMSON O E. The economic intstitutions of capitalism [M]. New York：The Free Press, 1985.

[221] WILLIAMSON O E. The new institutional economics：taking stock, looking ahead [J]. Journal of economic literature, 2000, 38 （3）：595 –613.

[222] WILLIAMSON O E. Transaction – cost economics：the governance of contractual relations [J]. Journal of law and economics, 1979, 22 （2）：233 –261.

[223] WONG T J. Corporate governance research on listed firms in China：institutions, governance and accountability [J]. Foundations and trends in accounting, 2014, 9 （4）：259 –326.

[224] XIE Q Y. Firm age, marketization, and entry mode choices of emerging economy firms：evidence from listed firms in China [J]. Journal of world business, 2017, 52 （3）：372 –385.

[225] XIN Y, GU X L & LI T Y. Industry competition structure, market power, and stock price crash risk [J]. China accounting and finance review, 2015, 17 （2）：1 –46.

[226] XU N H, JIANG X Y, CHAN K C, et al. Analyst coverage, optimism, and stock price crash risk：evidence from China [J]. Pacific – basin finance journal, 2013, 25：217 –239.

[227] XU N H, LI X R, YUAN Q B, et al. Excess perks and stock price crash risk：evidence from China [J]. Journal of corporate finance, 2014, 25 （2）：419 –434.

[228] YANG R L. Economic analysis of China's marketization process over four decades and the construction of the Chinese model and economics with Chinese studies [J]. China political economy, 2019, 2 （1）：40 –52.

[229] YEOH P. Causes of the global financial crisis：learning from the competing insights [J]. International journal of disclosure and governance, 2010, 7 （1）：42 –69.

[230] YU F. Accounting transparency and the term structure of credit spreads [J]. Journal of financial economics, 2005, 75 （1）：53 –84.

［231］YUAN R L, SUN J & CAO F. Directors' and officers' liability insurance and stock price crash risk ［J］. Journal of corporate finance, 2016, 37: 173 – 192.

［232］ZANG A Y. Evidence on the trade – off between real activities manipulation and accrual – based earnings management ［J］. The accounting review, 2012, 87 (2): 675 – 703.

［233］ZHANG H L, WANG M Y & JIANG J. Investor protection and stock crash risk ［J］. Pacific – basin finance journal, 2017, 43: 256 – 266.

［234］ZHAO Y J, CHEN K H, ZHANG Y Q & DAVIS M. Takeover protection and managerial myopia: evidence from real earnings management ［J］. Journal of accounting and public policy, 2012, 31 (1): 109 – 135.

［235］曹丰, 鲁冰, 李争光, 等. 机构投资者降低了股价崩盘风险吗 ［J］. 会计研究, 2015 (11): 55 – 61, 97.

［236］陈耿, 刘星, 辛清泉. 信贷歧视、金融发展与民营企业银行借款期限结构［J］. 会计研究, 2015 (4): 40 – 46, 95.

［237］陈耿, 周军. 企业债务融资结构研究——一个基于代理成本的理论分析 ［J］. 财经研究, 2004 (2): 58 – 65.

［238］陈国进, 张贻军. 异质信念、卖空限制与我国股市的暴跌现象研究 ［J］. 金融研究, 2009 (4): 80 – 91.

［239］陈其安, 肖映红, 程玲. 中小企业融资的三方信贷担保模型研究 ［J］. 中国管理科学, 2008, 16 (S1): 210 – 214.

［240］陈信元, 陈冬华, 时旭. 公司治理与现金股利——基于佛山照明的案例研究 ［J］. 管理世界, 2003 (8): 118 – 126, 151, 154.

［241］陈雨露, 马勇, 李濛. 金融危机中的信息机制——一个新的视角 ［J］. 金融研究, 2010 (3): 1 – 15.

［242］褚剑, 方军雄. 中国式融资融券制度安排与股价崩盘风险的恶化 ［J］. 经济研究, 2016, 51 (5): 143 – 158.

［243］代冰彬, 岳衡. 货币政策、流动性不足与个股暴跌风险 ［J］. 金融研究, 2015 (7): 135 – 151.

［244］邓建平, 曾勇. 上市公司家族控制与股利决策研究 ［J］. 管理世界, 2005 (7): 139 – 147.

［245］丁慧, 吕长江, 陈运佳. 投资者信息能力: 意见分歧与股价崩盘风险——来自社交媒体 "上证 e 互动" 的证据 ［J］. 管理世界, 2018, 34 (9): 161 – 171.

［246］段云, 国瑶. 政治关系、货币政策与债务结构研究 ［J］. 南开管理评论, 2012, 15 (5): 84 – 94.

［247］樊纲, 王小鲁, 马光荣. 中国市场化进程对经济增长的贡献 ［J］. 经济研究, 2011, 46 (9): 4 – 16.

［248］方军雄．市场化进程与资本配置效率的改善［J］．经济研究，2006（5）：50－61.

［249］付俊文，赵红．信息不对称下的中小企业信用担保数理分析［J］．财经研究，2004（7）：105－112.

［250］高昊宇，杨晓光，叶彦艺．机构投资者对暴涨暴跌的抑制作用——基于中国市场的实证［J］．金融研究，2017（2）：163－178.

［251］葛敬东．现金流权比例对终级股东剥夺行为的约束程度分析［J］．会计研究，2006（7）：52－58，94.

［252］龚启辉，吴联生，王亚平．两类盈余管理之间的部分替代［J］．经济研究，2015，50（6）：175－188，192.

［253］顾小龙，李天钰，辛宇．现金股利、控制权结构与股价崩溃风险［J］．金融研究，2015（7）：152－169.

［254］顾小龙，辛宇．实际控制人的股权特征与股价崩溃风险［J］．当代财经，2016（1）：48－62.

［255］管考磊．金融生态环境、财务风险与银行信贷决策［J］．中南财经政法大学学报，2010（6）：71－76，143－144.

［256］黄继承，朱冰，向东．法律环境与资本结构动态调整［J］．管理世界，2014（5）：142－156.

［257］江轩宇，许年行．企业过度投资与股价崩盘风险［J］．金融研究，2015（8）：141－158.

［258］江轩宇，伊志宏．审计行业专长与股价崩盘风险［J］．中国会计评论，2013，11（2）：133－150.

［259］江轩宇．税收征管、税收激进与股价崩盘风险［J］．南开管理评论，2013，16（5）：152－160.

［260］姜付秀，蔡欣妮，朱冰．多个大股东与股价崩盘风险［J］．会计研究，2018（1）：68－74.

［261］姜琪，宋逢明．中国上市公司现金股利决策模型［J］．清华大学学报（自然科学版），2012，52（2）：265－270.

［262］蒋德权，姚振晔，陈冬华．财务总监地位与企业股价崩盘风险［J］．管理世界，2018，34（3）：153－166.

［263］蒋东生．内部人控制与公司的股利政策——基于宇通客车的案例分析［J］．管理世界，2009（4）：177－179.

［264］孔东民，王江元．机构投资者信息竞争与股价崩盘风险［J］．南开管理评论，2016，19（5）：127－138.

［265］孔小文，于笑坤．上市公司股利政策信号传递效应的实证分析［J］．管理世界，

2003（6）：114－118，153.

[266] 李四海，蔡宏标，张俭. 产权性质、会计盈余质量与银行信贷决策——信贷歧视抑或风险防控 [J]. 中南财经政法大学学报，2015（5）：78－87.

[267] 李维安，武立东. 公司治理教程 [M]. 上海：上海人民出版社，2002.

[268] 李文贵，余明桂. 所有权性质、市场化进程与企业风险承担 [J]. 中国工业经济，2012（12）：115－127.

[269] 李小荣，刘行. CEO vs CFO——性别与股价崩盘风险 [J]. 世界经济，2012，35（12）：102－129.

[270] 梁权熙，曾海舰. 独立董事制度改革、独立董事的独立性与股价崩盘风险[J]. 管理世界，2016（3）：144－159.

[271] 廖理，沈红波，郦金梁. 股权分置改革与上市公司治理的实证研究 [J]. 中国工业经济，2008（5）：99－108.

[272] 林乐，郑登津. 退市监管与股价崩盘风险 [J]. 中国工业经济，2016（12）：58－74.

[273] 林平，袁中红. 信用担保机构研究 [J]. 金融研究，2005（2）：133－144.

[274] 林毅夫，蔡昉，李周. 现代企业制度的内涵与国有企业改革方向 [J]. 经济研究，1997（3）：3－10.

[275] 刘宝华，罗宏，周微，等. 社会信任与股价崩盘风险 [J]. 财贸经济，2016（9）：53－66.

[276] 刘春，孙亮. 税收征管能降低股价暴跌风险吗 [J]. 金融研究，2015（8）：159－174.

[277] 陆正飞，王春飞，王鹏. 激进股利政策的影响因素及其经济后果 [J]. 金融研究，2010（6）：162－174.

[278] 罗进辉，杜兴强. 媒体报道、制度环境与股价崩盘风险 [J]. 会计研究，2014（9）：53－59，97.

[279] 吕长江，周县华. 公司治理结构与股利分配动机——基于代理成本和利益侵占的分析 [J]. 南开管理评论，2005（3）：9－17.

[280] 孟庆斌，侯德帅，汪叔夜. 融券卖空与股价崩盘风险——基于中国股票市场的经验证据 [J]. 管理世界，2018，34（4）：40－54.

[281] 孟庆斌，杨俊华，鲁冰. 管理层讨论与分析披露的信息含量与股价崩盘风险——基于文本向量化方法的研究 [J]. 中国工业经济，2017（12）：132－150.

[282] 宁向东. 公司治理理论 [M]. 北京：中国发展出版社，2005.

[283] 潘红波，余明桂. 支持之手、掠夺之手与异地并购 [J]. 经济研究，2011，46（9）：108－120.

[284] 潘越，戴亦一，林超群. 信息不透明、分析师关注与个股暴跌风险 [J]. 金融研

究，2011（9）：138 – 151.

[285] 彭俞超，倪骁然，沈吉. 企业"脱实向虚"与金融市场稳定——基于股价崩盘风险的视角 [J]. 经济研究，2018，53（10）：50 – 66.

[286] 平新乔，杨慕云. 信贷市场信息不对称的实证研究——来自中国国有商业银行的证据 [J]. 金融研究，2009（3）：1 – 18.

[287] 青木昌彦，钱颖一. 转轨经济中的公司治理结构 [M]. 北京：中国经济出版社，1995.

[288] 权小锋，吴世农，尹洪英. 企业社会责任与股价崩盘风险——"价值利器"或"自利工具" [J]. 经济研究，2015，50（11）：49 – 64.

[289] 权小锋，肖斌卿，吴世农. 投资者关系管理能够稳定市场吗——基于 A 股上市公司投资者关系管理的综合调查 [J]. 管理世界，2016（1）：139 – 152，188.

[290] 盛明泉，张敏，马黎珺. 国有产权、预算软约束与资本结构动态调整 [J]. 管理世界，2012（3）：151 – 157.

[291] 石水平. 控制权转移、超控制权与大股东利益侵占——来自上市公司高管变更的经验证据 [J]. 金融研究，2010（4）：160 – 176.

[292] 宋献中，胡珺，李四海. 社会责任信息披露与股价崩盘风险——基于信息效应与声誉保险效应的路径分析 [J]. 金融研究，2017（4）：161 – 175.

[293] 孙淑伟，梁上坤，阮刚铭，等. 高管减持、信息压制与股价崩盘风险 [J]. 金融研究，2017（11）：175 – 190.

[294] 孙铮，刘凤委，李增泉. 市场化程度、政府干预与企业债务期限结构 [J]. 经济研究，2005（5）：52 – 63.

[295] 唐松，杨勇，孙铮. 金融发展、债务治理与公司价值——来自中国上市公司的经验证据 [J]. 财经研究，2009（6）：4 – 16.

[296] 田利辉，王可第. 社会责任信息披露的"掩饰效应"和上市公司崩盘风险——来自中国股票市场的 DID – PSM 分析 [J]. 管理世界，2017（11）：146 – 157.

[297] 田利辉. 制度变迁、银企关系和扭曲的杠杆治理 [J]. 经济学（季刊），2005，4（10）：119 – 134.

[298] 童盼，陆正飞. 负债融资、负债来源与企业投资行为——来自中国上市公司的经验证据 [J]. 经济研究，2005（5）：75 – 84.

[299] 王化成，曹丰，高升好，等. 投资者保护与股价崩盘风险 [J]. 财贸经济，2014（10）：73 – 82.

[300] 王化成，曹丰，叶康涛. 监督还是掏空——大股东持股比例与股价崩盘风险 [J]. 管理世界，2015（2）：45 – 57.

[301] 王鲁平，杨溢来，康华. 终极所有权、银行借款与投资行为的关系——基于商业银行制度变迁背景的经验研究 [J]. 南开管理评论，2011（6）：137 – 148.

［302］王敏，李瑕．金字塔结构特征对上市公司现金股利政策的影响［J］．南京审计学院学报，2012（3）：18－26.

［303］王鹏，周黎安．控股股东的控制权、所有权与公司绩效——基于中国上市公司的证据［J］．金融研究，2006（2）：88－98.

［304］王霄，张婕．银行信贷配给与中小企业贷款——一个内生化抵押品和企业规模的力量模型［J］．经济研究，2003（7）：68－75.

［305］王小鲁，樊纲，余静文．中国分省份市场化指数报告（2016）［M］．北京：社会科学文献出版社，2017.

［306］吴敬琏．建立现代企业制度应当解决的几个问题［J］．中国工业经济研究，1994（4）：4－7.

［307］吴晓晖，郭晓冬，乔政．机构投资者抱团与股价崩盘风险［J］．中国工业经济，2019（2）：117－135.

［308］吴晓晖，叶瑛．市场化进程、资源获取与创业企业绩效——来自中国工业企业的经验证据［J］．中国工业经济，2009（5）：77－86.

［309］吴战篪，李晓龙．内部人抛售、信息环境与股价崩盘［J］．会计研究，2015（6）：48－55，97.

［310］肖珉．现金股利、内部现金流与投资效率［J］．金融研究，2010（10）：117－134.

［311］肖作平，廖理．大股东、债权人保护和公司债务期限结构选择——来自中国上市公司的经验证据［J］．管理世界，2007（10）：99－113.

［312］肖作平，苏忠秦．现金股利是"掏空"的工具还是掩饰"掏空"的面具——来自中国上市公司的经验证据［J］．管理工程学报，2012（2）：77－84.

［313］谢德仁，郑登津，崔宸瑜．控股股东股权质押是潜在的"地雷"吗——基于股价崩盘风险视角的研究［J］．管理世界，2016（5）：128－140，188.

［314］谢军．股利政策、第一大股东和公司成长性——自由现金流理论还是掏空理论［J］．会计研究，2006（4）：51－57.

［315］谢宗藩，姜军松．金融分权、银行制度变迁与经济增长——基于1993—2012年省际面板数据的实证研究［J］．当代经济科学，2016（5）：12－20.

［316］徐国祥，苏月中．中国股市现金股利悖论研究［J］．财经研究，2005（6）：132－144.

［317］徐莉萍，辛宇，陈工孟．股权集中度和股权制衡及其对公司经营绩效的影响［J］．经济研究，2006（1）：90－100.

［318］徐莉萍，辛宇，李善民．后金融危机时期公司治理整合框架分析［J］．南京工业大学学报（社会科学版），2012，11（2）：61－67.

［319］许年行，江轩宇，伊志宏，等．分析师利益冲突、乐观偏差与股价崩盘风险

［J］．经济研究，2012，47（7）：127-140.

［320］许年行，于上尧，伊志宏．机构投资者羊群行为与股价崩盘风险［J］．管理世界，2013（7）：31-43.

［321］杨胜刚，胡海波．不对称信息下的中小企业信用担保问题研究［J］．金融研究，2006（1）：118-126.

［322］杨威，宋敏，冯科．并购商誉、投资者过度反应与股价泡沫及崩盘［J］．中国工业经济，2018（6）：156-173.

［323］叶康涛，曹丰，王化成．内部控制信息披露能够降低股价崩盘风险吗［J］．金融研究，2015（2）：192-206.

［324］叶康涛，刘芳，李帆．股指成份股调整与股价崩盘风险——基于一项准自然实验的证据［J］．金融研究，2018（3）：172-189.

［325］伊志宏，姜付秀，秦义虎．产品市场竞争、公司治理与信息披露质量［J］．管理世界，2010（1）：133-141.

［326］尹志超，甘犁．信息不对称、企业异质性与信贷风险［J］．经济研究，2011（9）：121-132.

［327］余宇新，杨大楷．通过市场波动的新信息含量检验股权分置改革对我国市场有效性影响［J］．管理工程学报，2010（3）：123-131.

［328］俞红海，陈百助，蒋振凯，等．融资融券交易行为及其收益可预测性研究［J］．管理科学学报，2018，21（1）：72-87.

［329］喻灵．股价崩盘风险与权益资本成本——来自中国上市公司的经验证据［J］．会计研究，2017（10）：78-85，97.

［330］原红旗．中国上市公司股利政策分析［J］．财经研究，2001（3）：33-41.

［331］张宏亮，王靖宇．公司层面的投资者保护能降低股价崩盘风险吗［J］．会计研究，2018（10）：80-87.

［332］张俊生，汤晓建，李广众．预防性监管能够抑制股价崩盘风险吗——基于交易所年报问询函的研究［J］．管理科学学报，2018，21（10）：112-126.

［333］张瑞君，徐鑫．母子公司统一审计与股价崩盘风险［J］．会计研究，2017（9）：76-82，97.

［334］张维迎．产权、激励与公司治理［M］．北京：经济科学出版社，2005.

［335］张维迎．企业的企业家—契约理论［M］．上海：上海人民出版社，2015.

［336］张维迎．所有制、治理结构及委托—代理关系——兼评崔之元和周其仁的一些观点［J］．经济研究，1996（9）：3-15，53.

［337］张晓宇，徐龙炳．限售股解禁、资本运作与股价崩盘风险［J］．金融研究，2017（11）：158-174.

［338］张学勇，廖理．股权分置改革、自愿性信息披露与公司治理［J］．经济研究，

2010（4）：28 – 39.

［339］张益明．产品市场势力、公司治理与股票价格信息含量［J］．南方经济，2011
（12）：26 – 40.

［340］赵静，黄敬昌，刘峰．高铁开通与股价崩盘风险［J］．管理世界，2018，34
（1）：157 – 168，192.

［341］赵玉林，魏芳．基于熵指数和行业集中度的我国高技术产业集聚度研究［J］．科
学学与科学技术管理，2008（11）：122 – 126.

［342］周铭山，张倩倩，杨丹．创业板上市公司创新投入与市场表现——基于公司内外
部的视角［J］．经济研究，2017，52（11）：135 – 149.

［343］周县华，吕长江．股权分置改革、高股利分配与投资者利益保护——基于驰宏锌
锗的案例研究［J］．会计研究，2008（8）：59 – 68.

后　记

本书是第 63 批中国博士后科学基金面上项目"股票价格崩盘风险的传导机制研究——基于债务契约分析（2018M633293）"的重要研究成果，并得到国家社科基金重大项目"国有企业监督制度改革与创新研究（17ZDA086）"等课题的资助。

本书系统地梳理了股价崩盘风险的成因，将传统的"透明度"问题置于公司治理框架下讨论，通过模型推导，演化出公司实际控制人"支持机制"对股价崩盘风险的削弱，展示了公司治理机制对股价行为的影响。此外，本书进一步延展了股价崩盘风险的后果研究，特别是从债权人的角度，揭示了股价崩盘作为一种风险因素对债务定价的影响，并通过借款利率、债务结构和资本结构调整速度等方面，以实证研究的形式展示出来。

本书并非作者一人之力可以完成，其中凝聚了中山大学辛宇教授和徐莉萍教授作为指导老师的心血，每每念及恩师的教诲和帮助，始终感觉不足之处甚多，仍需不断努力，方感心安！此外，本书还得到了李天钰博士（现为中债资信评估有限责任公司分析师）、滕飞博士（现为中山大学管理学院博士后）、夏雪博士等学界同仁的帮助，在此一并致谢！本书第 9 章的写作得到了深圳大学经济学院特聘教授李东辉老师（原暨南大学管理学院执行院长）和澳大利亚莫纳什大学商学院安哲老师的指导，我还得以与两位老师在澳大利亚开展国际性的合作研究，其间获益良多，深怀感激！

本书的出版得到了暨南大学出版社的大力支持和帮助，特别感谢郑晓玲编辑的细心编校，对本书质量的提升发挥了重要作用，在此深表谢意！

最后，还要感谢广东省水利厅、广州市荔湾区委区政府和广东财经大学众多领导在我个人成长过程中的培养和帮助，感谢你们给予我宝贵机会，让我在各种岗位上得到锻炼，并不断成长。本书的完成，离不开各位领导为我打下的坚实基础！

流年似水，我已至不惑之年，回首在业界和学界打拼的岁月，终觉蹉跎年华，愿本书的完成，聊作慰藉！由于本人才疏学浅、水平有限，书中难免存在疏漏之处，恳请读者朋友们批评指正！

顾小龙

2020 年 7 月